Die Kreditgeldwirtschaft

AF148745

Christoph Braunschweig
Bernhard Pichler

Die Kreditgeldwirtschaft

Hintergründe und Irrtümer von Geld-
und Finanzwirtschaft

2. erweiterte Auflage

 Springer Gabler

Christoph Braunschweig
Wirtschaftsprüfer-Lehrgänge Dr.
Braunschweig
Salzburg, Österreich

Bernhard Pichler
Hayek International Business
School (HIBS)
Salzburg, Österreich

ISBN 978-3-658-31276-3   ISBN 978-3-658-31277-0 (eBook)
https://doi.org/10.1007/978-3-658-31277-0

Die Deutsche Nationalbibliothek verzeichnet diese Publikation in der Deutschen Nationalbibliografie; detaillierte bibliografische Daten sind im Internet über http://dnb.d-nb.de abrufbar.

Springer Gabler
© Springer Fachmedien Wiesbaden GmbH, ein Teil von Springer Nature 2018, 2021
Das Werk einschließlich aller seiner Teile ist urheberrechtlich geschützt. Jede Verwertung, die nicht ausdrücklich vom Urheberrechtsgesetz zugelassen ist, bedarf der vorherigen Zustimmung des Verlags. Das gilt insbesondere für Vervielfältigungen, Bearbeitungen, Übersetzungen, Mikroverfilmungen und die Einspeicherung und Verarbeitung in elektronischen Systemen.
Die Wiedergabe von allgemein beschreibenden Bezeichnungen, Marken, Unternehmensnamen etc. in diesem Werk bedeutet nicht, dass diese frei durch jedermann benutzt werden dürfen. Die Berechtigung zur Benutzung unterliegt, auch ohne gesonderten Hinweis hierzu, den Regeln des Markenrechts. Die Rechte des jeweiligen Zeicheninhabers sind zu beachten.
Der Verlag, die Autoren und die Herausgeber gehen davon aus, dass die Angaben und Informationen in diesem Werk zum Zeitpunkt der Veröffentlichung vollständig und korrekt sind. Weder der Verlag, noch die Autoren oder die Herausgeber übernehmen, ausdrücklich oder implizit, Gewähr für den Inhalt des Werkes, etwaige Fehler oder Äußerungen. Der Verlag bleibt im Hinblick auf geografische Zuordnungen und Gebietsbezeichnungen in veröffentlichten Karten und Institutionsadressen neutral.

Springer Gabler ist ein Imprint der eingetragenen Gesellschaft Springer Fachmedien Wiesbaden GmbH und ist ein Teil von Springer Nature.
Die Anschrift der Gesellschaft ist: Abraham-Lincoln-Str. 46, 65189 Wiesbaden, Germany

Diese Publikation stellt die geldtheoretischen Gedanken des
Vordenkers und Autors
Dietrich Eckardt
dar und ist ihm gewidmet.

Dietrich Eckardt:
Der Rückgriff auf meine geldtheoretischen Grundgedanken zeigt die Relevanz
meiner These der „leistungspotenzialbezogenen Gelddeckung". Ersetzt man die
heute übliche Geldwertrechnung durch die früher übliche Warenwertrechnung
(siehe die „Alt-Österreicher": Menger, Wieser, Böhm-Bawerk), so werden viele
Zusammenhänge deutlicher, als wenn sozusagen der „Geldschleier" darüberliegt.
Die Beobachtung der realen Vorgänge in der heutigen Kreditgeldwirtschaft ist deshalb unerlässlich, um zum gewünschten geldtheoretischen Erkenntnisgewinn zu
gelangen.

Geleitwort

„Es ist schon so, dass niemand so genau weiß, was Geld eigentlich ist […] Ein Unglück ist es allerdings, … wenn die Experten selbst keine Vorstellungen oder ganz falsche Vorstellungen davon haben … Das muss schlimme Folgen zeitigen", so Johann Philipp von Bethmann, der letzte bankaktive Spross einer der ältesten Bankdynastien der Welt.

Die Autoren zeigen, dass das Werk vom Vordenker Dietrich Eckardt Erkenntnisse liefert, die klarer und tief blickender sind als die herkömmlichen geldtheoretischen Veröffentlichungen zur Kreditgeldwirtschaft. Auf die Wiederholung der herkömmlichen Inhalte der Geldtheorie wird deshalb bewusst verzichtet. Stattdessen werden gezielt die Besonderheiten des Geldes in der Kreditgeldwirtschaft schlüssig erklärt.

Nach dem Motto „In der Kürze liegt die Würze" werden nur diejenigen Sachverhalte – in ebenso kompakter wie pointierter Form – analysiert, die tatsächlich unmittelbar zum Erkenntnisgewinn beitragen.

Da bisher weder die „Keynesianer" noch die „Austrians" eine schlüssige Geldtheorie entwickelt haben, bietet die Lektüre dieses Buches trotz – oder gerade wegen – seiner Kompaktheit wertvolle, weil weiterführende Erkenntnisse, die über die reine Erläuterung der Kreditgeldwirtschaft hinausgehen. Denn es läuft einiges schief in der heutigen Geld- und Finanzwirtschaft.

Deshalb ist das Buch als Pflichtlektüre nicht nur allen Studenten und Studentinnen der Wirtschaftswissenschaften zu empfehlen, sondern insbesondere auch allen Berufstätigen im Bereich der Geld- und Finanzwirtschaft.

Deshalb wünsche ich dem Buch eine möglichst große Verbreitung.

Dipl.-Kfm., Dipl.-Vw. Dr. rer. pol. Stephan Bannas
Steuerlehrgänge Dr. Bannas – Steuerlehrgänge Dr. Stitz/Berliner
Seminar für Steuerrecht, Prüfungswesen & Treuhandwesen

Vorwort

Der Zustand des gesamten Geldwesens eines Volkes ist laut Joseph A. Schumpeter ein Symptom aller seiner Zustände. Wirtschaftliches und politisches Geschehen im Zusammenhang mit Geld richtig einordnen und beurteilen zu können, fällt immer schwerer, zumal selbst die meisten Ökonomen vor dem vielschichtigen Thema *Geld* oft genug kapitulieren. Hier machen sich der Verlust allgemeiner klassischer Bildung und die Flucht in hoch spezialisierte Fachgebiete bemerkbar: Wer das benachbarte Umfeld nicht mehr kennt, wird selten einem umfassenden Thema gerecht. Und wer nur die Gegenwart kennt, hat Mühe, sie zu begreifen; denn sie ist nur verständlich aus dem, woraus sie erwachsen ist. Zugleich ist die Gegenwart Grundlage der Zukunft.

Die Vielschichtigkeit des *Phänomens Geld* bedarf der Betrachtung gesellschaftlicher, politischer, wirtschaftlicher, historischer und auch psychologischer Aspekte. Letztlich stehen alle diese Dinge – auch hinsichtlich des *Geldes* – miteinander in Verbindung und beeinflussen bzw. verstärken sich gegenseitig.

Ziel der vorliegenden Veröffentlichung ist es deshalb, dem interessierten Leser einen ebenso kompakten wie fundierten Überblick über das vielschichtige Thema *Geld* aus verschiedenen Blickwinkeln zu geben und dabei aktuelle wirtschaftspolitische bzw. finanzwirtschaftliche Themen aufzugreifen. Das Buch ist herausfordernd, aber auch erkenntnisreich für Leser, die sich bisher in anderen Aussagensystemen zum Thema *Geld* bewegt haben.

Manche mögen den hier aufgezeigten Geldbegriff der heutigen Finanzwirtschaft sogar für „ketzerisch" halten. Dies gilt sowohl für die Anhänger der *keynesianischen* Finanzwirtschaft als auch für einige Anhänger der *Österreichischen Schule der Nationalökonomie,* die sogenannten „Austrians", und auch für Anhänger der sogenannten „Freiwirtschaftslehre".

Doch die Analysen dieser Veröffentlichung gehen von Datenmengen aus, die der Beobachtung zugänglich und somit nachvollziehbar sind: des Tauschgeschehens, der Geldschöpfungsvorgänge und vor allem der Bilanzierungsusancen des Bankensystems.

Diese Publikation soll sozusagen als ein Quodlibet Hintergründe und Zusammenhänge der Finanzkrise aufzeigen.

Der Text ist in seinem Umfang bewusst beschränkt gehalten, um – im Sinne eines Readers – dem Leser eine höchstmögliche Leseeffizienz zu bieten. Er wird so der Mühe enthoben, sich die jeweils wichtigsten Fakten aus den verschiedenen und teilweise langen Textquellen selbst heraussuchen zu müssen. Es handelt sich also nicht um eine wissenschaftliche Abhandlung. Aus diesem Grund wird auf einen Zitier- und Anmerkungsapparat bewusst verzichtet. Die Texte sind als ein Aide-mémoire zu verstehen – für weiteres Nachdenken. Es sind die Gedanken vieler Autoren, die angeführt werden, ihnen gebührt entsprechender Dank. Alle benutzten Quellen sind selbstverständlich im Literaturverzeichnis angeführt. Besonders hervorzuheben ist Dietrich Eckardt, dessen Gedanken zum Geld von beispielhafter, intellektueller Genauigkeit sind. Weiterhin sind herauszuheben: Günter Schmölders und Peter Urbansky.

Aufgrund der zahlreichen Reaktionen auf den Text der 1. Auflage, bleibt der Buchtext der nunmehr vorliegenden 2. Auflage bewusst unverändert. Die aktuellen Ereignisse im Rahmen von „Corona-Krise" und „Lockdown" erfordern jedoch eine entsprechende textliche Ergänzung, wie die gezielten Anregungen der Leserschaft an die Autoren aufzeigen.

Die Autoren
im Juli 2020   Christoph Braunschweig
Salzburg   Bernhard Pichler

Hinweis:

In diesem Buch wird die klare und verständliche Sprache der *geschlechtergerechten* Sprache vorgezogen – dies ganz bewusst. Die *geschlechtergerechte* Sprache geht nämlich von der törichten Vorstellung aus, das natürliche Geschlecht habe mit dem grammatikalischen Geschlecht irgendetwas zu tun. Der bekannte Autor Wolf Schneider, langjähriger Leiter der Henri-Nannen-Journalistenschule (vom Spiegel als „Sprach-Papst" bezeichnet) kritisiert die *geschlechtergerechte* Sprache als „Schwachsinn".

Danksagung

Für die Initiative zur Erstellung und Hilfe bei der Durchführung dieser Publikation gebührt Herrn Mag. Miguel Asanger Ph.D. von der *Hayek International Business School, Salzburg, (HIBS)*, besonderer Dank.

Zitate

George Washington:
„Neue Schulden darf man nicht machen, um die alten zu bezahlen."

Erich Weede:
„Eine ethische Rechtfertigung dafür, im ergrauenden Europa künftige Generationen mit möglichst hohen Schulden zu belasten, kann ich nicht erkennen."

Roland Baader:
„Die Finanzwissenschaft ist die Lehre vom staatlichen Kleptokratismus. Ihr Schwerpunkt liegt in der Lieferung von theoretischen Rechtfertigungen für Steuererhebung und Staatsverschuldung sowie für Politikinterventionen aller Art."

Le Figaro:
„Maastricht ist ein Versailles ohne Krieg."

Georges Clemenceau:
„Le boche payera tout."

Roland Baader:
„Wer von der Politik vernünftige Entscheidungen erwartet, hat nicht begriffen, dass der Wille zur Macht größer ist als die Vernunft."

Immanuel Kant:
„Unser Entscheiden reicht weiter als unser Verstehen."

Noam Chomsky:
„Die Mehrheit der Bevölkerung versteht nicht, was wirklich passiert. Und sie versteht noch nicht einmal, dass sie es nicht versteht."

Carl Menger (1840–1921)
„Die bisherigen Versuche, die Eigentümlichkeiten der naturwissenschaftlichen Methode der Forschung kritiklos auf die Volkswirtschaftslehre zu übertragen, haben denn auch zu den schwersten methodischen Missgriffen und zu einem leeren Spiel mit äußerlichen Analogien zwischen den Erscheinungen der Volkswirtschaft und jenen der Natur geführt."
       Begründer der „Österreichischen Schule der Nationalökonomie"

Inhaltsverzeichnis

Einleitung

Geld ist ein Phänomen – ein *Faszinosum*. Der Mensch geht damit scheinbar ganz selbstverständlich um, ohne dass er es wirklich verstehen könnte. Die große Mehrheit der Leute hat sowieso keine fundierte Vorstellung davon, was Geld genau sein soll. Geld ist, wie *Mr. Spock* vom *Raumschiff Enterprise* sagen würde: „Faszinierend!" Es existiert kaum ein Mensch auf der Erde, der nicht mit Geld zu tun hat. Den stärksten Druck des Geldes erdulden ausgerechnet jene, die wenig oder fast kein Geld haben. Aber ebenso unerträglich ist der Druck für diejenigen, die über Riesenvermögen verfügen. Sie sind nervlich genauso aufgerieben wie diejenigen, die man als Hungerleider bezeichnet.

Geld ist im Übrigen ein guter Prüfstein für Freundschaften, wobei sich die Naturgesetzlichkeit von Schulden (Geld) in der Regel als stärker als die Freundschaft erweist.

Interessant ist, dass man höchst erfolgreich an Marktwirtschaft und Geldverkehr teilnehmen kann, ohne dass man weiß, was Geld genau ist. Umgekehrt hilft einem relativ viel Wissen über das Geld nichts, wenn man bankrott ist. Interessant ist auch, dass Geld über allen Ideologien steht. Interessant ist ebenso, dass die „Geldtheorien" fast ausnahmslos auf „Meinungen" beruhen. Es ist die Sehnsucht spürbar, Kontrolle und Gewalt über das *Mysterium Geld* zu erlangen. Dieser Sehnsucht wird alles untergeordnet. Die Folge sind laut Peter Urbansky verworrene, absurde Theorien und Fehlurteile.

Der Finanzminister einer der wichtigsten Wirtschaftsnationen der Welt verblüffte das Publikum vor nicht allzu langer Zeit mit seiner entwaffnenden Philosophie über das Bankwesen: „Der eine spart, der andere braucht Geld, das muss organisiert werden. Das nennt man Bank. So einfach ist das" (Wolfgang Schäuble im *Stern,* Nr. 48/2008).

© Springer Fachmedien Wiesbaden GmbH, ein Teil von Springer Nature 2021
C. Braunschweig, B. Pichler, *Die Kreditgeldwirtschaft,*
https://doi.org/10.1007/978-3-658-31277-0_1

Versucht man als Dozent im Rahmen eines Vortrags vor Unternehmern zu erklären, dass Geld immer gleich Schulden sind (Geld = Schulden), so erntet man in
der Regel ein leichtes Kopfschütteln. Manchen Zuhörern treten sogar kleine Angst-
schweißperlen auf die Stirn, wenn man erklärt, dass selbst Leute, die auf einem
riesigen Bankguthaben sitzen und beruflich keinen Finger mehr rühren, ebenso tief
im Schuldensystem sitzen wie alle anderen auch: Sie sitzen nämlich auf einem
Haufen von Forderungen. Forderungen (Geldscheine, Münzen), von denen sie nur
hoffen können, dass der Schuldner (Notenbank bzw. Staat) immer zahlungsfähig
bleibt. Wie gesagt, Geldscheine sind Leistungszusagen, ein Versprechen, dass auf
Vorlage des Papiers der Wert einlösbar ist – kaufmännisch eine *Forderung*. Die
Lebenserfahrung zeigt jedoch, dass sich Notenbanken bzw. Staaten in regelmäßi-
gen Abständen ihren Verpflichtungen entziehen. Erst in diesem Moment (Währungsreform, Währungsschnitt) begreifen die meisten Leute, dass die Staatsschulden ihre eigenen Schulden sind und im Falle der Überschuldung nur dadurch
bereinigt werden können, dass der Staat seine Schulden gegen die Privatvermögen
seiner Bürger ausbucht.

Geld setzt übrigens keine Banknoten oder Münzen voraus, sondern umgekehrt:
Banknoten oder Münzen setzen Geld (also Schulden/Schuldverhältnisse) voraus.

▶ **Wichtig** Am Anfang des arbeitsteiligen Austauschprozesses zwischen zwei
Marktteilnehmern stehen immer eine Forderung und eine Schuld: Der eine
liefert, der andere verspricht zu einem späteren Zeitpunkt zu bezahlen – mit
Geld. Gäbe es keine Schulden bzw. Schuldverhältnisse, gäbe es auch kein
Geld. Schuldverhältnisse selbst sind das Geld. Münzen und Scheine sind nur
Platzhalter dafür.

Dem gesamten globalen Geldvermögen stehen also Schulden in gleicher
Höhe gegenüber. Die Netto-Position aller weltweiten Bankkonten ist null.

Peter Urbansky:

Münzen und Scheine mögen eine Erfindung des Menschen sein, aber nicht das Geld,
also das Schuldverhältnis. Es war immer da. Von Anfang an. ... Das Erbringen von
Leistungen gegen die Inanspruchnahme von Schuldverhältnissen nennt man *Verkaufen* oder *Kaufen*. Die Zivilisation beruht schlicht und ergreifend darauf, dass im Rahmen feinteiliger Arbeitsteilung sowie dem ewigen Hin und Her zwischen Sparen und
Investieren ständig gekauft und verkauft, kreditiert und geleistet wird. Und es stecken
im Geld stets Vorleistungen (Schuldendienste), die oft über viele Jahre erbracht werden mussten.

Deshalb wird beim Kreditgeschäft der Banken kein „Geld aus dem Nichts" geschaffen, sondern auf der Grundlage von vorhandenem Leistungspotenzial/Tilgungspotenzial. Das Leistungs- bzw. Tilgungspotenzial wird im Rahmen einer professionellen Bonitätsprüfung festgestellt. Das Vorhandensein einer Deckung ist also die Voraussetzung für den Kredit.

Mit dem Geld ist also gleichzeitig die sogenannte Kreditgeldwirtschaft da. Kredit ist unverzichtbar, weil kein anderes Mittel Anschaffungen oder Produktionen ermöglicht, die normalerweise erst nach Generationen diszipilinierten Sparens realisierbar wären. Das weite Vorgreifen in der Zeit ermöglicht Haushalten oder Unternehmen sofort das Überleben oder die Mittel, um größere Nachfragen zu befriedigen. Das geht allein mit Krediten. Damit ist klar, warum das Geld als Schuld generiert wird.

> Die Schuld ist vor dem Geld da und wird nicht einfach so aus dem „Nichts" geschaffen. Geld, also Schulden, werden und können niemals aus dem „Nichts" geschaffen werden. Geld ist immer eine Zusage (Tilgungs- bzw. Leistungszusage), ein Versprechen, eine klar definierte Leistung. Ohne diese Leistung – kein Geld – keine Schulden – kein Kredit – keine dauerhafte materielle Lebensgrundlage.

Dahinter steckt das Grundprinzip des Kapitalismus: Sparen (Konsumverzicht) und Investieren auf der Grundlage von wertstabilem Geld im Rahmen einer Wettbewerbswirtschaft mit garantierten Eigentumsrechten führen zur Kapitalakkumulation, die wiederum einen sprunghaften Anstieg der Produktionsmittel bewirkt, woraus sich letztlich immer wieder ein deutlicher Anstieg des Lebensstandards der breiten Masse ergibt.

Geld ist deshalb untrennbar mit Wachstum verbunden. Allein der natürliche Zuwachs an Menschen macht dies auch erforderlich. Die Kreditgeldwirtschaft entspricht insofern dem menschlichen Wesen, wie auch der Kapitalismus. Das mögen die Anhänger aller kollektivistischen Gesellschaftsmodelle (wie auch die Anhänger der „Freiwirtschaftslehre") noch so sehr bestreiten, aber Empirie und Analyse kommen zu keinem anderen Ergebnis.

In der Kreditgeldwirtschaft gibt es kein Geld, das nicht über Kredit entstanden ist, Kreditgeld entsteht zum Beispiel auch dort, wo Banken (etwa beim Wertschriftenankauf) mit Forderungen gegen sich selbst bezahlen. Eine Bank gibt sich für eine solche Zahlung gewissermaßen selbst Kredit, was man deutlich an ihrer Bilanz ablesen kann.

▶ Das Leistungspotenzial des Kreditnehmers ist der Ursprung des Kredits.
Schon in der Frühzeit war nicht etwa der Metallwert eines Zahlungsmittels
(Münze) die Grundlage für das Zustandekommen eines Kreditgeschäfts, son-
dern der „Potenzialwert" des Käufers, d. h. seine vermutete Fähigkeit zur
Zahlungsbegleichung. Die Leistung deckt das Geld. Deshalb kommt der Qua-
lität der Bonitätsprüfung der Geschäftsbanken eine zentrale Bedeutung zu.

Die Leistung ist im Geldsystem unverzichtbar, Geldscheine und Münzen schon.
(Das zeigt sich nach jedem Crash, wenn der Schwarzmarkt blüht.) Kredit ist mobi-
lisiertes Vertrauen, das von bereits vorhandenen Leistungspotenzialen getragen
und in fungible Wertversprechen umgemünzt ist; der Vorrat daran ist nicht durch
die vorausgegangenen Sparakte begrenzt oder mit der Hypothek späteren Zwangs-
sparens belastet.
Nicht nur Unternehmer machen Schulden, auch Staaten machen Schulden.
Staatsschulden stellen zwar eine Sonderform von Schuldverhältnissen dar, aber das
hat keinen Einfluss auf die Gesetze der „Schwerkraft" von Geld. Die öffentlichen
Kassen sind an sich die Schuldner des Steuerzahlers.

▶ Aber Staaten unterscheiden sich von Unternehmen und Privathaushalten
unter anderem dadurch, dass sie Schuldverhältnisse erzwingen können ohne
konkrete Leistungszusage. In der Privatwirtschaft nennt man das „Betrug",
im Finanzministerium „Steuern". Kernproblem der Wohlfahrtsstaaten wird
irgendwann stets die Beschaffung von Krediten, auf abenteuerlichste Weise,
um eine wahrhaft monumentale Bugwelle von Schulden weiterhin voran
schieben zu können.

Bereits Ende der siebziger Jahre saßen fast alle europäischen Länder auf gewaltigen Schuldenbergen. Das wäre der Augenblick für einen neuerlichen Schuldenschnitt (Währungsreform) gewesen. Schuldenschnitt bedeutet den Verzicht auf
Entschädigung bzw. Tilgung für Vorleistungen. Für viele Bürger hätte das somit
den (Teil-)Verlust ihrer Lebensarbeitsleistung bedeutet. Immerhin hätte jedes Land
diese Währungsreform in eigener Verantwortung und auf eigene Rechnung durchführen können. Wegen der Gefahr gesellschaftlicher und politischer Tumulte
suchte die um ihre Pfründe bangende politische Klasse einen anderen Ausweg:
einen Dritten finden, der für die eigenen Schulden aufkommt! Das war in Wahrheit
die eigentliche Geburtsstunde des Euros! Für die europäischen Investoren und
Großbanken war das eine sehr erfreuliche Entwicklung. Der entscheidende Punkt

lag in der De-facto-Haftungsgemeinschaft im Interesse aller Schuldner, sprich aller überschuldeten Staaten. Jeder Schuldenstaat wird über die Leistungszusagen anderer Mitgliedsstaaten der Haftungsgemeinschaft zum Gläubiger. Das Problem des Schuldendrucks wurde nicht durch vernünftige Tilgung gelöst, sondern durch eine hoch potenzierte Aufstockung der Schulden via Gemeinschaftswährung. Der Crash wurde aufgefangen in einer verdeckten Währungsreform. Nichts anderes war die Euro-Einführung – die Verteilung unbezahlbarer Schulden auf Dritte und eine schleichende Teuerung (Preisblasen im Sachgüterbereich, wie Immobilien, Rohstoffe). Der Crash wurde vorläufig aufgefangen, von einem riesigen Airbag, dem Euro.

Die Konzentration von Schuldverhältnissen erzwingt die Schaffung immer neuer Schuldverhältnisse. Motor der heutigen Geld-Konzentration ist die stetig abnehmende Bereitschaft, Schuldverhältnisse einzugehen, die der Leistung wirklich angemessen sind. Diese Art Leistungen wird aber nur von riesigen Konzernen einigermaßen kostendeckend geliefert. Die Produkte der kleinen und mittleren Produzenten können sich die Normalverbraucher immer weniger leisten.

▶ Neben dem Staatsüberschuldungsproblem hat die Finanzwirtschaft noch ein weiteres Problem hervorgebracht: die Geldwertschwankungen, auch Inflation oder Deflation genannt.

Man stelle sich eine Kneipe vor, in der einige Gäste gewohnheitsmäßig auf Deckel anschreiben lassen. Diese Deckel sind Schuldverschreibungen (Geldscheine!). Unter diesen Kneipengästen sind auch welche, die schlecht zahlen. Insgesamt entsprechen die Summen auf den Deckeln so gerade den zu erwartenden Leistungen. Wenn aber der Wirt bei den Schlechtzahlern nicht rigoros eintreibt, werden deren Deckel wertlos, aber beliebt. Denn nun werden immer mehr „Schnorrer" auf Deckel trinken und zusätzlich noch Schnitzel bestellen. Der Kneipenwirt muss nun die Preise deutlich erhöhen, um überhaupt überleben zu können, und trotzdem noch eine Serviererin einstellen. Politiker würden dies als „erfreuliches Wachstum" bezeichnen. Doch irgendwann entsteht ein Riesenstapel Deckel, die nichts wert sind. Es sind Schuldverschreibungen, auf die keine Leistungen zu erwarten sind. Der Kneipenwirt wäre dann wie eine Zentralbank, die Geld druckt (Deckel ausgibt), für das keine Schuldendienste zu erwarten sind. Dies wäre im Großen dann eine Form der („offenen") Inflation. Ein Haufen Deckel, auf denen sehr hohe Summen notiert sind, die nicht mehr realisiert werden können.

Wenn man das auf den Euro überträgt, dann haben alle Gäste in der Kneipe beschlossen, die Zeche für die klammen Trinker mit zu tragen. Jetzt werden die wenigen wertvollen Deckel von den guten Zahlern mit dem großen Haufen wertloser Deckel einfach zusammengeworfen. Damit sind plötzlich auch die faulen Deckel gedeckt. Der Kneipenwirt schenkt wieder aus wie verrückt und brät viele Schnitzel. Die Serviererin kann eine Gehaltserhöhung durchsetzen. Angesichts dieser positiven Aussichten werden jetzt aber auch schon mal teure Tellergerichte (zum Beispiel Rumpsteak) bestellt. Nur die gewöhnlichen Trinker bleiben weiterhin bei Bier und Korn. Wer die Zeichen der Zeit erkannt hat, bestellt feinen Wein oder Champagner. Die Wirtschaft brummt, die Politiker reden von noch mehr Wachstum und einer „harten Währung". Der Kneipenwirt hat sich inzwischen ein riesiges Warenlager zugelegt, viel mehr als die Gäste verkonsumieren können. Er muss nun die Preise auf der Speisekarte deutlich heruntersetzen. Die Gäste sind allerdings bereits derart verschuldet, dass sie sich den Besuch ihrer Kneipe verkneifen müssen. Der Serviererin wird gekündigt. Der Stapel Deckel wächst nur noch langsam. Er ist die Schulden nicht wert, die auf ihm geschrieben sind. Das wäre im Großen eine „Deflation". Es ist auch sinnlos, wenn der Kneipenwirt jetzt weitere Deckel wie Sauerbier anbietet, also wie eine Zentralbank Geld druckt, für das keine Leistungen da sind. So lässt sich das Geschäft nicht wieder ankurbeln, zumal diejenigen, die nicht verschuldet sind, auch nicht mehr in die Kneipe kommen, weil die Preise fallen und sie deshalb warten, bis die Preise noch weiter fallen.

Teil I

Ursprung und Entwicklung des Geldes

Der Ursprung des Geldes (Geld und Geldgebrauch)

2

Das Geld ist bisher nie ernsthaft Gegenstand umfassender historischer Betrachtung geworden. Es gibt bis heute keine Geldgeschichte in dem gleichen selbstverständlichen Sinn, wie es etwa Staats-, Rechts-, Sprach-, Literatur-, Kunst-, ja selbst Wirtschaftsgeschichte gibt. Diese Beobachtung der Numismatik (Münzkunde) wird von der Wirtschaftswissenschaft bestätigt; noch heute gilt die Bemerkung von William Stanley Jevons aus dem Jahre 1875, nach der die „Naturgeschichte des Geldes nahezu jungfräulicher Boden" sei.

Am Anfang aller Besinnung auf den Ursprung des Geldes steht dabei die alte Sophistenfrage, ob das Geld „physei" oder „thesei" entstanden sei, ob als Naturerscheinung oder als ein von Menschenhand geschaffenes Werkzeug. Diese Frage ist Jahrhunderte hindurch unbekümmert im Sinne der zweiten Alternative beantwortet worden. Die sogenannte Konventionstheorie sah das Wesen des Geldes lediglich in einer vernunftbedingten Vereinbarung der am Tauschverkehr beteiligten Partner, vom Naturaltausch allgemein zur Verwendung eines bestimmten „Zwischentauschgutes" überzugehen, das von seinem Inhaber als generelles Tauschmittel gegen andere Güter hingegeben werden konnte. Von *Aristoteles* über *Thomas von Aquin* und *Oresmius* bis zu *John Locke* und *Helfferich* galt das Geld in diesem Sinne als ein künstlich geschaffenes Werkzeug, um Güter leichter auszutauschen.

Diese Konventionstheorie des Geldes erinnert an Rousseaus „Contract Social", jene in grauer Vorzeit aus Vernunftgründen getroffene Vereinbarung der Menschen, sich zur Erfüllung gemeinsamer Zwecke zu einer staatlichen Gemeinschaft zusammenzutun; historisch sind alle derartigen Hypothesen über die Entstehung des Staates, der ja in seiner Urform lange vor jeder Rechtsordnung und jedem Vertragswesen da war, längst als unrichtig erwiesen.

© Springer Fachmedien Wiesbaden GmbH, ein Teil von Springer Nature 2021
C. Braunschweig, B. Pichler, *Die Kreditgeldwirtschaft*,
https://doi.org/10.1007/978-3-658-31277-0_2

In der Geldlehre hat nichtsdestoweniger die Vorstellung von der bewussten Schaffung eines allgemeinen Tauschmittels lange Zeit hindurch gegolten. Die Entstehung dieses *Konventionsgeldes* wurde dabei zeitlich mit der Entwicklung des Naturaltausches zum Handelsverkehr in Zusammenhang gebracht, der ein derartiges Zwischentauschgut benötigte.

Aber schon lange vor den ersten Münzen gab es Tauschmittel und Wertübertragungen, die in ihrem Wesen nichts anderes waren als Geldzahlungen, und noch weit vor diesem ersten primitiven Zahlungsverkehr galten schon feste Wertmaßstäbe und Rechnungsgrößen, die sich der Sache nach nicht wesentlich von unserer heutigen Geldrechnung unterscheiden. Zum Beispiel gab es im sakralen Bereich eine regelrechte Geldrechnung und ein entwickeltes Wertsystem, lange bevor das Wirtschaftsleben dazu gelangte, sich des Geldes als Tauschmittel zu bedienen.

Die Frage nach der Entstehung des Geldes hängt somit in erster Linie von der Abgrenzung dessen ab, was als „Geld" bezeichnet werden soll. Der gesuchte Geldbegriff entscheidet zugleich über die historische Datierung der ersten „Geldschöpfung" und den Ursprung des Geldgebrauchs. Dabei ist nur folgerichtig, wenn die Untersuchung sich nicht auf die Tauschmittelfunktion des Geldes oder gar auf die Münzen allein beschränkt, sondern alle Funktionen und Erscheinungsformen des Geldes in den Rahmen der historischen Betrachtung einbezieht.

Dann aber erhält die alte Frage „‚physei' oder ‚thesei'?" eine erneute Bedeutung. Bezieht man die Völkerpsychologie mit ein, so zeigt sich, dass der Geldgebrauch zwar nicht im wirtschaftlichen, wohl aber im gesellschaftlichen Sinne als Mittel der Kommunikation und der sozialen Rangordnung durchaus zur Natur des Menschen gehört. Geld ist insofern ein allgemeines Verständigungsmittel wie die Sprache.

▶   Durch Auswertungen ethnologischen und kulturgeschichtlichen Materials wurde nachgewiesen, dass der Ursprung des Geldes nicht in der Suche nach einem allgemeinen Tauschmittel liegen kann. Die Entstehung des Geldes ist vielmehr auf andere Wurzeln zurückzuführen, die in der Psyche der menschlichen Natur gegeben sind, nämlich im Geltungsstreben und im Schmuckbedürfnis des Menschen.

Der Trieb, sich zu schmücken und sich dadurch vor anderen Artgenossen hervorzutun, ist eines der ursprünglichsten und zugleich stärksten Bedürfnisse des Menschen. Die Völkerkunde kennt keine Stufe der menschlichen Entwicklung, der ein solches Schmuckbedürfnis fremd ist, das sich vielmehr bereits bei den Menschenaffen deutlich bemerkbar macht.

Der Besitzschmuck, aus dem sich das Geld entwickelt hat, ist nicht aus dem (weiblichen) Werbeschmuck entstanden, sondern aus dem (männlichen) Würde- oder Rangschmuck. Als Würde- oder Rangschmuck dokumentiert er die Zugehörigkeit zu einem bestimmten Stamm oder zu einer sozialen Schicht, Klasse oder Kaste. Diese Art der Schmückung in ihrer Bedeutung als Rangausweis und Gesellschaft bildende Kraft ist immer Männersache. Das gilt insbesondere für diejenigen Schmuckmittel, die ursprünglich Beutestücke und Siegeszeichen waren. Die Rollenverteilung der Geschlechter bei der Entstehung des Geldes *(die Frau erfand den Schmuck, der Mann machte das Geld daraus)* soll damit zusammenhängen, dass das männliche Geschlecht einen stärkeren Besitz- und Sammeltrieb aufweist als das weibliche.

Das mit dem Machtdrang verwandte Geltungsstreben zielt auf eine möglichst deutliche Niveaudifferenzierung in der Begegnung mit dem Mitmenschen. Es geht darum, im Werturteil der menschlichen Mitwelt einen möglichst hohen Rang einzunehmen. Dieser Prozess der sozialen Differenzierung bedarf aber eines Maßstabs. Im Kreise von allgemein anerkannten Wert-, Rang- und Statussymbolen ist der Ursprung des Geldes zu suchen. Eigentlichen Geldcharakter können jedoch nur übertragbare, allgemein begehrte und sichtbare Statussymbole gewinnen. Gerade Schmuckgüter erfreuen sich allgemeiner Beliebtheit und werden allseits begehrt. Infolgedessen eignen sie sich besonders zum Gelddienst. Als solches „Schmuckgeld" wurden zunächst schmückende Gegenstände wie Muscheln oder Zähne unverändert in ihrer natürlichen Form verwendet. Später wurden daraus Ringe, Scheiben, Plättchen, Ketten oder die verschiedensten Anhänger. Wegen ihres besonderen Glanzes, ihrer guten und vielfältigen Verarbeitungsmöglichkeiten und ihrer bequemen Teilbarkeit eigneten sich als Schmuckstücke am besten die Metalle, an ihrer Spitze Gold und Silber, aber auch Eisen, Kupfer, Messing und Zinn.

Etwas allgemein Begehrtes an andere fortzugeben, erscheint dabei natürlich zunächst sinnlos; dementsprechend ist das erste Geld zumeist „Hortgeld", das nur gelegentlich aus ganz besonderen Anlässen den Besitzer wechselt. Die Hortung ist wahrscheinlich ebenso alt wie das Eigentum. Soweit sie sich auf anscheinend nutzlose Güter erstreckte, die nicht den unmittelbaren Lebensnotwendigkeiten dienten, muss man sie als eine Art Schatzbildung von der bloßen Aufspeicherung anderer Verbrauchs- und Gebrauchsgüter unterscheiden. Hortung als Schatzbildung erfolgte ursprünglich nicht um der Vorsorge für die Zukunft willen, sondern weil der Besitz gewisser Dinge Ansehen verschaffte, für das die soziale Rangordnung und Einstufung bedeutsam war, oder die Mittel zu einem Auftreten gewährte, das Neid erregte, Bewunderung erweckte und somit Ansehen in der Umgebung verlieh („Protzgeld"). Das Eigentum an solchen begehrten Gegenständen wurde nur bei ganz besonderen Anlässen und aus ganz besonderen Motiven heraus aufgegeben. Einer der stärksten Gründe scheint die Absicht zu sein, jene sozialen Bindungen zu knüpfen, die durch den Besitzwechsel geschaffen werden und die den Verlust, den die Besitzentäußerung bedeutet, aufwiegen können. Solcher Besitzwechsel erfolgte meist auf dem Wege der Gabe bzw. des Gabentausches. Denn jede Gabe bedingt eine Gegengabe. Dabei handelte es sich aber noch nicht um den Tausch im wirtschaftlichen Sinne. Es kam in erster Linie vielmehr auf die Gesinnung an, in der gegeben wird, nicht auf den wirtschaftlichen Wert des Entgeltes. In der germanischen Kultur wurde mit einer Sache zugleich die Freundschaft des bisherigen Besitzers übertragen. Aus dem Gabenverkehr hat sich das Geld entwickelt, allerdings erst auf einer späteren Entwicklungsstufe, sobald nämlich die traditionellen Güter des Gabentausches (bei den Germanen zum Beispiel vor allem Ringe und Becher) als Bundesgenossenbeitrag oder Kriegstribut Verwendung fanden.

Hortgeld gab es nicht nur bei den Naturvölkern, es ist auch in der Vor- und Frühgeschichte belegt. In der germanischen Frühgeschichte kann man insbesondere die Geldwerdung von Ringen beobachten, die sich aus ursprünglich reinen Schmuckgegenständen zu Schatz- oder Hortgütern und schließlich zu Zahlungs- und Tauschmitteln entwickelt haben. In den germanischen Heldenliedern werden immer wieder Ringe als bevorzugte Kleinode und Schatzgüter erwähnt.

Die Hortgüter gewinnen erst dadurch Geldcharakter, dass sie außerdem zu regelrechten *Zahlungen* verwendet werden können. Zunächst sind es nur wenige, ganz bestimmte Anlässe, bei denen sie als Zahlungsmittel auftreten; sie dienen zur Begründung oder Lösung sozialer Verbindlichkeiten (Gastgeschenke, Frauenkauf, Sühnegeld), als Machtmittel im Kriegsfall und zur Erlangung und Besiegelung des Friedens, und sie werden Gegenstand von Leistungen im Kult (Opfer) und im politischen Verband (Abgabe, Steuern). Von einer allgemeinen Geldwirtschaft kann aber noch keine Rede sein. Eine solche ist jedoch auch in geschichtlicher Zeit keineswegs Voraussetzung für das Vorhandensein des Geldes, fällt es heute auch schwer, die Entstehung des Geldes anders als im Zusammenhang mit seiner Rolle als Tauschmittel in einer arbeitsteiligen Volkswirtschaft zu verstehen. Geld und Geldgebrauch sind älter als die arbeitsteilige Volkswirtschaft, die sich bereits bekannter Wertmaßstäbe und schon vorhandener Wertaufbewahrungs- und Wertübertragungsmittel bedienen konnte. Es ist sicher richtig, Geld von seiner Entstehung her als soziales Beziehungs- und Geltungsmittel zu bezeichnen.

In der Mannigfaltigkeit und dem Wechsel des Geldgebrauchs und der jeweils gültigen Geldsubstanz zeigt sich die ganze Breite und Tiefe des kulturellen Bereiches, dem das Geld und der Geldgebrauch angehören.

▶ Das Geld ist ein Urphänomen menschlichen Zusammenlebens und nicht wirtschaftlichen Ursprungs. Es kann daher nicht mit den Begriffen und Kategorien der Wirtschaftswissenschaften allein erklärt oder definiert werden.

Versucht es die Wirtschaftswissenschaft dennoch, so kommt es leicht zu einem bemerkenswerten Zirkelschluss. Da das Geld heute in unserer arbeitsteiligen Marktwirtschaft die Funktionen eines Tausch- und Zahlungsmittels, eines Wertmaßstabs und eines Wertaufbewahrungs- und Wertübertragungsmittels erfüllt, wird immer wieder der Versuch gemacht, den Begriff des Geldes aus diesen seinen Funktionen abzuleiten. Geld ist, was Geldfunktionen erfüllt. Dabei ist unser heutiges Wirtschaftsleben selbst in solchem Maße Produkt des Geldes und des durch das Geld ermöglichten wirtschaftlichen Verkehrs, dass es unlogisch erscheint, das Geld aus einem Produkt, der arbeitsteiligen Verkehrswirtschaft, abzuleiten. Wie das erste Ei eine erste Henne, so setzt das Funktionieren des Geldes das Geld voraus, das deshalb nicht aus seinen Funktionen entstanden, auf ihnen beruhen oder durch sie definiert werden kann.

Grundsätzlich lassen sich drei geldgeschichtliche Epochen untergliedern:
Stufe 1: Magisch-mythisch bedingte Geldsubstanz

a. Frühzeitlich (Beispiele: Muschel-, Ring-, Feder-, Perlengeld)
b. Bauernkulturen im indogermanischen Bereich (Viehgeld, Axtgeld, Metallgeld zum Beispiel in Ringform)

Stufe 2: Stoffwertbedingte Geldsubstanz

a. Babylonien und Ägypten (Gewichtseinheiten Silber, Schekelwährung)
b. Griechenland (gestempelte Goldbarren, Münzen aus Silber und Gold)
c. Rom (rechtliche Ordnung des Geldwesens, Kupfermünzen, Münzen mit aufgeprägter Wertzahl)
d. Reiche der Völkerwanderung (Übernahme des römischen Münzsystems)
e. Franken und Karolinger (Silberwährung, Karlspfund)
f. Mittelalter (Barrengeld, Hacksilber, Groschen, Gulden, Thaler)
g. Neuzeit (Münzordnungen, Scheidemünzen, Kipper und Wipper)

Stufe 3: Funktionsbedingte Geldsubstanz

a. China (Gerätegeld, Zeichengeld)
b. Abendland (Papiergeld, Buchgeld, elektronisches Geld, Krypto-Währungen auf Basis der sog. Blockchain-Technologie)

Erst als Wertaufbewahrungsmittel ermöglicht das Geld ein über die naturale Vorratshaltung hinausgehendes „Sparen" und eine Vermögensbildung, die in primitiven Kulturen meist zugleich der Zurschaustellung dieses Vermögens diente. Ist somit die Funktion des Geldes als Wertausdrucks- und Wertaufbewahrungsmittel (Hortgeld) sicherlich älter als seine Tauschmittelfunktion, so gehört auch die Eigenschaft des Geldes als Wertmaßstab und Recheneinheit bereits in seine magisch-mythische Frühzeit. Dass diese Funktion sakralen Ursprungs ist, da es in jeder religiösen Gemeinschaft alsbald eines allgemeinen Orientierungsmittels für den Wert der den Göttern dargebrachten Opfer bedurfte, ist belegt.

Allerdings können Recheneinheit und Wertaufbewahrung durchaus getrennt voneinander auftreten; sie brauchen keineswegs in demselben Objekt vereint zu sein. Dasselbe gilt für das Verhältnis des Geldes als Rechnungseinheit zum Geld als Zahlungs- und Tauschmittel. Das Silberpfund der karolingischen Münzreform hat Jahrhunderte lang in den Köpfen der Geldwechsler als Rechen- und Vergleichsgrundlage beim Umwechseln verschiedener Währungseinheiten gedient, ohne dass es überhaupt als Goldmünze vorhanden war. Die abstrakte Rechnungseinheit der Hamburgischen „Mark Banco", die niemals als Münzform ausgeprägt war, ist ebenso wie die fiktive „Goldmark" der deutschen Inflationsperiode ein Beispiel für die völlige Loslösung der Rechnungseinheit von der Funktion des Geldes als konkretes Tausch- oder Zahlungsmittel.

Der im mittelalterlichen Strafrecht der „Lex Salica" festgesetzte Bußschilling, der auf den „Gold-Solidus" Kaiser Konstantins zurückgeht, war ebenso bloße Rechnungseinheit wie die Silbergewichte *Schekel, Mine* und *Talent* in Mesopotamien, die den Wert des Tauschobjektes bestimmen halfen. Gezahlt wurde jedoch meistens in Getreide. In der Goldwährung übernimmt das Gold die Funktion der allgemeinen Rechnungseinheit, während die Zahlungen weiterhin in Scheidemünzen, Banknoten oder Buchgeld erfolgen. Das Gold ist in diesem Währungssystem nicht notwendigerweise selbst das gängige Tausch- und Zahlungsmittel, sondern funktioniert letztlich nur als Maßstab.

Diese Beispiele zeigen, dass man von einer Funktion des Geldes als Rechnungseinheit eigentlich nicht sprechen kann. Das Rechnen in abstrakten Einheiten ist eine geistige Leistung, die das abstrakte Denken der Menschen in unserer Kultur maßgeblich gefördert hat. Die Entwicklung zu immer höherer Abstraktion im Wert- und Gelddenken ist ein Grundzug aller Kulturgeschichte. Eine moderne Zivilisation ist heute ohne die Fähigkeit zum abstrakten Denken gar nicht möglich. Deshalb haben heute Kulturen mit unterentwickelter Fähigkeit zum abstrakten Denken entsprechende Probleme damit, überhaupt eine funktionierende Zivilisation (zumindest im „westlichen Sinne") aufzubauen bzw. aufrechtzuerhalten.

Die Fähigkeit, Quantitäten zu zählen und zu messen, steht demnach zwar an der Wiege des (sakralen) Geldgebrauchs, ist aber keineswegs erst durch das Geld geschaffen worden. Existiert andererseits schon ein Wertausdruck- und Wertvergleichsmittel wie das Geld, so liegt es natürlich nahe, sich bei jedem Vergleich zwischen zwei oder mehreren Wertgrößen der *Währungseinheit* zu bedienen, die das Geldsystem zur Verfügung stellt.

Mit dem Eintritt in die Epoche des Frühkapitalismus wurde Geldbesitz gleichbedeutend mit Land- und Grundbesitz, mit Ämtern und Adelstiteln, mit Ehre und

Ruhm. Das Geld wurde, nach einem viel zitierten Schopenhauer-Wort, zu einem „unermüdlichen Proteus, jeden Augenblick bereit, sich in den jedesmaligen Gegenstand unserer so wandelbaren Wünsche zu verwandeln". Die als „carmina burana" bekannt gewordenen spätmittelalterlichen Vagantenlieder besangen „das Geld" *(nummus)* als Herrn der Welt, Sittenverderber und ungekrönten König des Alltags.

Die Chinesen verwendeten Papier erstmals etwa im 1. Jahrhundert v. Chr. zu Urkundszwecken. Von den Anfängen eines unbaren Zahlungsverkehrs weiß man schon aus dem 3. Jahrtausend v. Chr. in Babylonien und Ägypten. Die damals üblichen „Depotscheine" über die in Staats- und Tempelspeichern niedergelegten Edelmetall- oder Getreidemengen fungierten nicht nur als Quittungen, sondern wurden offenbar auch als Zahlungsmittel benutzt, sogar „Überweisungen" kamen schon vor.

Im 7. Jahrhundert n. Chr. kam das Papier über das Osmanische Reich auf die Iberische Halbinsel nach Europa. Die Produktion von Papier erfolgte erst im 12. Jahrhundert in Italien, später auch in Frankreich und in England. Die ersten Bankiers waren Kaufleute, welche im Verlaufe der Zeit zu Kreditgebern wurden („Lombarden"). Zu dieser Zeit entstand auch die Berufsbezeichnung der Lombarden.

Der bargeldlose Zahlungsverkehr, der seit der Völkerwanderung zunächst in Vergessenheit geraten war, wurde im ausgehenden Mittelalter zur Erleichterung des Geldtransports, teilweise auch zum Schutze der immer wiederkehrenden Münzverschlechterungen und Geldabwertungen, von neuem „erfunden". Schon in dieser Tatsache zeigt sich deutlich, dass die abstrakte „Geltung" des Wertversprechens in einer habitualisierten Verhaltensweise des Publikums zur herkömmlichen Werteinheit begründet ist, in einem Vertrauen in die tradierte Ordnung der Werte, das die eigentliche Grundlage der Währung darstellt. In der modernen Verkehrswirtschaft treten diese „irrationalen" Züge des Geldverhaltens natürlich hinter der im Vordergrund stehenden „rationalen" Ausgestaltung des Zahlungsverkehrs stark zurück; andererseits sind gerade die entscheidenden „Schwellen", an denen die Belastbarkeit tradierter Einstellungen, wie des Vertrauens in den Wert des Geldes und des Glaubens an die gesamtwirtschaftliche Stabilität, an ihre Grenze stößt, zutiefst im „Irrationalen" verwurzelt. Schon aus der „Evolution des Geldes" ergibt sich, dass die „Psychologie des Geldes" (G. Schmölders 1966) genauso wichtig und beachtenswert ist wie die rein ökonomische Effizienz.

▶ So bietet denn auch die sozialpsychologische Geldwertlehre der Geldpolitik brauchbare Ansatzpunkte für konkrete Überlegungen. Nach Schmölders ist Geld eine Schöpfung sozialen Handelns, also ein kultursoziologisches Phänomen.

Aus dem Werk von Adam Smith ist die *Bank von Amsterdam* bekannt, welche 1609 den bargeldlosen Zahlungsverkehr in Europa einführte. Dieser folgte 1619 die *Hamburgische Bank*. Mit der industriellen Revolution um 1740 kam es zu einem starken Aufschwung des Scheckverkehrs in England und danach zur Verbreitung über die ganze Welt. Mit dem Scheck als bargeldlose Zahlung wird eine gegen eine Bank oder ein anderes Geldinstitut gerichtete, täglich fällige Forderung auf Bargeld an ein anderes (drittes) Rechtssubjekt abgetreten. Immaterielles Geld ist stofflos und unsichtbar. Bis Mitte des 19. Jahrhunderts änderte sich wenig bei diesem Giroverkehr.

Reine Banknoten wurden erstmals in großen Mengen von der 1694 gegründeten Bank of England ausgegeben. Die Bank of England bekam das Recht zur Notenemission für das gesamte Aktienkapital. Diese Banknoten wurden 1834 zum gesetzlichen Zahlungsmittel erklärt. Das Recht zur Notenemission wurde durch die *Peelschen Bankakte von 1844* mengenmäßig begrenzt (mit Gold- und Silberdeckung). Die Ausgabe von Banknoten wurde immer mehr auf Staatsbanken konzentriert. Bis zum Ersten Weltkrieg hatten fast alle Notenbanken in Europa und auch die amerikanische Zentralbank das alleinige Recht der Notenausgabe. Die Entwicklung zum Papiergeld setzte sich nach dem Ersten Weltkrieg weltweit durch, dieses wurde in den 1920er- und 1930er-Jahren in vielen Ländern zum gesetzlichen Zahlungsmittel. Das Gold wurde zum internationalen Zahlungsmittel und zur Währungsreserve der Zentralbanken. Mit dem Abkommen von *Bretton Woods* wurde 1944 der Internationale Währungsfonds (IWF) gegründet. Die Quoten der einzelnen Mitgliedsländer waren zu einem Anteil in Gold einzubezahlen und der Wert des Goldes wurde mit 35 $ je Goldunze festgelegt. Auf dieser Wertbasis erfolgten die gegenseitigen Interventionen zur Stabilisierung der Währungskurse. Dieses Festkurssystem, welches unter anderem auf der Pflicht des US-amerikanischen Federal Reserve Systems beruhte, Dollars gegen Gold einzulösen, endete Anfang der 1970er-Jahre mit der Erschöpfung der amerikanischen Goldreserven. Es kam der Übergang zu flexiblen Wechselkursen. Mit der zweiten Statutenrevision des IWF von 1976 wurde das Gold als Recheneinheit abgeschafft.

Es gab auch „geldlose Gesellschaften". Es ist wohl kein Zufall, dass von eigentlich geldlosen Gesellschaften nur dort gesprochen werden kann, wo die Politik der regierenden Schicht sich ausdrücklich oder uneingestanden zum Ziel setzt, das menschliche Geltungs- und Unterscheidungsstreben aus ethischen oder religiösen Gründen weitgehend zu unterbinden. Da das Geltungsbedürfnis in der innersten Triebsphäre des Menschen verwurzelt ist, setzen solche geldlosen Systeme eine starke, wenn nicht brutale Gewaltherrschaft voraus; sie sind deshalb auch nur zeitlich und räumlich begrenzt anzutreffen. Ein Beispiel bietet das Inkareich vor der spanischen Eroberung. In dieser Diktatur gab es weder Gewinne noch Löhne oder Preise in unserem Sinne. Alle erzeugten Güter wurden dem Staat abgeliefert, der sie nach Bedarf verteilte. Sogar angesammelte Vorräte und Reichtümer wurden von Zeit zu Zeit von Staats wegen verteilt. Geld existierte weder als Recheneinheit noch als Zahlungsmittel. Ähnliches gilt, mit Ausnahme des Außenhandels mit anderen Ländern, für den Jesuitenstaat von Paraguay im 16. und 17. Jahrhundert. Auch hier wurde in einem extrem planwirtschaftlich durchorganisierten System ohne Geld regiert und gewirtschaftet, wobei an die Stelle einer einheitlichen Recheneinheit obrigkeitlich festgesetzte Taxen traten, die den Austauschwert der Waren im Verhältnis zueinander gesetzlich normierten.

Die Geschichte des Geldes ist jedenfalls dann, wenn man darunter die Entstehung des Geldgebrauchs versteht, weit älter als die Geschichte der Münzprägung und der Währungssysteme, die die Wertvorstellungen und Verhaltensweisen der Menschen zum Gelde, aber auch manche der „Funktionen" des Geldes schon fertig vorfand. Die Münzgeschichte ist nur ein Teil der Geldgeschichte, für die sie allerdings die Haupt- und für manche Zeiten sogar die einzige Quelle darstellt.

Erblickt man die Probleme des Geldwesens in den sozialen Funktionen und Wirkungen des Geldgebrauchs, so kann sich die Geschichte des Geldes nicht auf die Münzgeschichte beschränken.

▶   Das heute umlaufende Geld ist das Geld einer *Kreditgeldwirtschaft*. Es entsteht aus Kreditierungen, auch dort, wo Forderungen gegen sich selbst erzeugt werden (zum Beispiel bei Banken), um mit ihnen zu bezahlen (etwa bei Wertschriftenankäufen). Im Kreditgeldzeitalter sollten alle Gelder durch die Leistungspotenziale (= Tilgungspotenziale = Geldvernichtungspotenziale) der Kreditnehmer voll gedeckt sein. Diese Deckung ist unabdingbar, soll kein volkswirtschaftlicher Schaden entstehen.

Den Volldeckungsgrundsatz sollten auch die Zentralbanker bei ihren Geldemissionen berücksichtigen. Der Volldeckungsgrundsatz bedingt jedoch nicht, dass Geschäftsbanken im Rahmen ordnungsgemäßer Kreditvergabe kein Geld auf Knopfdruck erzeugen dürften. Diese Publikation wird im Folgenden zeigen, dass (nicht nur diesbezüglich) selbst „Geldfachleute" oft irren. Eine Konstante hat sich von den historischen Anfängen des Geldwesens bis heute nicht geändert: Die weit überwiegende Mehrheit der Bevölkerung versteht wenig oder nichts vom Wesen des Geld- und Finanzsystems. Umso einfacher ist es in der Regel für die ganz wenigen Insider, sich auf Kosten der großen Mehrheit einen „unverschämten" Vorteil zu sichern.

Geld aus dem Blickwinkel der kulturellen Evolution

Wie die Ausführungen zum Ursprung des Geldes gezeigt haben, muss man sich mit den Entwicklungsmechanismen der kulturellen Evolution näher beschäftigen, um das Phänomen Geld als ebensolches Ergebnis der kulturellen Evolution zu verstehen. Dadurch wird die Erkenntnis erhärtet, dass auch das Geld, ebenso wie die anderen Meilensteine bzw. Institutionen der sozio-kulturellen Entwicklung der Menschheit (Sprache, Rechtssystem, Markt) nicht das Ergebnis menschlichen Denkens und Konstruierens sind, sondern vielmehr menschlichen Handelns vor dem Hintergrund von Traditionen, Bräuchen, Sitten und religiösen Riten. Daher können diese sozio-kulturellen Institutionen auch nicht beliebig durch menschlichen Verstand gesteuert werden, seien die Motive auch noch so ehrenhaft, wie zum Beispiel die Inflationsbekämpfung beim Geld.

Evolution plant nicht, sie erzeugt Ausschuss in Mengen, sie ist blind für die Zukunft; aber was hier und heute von Vorteil ist, das fischt sie ebenso treffgenau wie gnadenlos heraus. Wolf Schneider hat den Prozess der Evolution sehr anschaulich beschrieben:

> Das Tierreich hat sich nicht zielgerichtet auf den Menschen hin entwickelt, sondern Millionen von Jahren hat die Natur aus Milliarden von Affen immer wieder diejenigen herausgesucht, die sich gegen Feinde, Konkurrenten und Not am besten durchsetzen konnten, solange bis dabei Arnold Schwarzenegger, Isaac Newton, Marie Curie und Albert Einstein herausgekommen sind. Der Trick der Evolution besteht darin, dass Milliarden von Zufällen bereitgestellt werden, auf die sich die Natur bei ihrem Ausleseprozess stützen kann.

Nicht Verstand und Vernunft sind der Motor der Evolution, sondern ganz andere Dinge, wie nachfolgendes Beispiel aufzeigt:

© Springer Fachmedien Wiesbaden GmbH, ein Teil von Springer Nature 2021
C. Braunschweig, B. Pichler, *Die Kreditgeldwirtschaft*,
https://doi.org/10.1007/978-3-658-31277-0_3

Vor rund 6000 Jahren hat der Mensch den Auerochsen, den Urvater unserer Rinder, zunächst aus kultischen Gründen gefangen und gezähmt, dann zunächst nicht sofort verzehrt, sondern erst im Rahmen einer kultischen Feier aufgegessen – ehe er erkannte, was das gezähmte Rind auch sein konnte: Milchlieferant, Fleischvorrat und später, als Wagen und Pflug erfunden waren, das erste Nutz- bzw. Arbeitstier. Nützliches Handeln hat tatsächlich oft keinen rationalen, sondern einen magischen, kultischen Hintergrund, ist also nicht vom menschlichen Verstand geplant oder konstruiert.

Geld gehört – genauso wie die Sprache, das Recht und der Markt – zu denjenigen sozio-kulturellen Institutionen, ohne die unsere heutige Zivilisation gar nicht denkbar wäre. Gemeinsam ist diesen sozio-kulturellen Institutionen, dass sie alle nicht das Werk menschlichen Verstandes sind. Der menschliche Verstand wäre gar nicht in der Lage, solch komplexe Systeme zu entwerfen bzw. zu entwickeln. Das menschliche Gehirn kann sich nicht einmal selbst erklären. Die Sprache, das Recht, das Geld und der Markt (Wettbewerbswirtschaft) sind nicht das Ergebnis menschlichen Entwurfs, sondern vielmehr menschlichen Handelns. Der Mensch ist auf dem Wege seiner sozio-kulturellen Evolution in die heutige, moderne Welt mit ihren tragenden sozio-kulturellen Institutionen quasi hineingestolpert.

Friedrich A. von Hayek, der letzte Universalgelehrte der zweiten Hälfte des 20. Jahrhunderts (1974 wurde ihm der Wirtschaftsnobelpreis zuerkannt), hat die Wirkungs- und Entwicklungsmechanismen der sozialen Evolution des Menschen so trefflich wie kein zweiter Gelehrter beschrieben.

▶ Das menschliche Handeln bringt Dinge zustande, die der menschliche Verstand gar nicht zu planen und zu konstruieren in der Lage ist. Diese Einsicht und die damit verbundene Demut in die Beschränktheit der menschlichen Ratio (Hayek: „Die Anmaßung von Wissen") fällt vor allem denjenigen Menschen besonders schwer, die sich berufen fühlen, für ihre Mitmenschen eine bessere Welt planerisch zu entwerfen und dementsprechend zu steuern. Hayek: „The mind cannot foresee its own advance."

Die Realität, die der Mensch durch sein freies Tun und Handeln erzeugt, eilt der Evolution des menschlichen Verstandes regelrecht voraus. Daher auch der Spruch: „Der Mensch lebt vorwärts, versteht sein Leben aber (wenn überhaupt) rückwärts." Die Lücke zwischen der vorauseilenden Realität und der Verankerung in den Genen und im Verstand ist die zentrale Ursache aller sozialen und gesellschaftspolitischen Probleme, die sich aus dem menschlichen Zusammenleben ergeben.

Wie viel wäre schon gewonnen, wenn all die Apologeten einer besseren Welt mit ihren Gesellschaftssystemen und Reformen einsehen würden, dass sie den Kern menschlicher Verhaltensweisen und evolutorischer Entwicklung missverstehen.

Wer nicht begreift, dass der Mensch weder durch Verstand noch durch seinen Instinkt zu dem geworden ist, was und wie er nun einmal ist, der wird immer wieder mit seinen durchaus wohlmeinenden und rational geplanten Maßnahmen genau das Gegenteil von dem erreichen, was eigentlich gewünscht war.

Die Hybris der menschlichen Ratio, die Anmaßung von Wissen ist fatal. Der Kapitalismus ist im Gegensatz zum Sozialismus/Kommunismus kein Gedankenkonstrukt des Gehirns ideologiebeseelter Menschen, sondern ein kulturelles Phänomen der Evolution. Deshalb funktioniert der Kapitalismus laut Joseph A. Schumpeter auch.

Die Vorstellung, dass die Fähigkeit des Menschen, gewisse Fertigkeiten zu erwerben, vom Verstand stammt, ist irrig. In Wirklichkeit ist der Mensch deshalb intelligent und findig geworden, weil er auf dem Wege seiner Evolution etwas erlernen konnte, was zwischen Instinkt und Verstand angesiedelt ist. Das erste Kapitel des Buches „The Fatal Conceit" von Friedrich A. von Hayek lautet: „Between Instinct and Reason", also „Zwischen Instinkt und Vernunft/Verstand". Dieser offenbar entscheidende Zwischenbereich besteht aus dem, was man als *Überlieferung, Traditionen, Brauch, Sitte, Gewohnheit* bezeichnet. Das meiste an diesen Fähigkeiten, ihre wesentliche Substanz, ist weder von den Instinkten genetisch verankert noch rational entworfen oder ausgedacht worden. Deshalb, weil die menschlichen Sitten, Praktiken und Moralregeln nicht Verstandesprodukt sind, sind sie auch zum Großteil rational nicht begründbar, ja sogar oft noch den Menschen nicht einmal richtig bewusst. Das Erlernen von Verhalten, sagt von Hayek, ist mehr die Quelle als das Ergebnis von Einsicht, Vernunft und Verstand. Kultur und Evolution haben den menschlichen Verstand hervorgebracht. Es war allerdings nicht der Verstand, der die Zivilisation entwickelt hat (geschweige denn die Richtung dieser Entwicklung), sondern Verstand und Zivilisation haben sich gegenseitig/wechselseitig befruchtet und entwickelt. Brauch, Sitte und Tradition stehen demnach zwischen Instinkt und Vernunft – logisch, psychologisch und auch zeitlich. Der Zwischenbereich von Instinkt und Verstand/Vernunft, also die Moral- und Verhaltensregeln, war das wichtigste Instrument des Menschen in seinem Überlebenskampf und seiner Entwicklung. Nur mit seinen Instinkten hätte es der Mensch nicht viel weiter als zu einer primitiven Lebensform gebracht, allein mit seinem Verstand noch nicht einmal dazu, denn der Verstand ist ja erst das Produkt der menschlichen Entwicklung. Und selbst eine Kombination von Vernunft/Verstand und Instinkt hätte das gleiche Ergebnis erbracht: Der Mensch hätte sich entwickelt wie ein Säugling, den man allein in der freien Natur aussetzt und mit dem Rat versehen hätte: Jetzt verlasse dich auf deine Instinkte und benutze deinen Verstand.

Man stelle sich vor, ein verirrter Tourist trifft im Urwald auf einen Eingeborenenstamm, der noch keinen Kontakt zur Zivilisation gehabt hat. Er sieht sich unvermittelt von bemalten Gestalten mit Speeren und Knochenäxten umringt. Der arme Mann ist in diesem Moment völlig hilflos. Weder Instinkt noch Verstand können ihm jetzt weiterhelfen. Instinktiv möchte er fliehen, aber der Verstand rät ihm: Tue das nicht; das ist gefährlich. Mehr aber auch nicht. Denn auch der klügste Mensch kann in dieser Situation unmöglich wissen, was jetzt die richtige Verhaltensweise sein könnte. Die Hand als Zeichen der Friedfertigkeit auszustrecken, könnte von den Eingeborenen als Angriff missdeutet werden. Lachen kann als Auslachen fehl gedeutet werden und wütende Reaktionen auslösen. Starre Unbeweglichkeit könnte als Furcht, Bewegung andererseits als Aggression oder Täuschung aufgefasst werden. Das Ergebnis: Der Mann kann in dieser Situation nur Glück oder Pech haben. Wenn er Glück hat, decken sich einige seiner Verhaltensweisen mit denen, die bei diesen Eingeborenen üblich sind.

Die zwischen Instinkt und Vernunft/Verstand angesiedelten Regeln und Institutionen sind eine Art Anpassungsparameter an die in Wirklichkeit undurchschaubare und unvorhersehbare Entwicklung allen Lebens und aller Lebensordnungen. Sie ermöglichen dem Menschen als Einzelperson und den Menschen als Gesamtheit, sich immer weiter anzupassen und entsprechend entwickeln zu können. Dieser Prozess stellt die kulturelle Evolution dar. Und zwar in eine Richtung, die man nur ganz allgemein mit Kultur oder Zivilisation beschreiben kann.

Um es nochmals zu verdeutlichen: Die angesprochenen Verhaltensregeln und Institutionen werden in aller Regel nicht durch rationale Einsicht, sondern zum Beispiel vielmehr durch religiöse Vorschriften und Glaubensinhalte gedeckt und geschützt. Völker oder Gruppen haben sich Jahrhunderte mithilfe von Moralregeln fortgepflanzt, die sie selbst nicht rational erklären oder rechtfertigen konnten. Die Erhaltung der menschlichen Kultur war also nur möglich, weil die Moralregeln, deren Funktion die Menschen nicht einsehen konnten, sich als nützlich für das Überleben erwiesen haben. Würden die Menschen versuchen, nur mithilfe von rein rational gebildeten Regeln zu leben, würden sie nicht überleben.

▶   **Wichtig** Wahrscheinlich ist deshalb auch kaum ein Mensch je imstande, rational zu rechtfertigen, warum Institutionen, wie zum Beispiel das Privateigentum oder das Geld, für die Entwicklung der Gesellschaft besser sind, als sie sind.

Dies wäre eine der Aufgaben, die den Wirtschaftswissenschaften gestellt ist, um die sie sich aber praktisch kaum kümmert.

Der Grund dafür mag darin liegen, dass die meisten Ökonomen, man kann sie als „Mainstream-Ökonomen" bezeichnen, gar nicht die Grundzusammenhänge der kulturellen Evolution begreifen oder kennen, in die die Sozialwissenschaften (zu denen die Wirtschaftswissenschaften gehören) quasi eingebettet sind. Deshalb begreifen sie auch nicht die Ursachen ökonomischen Verhaltens der Menschen. Zumindest wollen sie nicht die völlige Unberechenbarkeit anerkennen, sondern flüchten sich umso mehr in eine pseudo-naturwissenschaftliche Attitüde, indem sie mit Statistiken, Formeln und Gleichungen nur so um sich werfen. Die Volkswirtschaftslehre ist von dieser mathematischen Methode regelrecht vergewaltigt worden.

In der Terminologie von Friedrich A. von Hayek kann man von Geld als einer „spontanen Institution" sprechen. Wie die Sprache und der Markt, so ist auch das Geld keine bewusst entworfene Einrichtung, sondern das Ergebnis des sich über unzählige Generationen entwickelnden gemeinsamen Kommunizierens und Handelns der Menschen. Ökonomische Institutionen wie der Markt und das Geld sind – wie bereits gesagt – das Ergebnis menschlichen Handelns – nicht aber menschlichen Entwurfs. Die Nutzung von Geld ist ein Beispiel für das, was Hayek unter „spontaner Ordnung" verstanden hat. Es hat weder einen Erfinder noch einen Entwerfer oder Planer gegeben, der den Geldgebrauch mit Absicht eingeführt hätte.

▶   Extreme Vorsicht ist deshalb geboten, wenn Politiker und „Mainstream-Ökonomen" behaupten, man könne Wirtschaft, Konjunktur, Arbeitslosigkeit und Preisniveau durch konkrete Maßnahmen und Eingriffe in die Wirtschaft beeinflussen oder gar steuern.

Oft werden explizit geldpolitische Maßnahmen zur zielgerichteten Beeinflussung von Wirtschaft und Konjunktur empfohlen. Die Erfahrung zeigt allerdings nicht umsonst, dass diese „Maßnahmen" im Endeffekt stets das Gegenteil von dem erzeugen, was erwünscht war – im besten Fall keinen Einfluss haben. Diese oft einseitig gebildeten „Mainstream-Ökonomen" verstehen das Grundsätzliche nicht:

▶   **Wichtig**   Weil der Mensch Dinge wie die Sprache, die Sitten, das Recht oder das Geld nicht bewusst erfunden und entworfen hat (weil er das gar nicht könnte), kann er diese deshalb auch nicht nach seinem Willen verändern bzw. verbessern.

Vor diesem Hintergrund erkennt man auch, wie falsch eine weitverbreitete Ansicht unter Ökonomen ist, die – vereinfacht ausgedrückt – besagt: Geld ist alles, was von der Regierung als Geld vorgeschrieben wird.

An dieser Stelle wird deutlich, dass es in der heutigen Zeit offenbar einen engen Zusammenhang zwischen Geld und Macht gibt. Diesen Zusammenhang gilt es zu entschlüsseln: Es gibt laut Roland Baader (1991) grundsätzlich nur zwei Arten der Herrschaft: die mit dem Schwert und die mit „Brot und Spielen" (sprich: Beste-

chung zum Zwecke des Stimmenfangs in der modernen Version des Wohlfahrtsstaates). Für beide Methoden bedarf es riesiger Geldmittel. Und zu Geld kommt
man demnach nur auf drei Wegen: arbeiten oder betteln oder rauben. Herrscher
wählen stets den dritten Weg: rauben; entweder mit oder ohne begleitende Erpres-
sung und Gewaltandrohung. Und moderne demokratische Staaten wählen als Herr-
schaftsinstrument vorzugsweise die Bestechungsversion: „Brot und Spiele" – also
den Wohlfahrtsstaat. So kommen die Phänomene Raub und Wohlfahrtsstaat zusammen als konstituierende Elemente jeder modernen Herrschaft oder jedes modernen Staates. Der „seichte Großkrieg" an der Wohlfahrtsfront ließe sich ohne das
staatliche Gesetzgebungsmonopol und das staatliche Gewaltmonopol nicht führen,
weil die Steuereinnahmen (werden im Bedarfsfall zwangsweise eingetrieben)
längst nicht reichen, sondern zusätzlich eine schamlose Staatsverschuldung betrieben werden muss. Im Zusammenspiel zwischen staatlicher Zentralbank und den
Geschäftsbanken werden Staatsschuldverschreibungen (Schuldscheine) ausgegeben, woran der Staat die Banken prächtig verdienen lässt. Die Komplizenschaft
zwischen Politik, Zentralbank und Geschäftsbanken ist offensichtlich.

Wie genau und umfassend so manche Betreiber des „teuflischen Systems" Be-
scheid wissen über das, was sie tun, kann man einem Artikel entnehmen, den Alan
Greenspan im Jahr 1966 in der Zeitschrift *The Objectivist* publiziert hat. Darin heißt
es: „Die Finanzpolitik des Wohlfahrtsstaates erfordert es, dass es für die Besitzer
von Vermögen keine Möglichkeit gibt, sich zu schützen …" Das ist die trockene
Realität. Man könnte an dieser Stelle auch sagen: die Realität ist ein Drecksack.

Die Wurzel des Übels des endlosen Wucherns des Sozialstaates und der totalen
Politisierung und Fiskalisierung des Lebens der Bürger ist die Möglichkeit für die
Regierungen zur (scheinbar) beliebigen Schuldenfinanzierung des Wohlfahrtsstaa-
tes in seiner Form als „Wählerbestechungsdemokratie".

Um des eigenen Machtgewinns willen locken die Politiker die Stimmbürger mit
vermeintlichen Wohltaten, welche sich zu deren Schaden entwickeln und von den
angeblich Beglückten selbst bezahlt werden müssen (Roland Baader 1991).

▶   Wohlstand kann nur durch Arbeiten, Sparen und Investieren entstehen –
    übermäßiger Konsum und Verschuldung zerstören ihn. Der auf Schulden-
    bergen errichtete Sozialstaat gaukelt den Menschen lediglich vor, in einer
    Art Schlaraffenland zu leben – am langen Ende steht der Bankrott. Wer an-
    deres glaubt, lebt in der manipulierten Scheinwelt unserer Massenmedien.

Der moderne Wohlfahrtsstaat investiert immer weniger in die Zukunft (Infrastruktur!), sondern ist in erster Linie ein reines Konsum-Monster: Er teilt den ihm
gewährten Kredit an seine Beamten, Angestellten und Soldaten aus, an
Hartz-IV-Empfänger und Rentner. Und diese Empfänger tätigen damit keine In-

vestitionen, sondern bestreiten ihre Lebenshaltungskosten. Gleichzeitig verfällt langsam aber sicher die Infrastruktur, einzelne Großprojekte, wie zum Beispiel der Stuttgarter Hauptbahnhof („Stuttgart 21") und der Berliner Hauptstadtflughafen entwickeln sich obendrein zu regelrechten Katastrophen. In den meisten Zukunftstechnologien ist Deutschland kaum noch vertreten, wir leben von den alten Industrien. Dafür wächst und gedeiht die unproduktive Staatsbürokratie umso schneller.

In den letzten vier Jahrzehnten hat dies zur Entstehung des größten Schuldenberges aller Zeiten geführt, dessen unvermeidliche Bereinigung Ausmaße und Formen annehmen kann, die man sich nicht ausmalen mag. Wird die Staatsschuld zu groß, erklärt der Staat irgendwann den Bankrott in Form einer sogenannten Währungsreform. Die Gläubiger verlieren alles oder fast alles.

Die Deutschen haben den Währungszusammenbruch schon mehrfach in ihrer neueren Geschichte erlebt, und es bedarf keiner prophetischen Gabe, dass ihnen das in diesem Jahrhundert erneut passieren wird. Die überbordende Verschuldung des geldfressenden Sozialstaatsmonsters ist insofern eine vorweggenommene Massenenteignung (Wolfram Weimer).

Nur wer sich an das Absurde längst gewöhnt hat, findet sich in unserer ordnungspolitisch völlig deformierten Wirtschafts- und Finanzwelt zurecht.

Während der einzelne Mensch durchaus aus Fehlern bzw. aus der Geschichte lernen kann, gilt dies offenbar nicht für Staaten bzw. Nationen. Es ist erkennbar, dass Staaten bzw. Nationen nicht aus der Geschichte lernen, sie machen stattdessen immer wieder die gleichen Fehler. Dies scheint eine Art von anthroposophischer Konstante zu sein und insofern Teil der Evolution.

Teil II

Das Kreditgeldsystem der heutigen Finanzwirtschaft

4 Das Geldphänomen und die Theorie des Geldes

Viel hat man bisher getan, um das Wesen des Geldes einer Kreditgeldwirtschaft zu erklären. Bisher ohne durchschlagenden Erfolg. Die lang währende Unfähigkeit der Theorie, das heutige Geld zu erfassen, ist laut dem Fribourger Geldtheoretiker Bernard Schmitt letztlich verantwortlich für die inzwischen auch öffentlich wahrnehmbaren ökonomischen und politischen Fehlentwicklungen der Finanzwirtschaft. Seit einigen Jahren ist die Geldwirtschaft in der Krise, wie es der Bankier Johann Philipp von Bethmann bereits Ende des 20. Jahrhunderts richtig prognostiziert hatte.

In *Wikipedia* findet sich folgende Definition des Geldes: Geld ist jedes gesetzlich allgemein anerkannte Tausch- und Zahlungsmittel. Unter dem Stichwort „Geldtheorie" liest man dort Folgendes:

> Als Geld bezeichnet man alles, was als Zahlungsmittel in einer Volkswirtschaft akzeptiert wird ... Ein wichtiges Merkmal des heutigen Geldes ist, dass es keinen realen Stoffwert besitzt. Die Akzeptanz basiert sowohl auf dem Vertrauen darauf, dass das Geld auch in Zukunft als Zahlungsmittel akzeptiert wird, als auch auf staatlichem Zwang („gesetzliches Zahlungsmittel").

Rudolf Steiner unterschied das Geld in drei Arten von Geld: Leihgeld, Schenkgeld und Kaufgeld. Die von ihm verwendete Begrifflichkeit findet in seiner Lehre im Kontext der Idee der Dreigliederung des sozialen Organismus Verwendung. Solange Geld, das laut Steiner in Wirklichkeit nichts anderes als eine wandelnde Buchhaltung ist, dem Tausch von Waren und Leistungen dient („alle Leistungen haben Warencharakter, jede Ware ist Leistung"), die für den Verbraucher einen spezifischen Wert haben, ist es funktionell Kaufgeld. Wird es als Leihgeld Unternehmergeld, also in eine Produktion investiert, ist der Wert des Geldes nur noch an

© Springer Fachmedien Wiesbaden GmbH, ein Teil von Springer Nature 2021
C. Braunschweig, B. Pichler, *Die Kreditgeldwirtschaft*, https://doi.org/10.1007/978-3-658-31277-0_4

der wirtschaftlichen Fähigkeit oder dem Geist des Unternehmers festzumachen. Im Falle des Schenkgeldes kann kein bestimmbarer Wert ermittelt werden.

Fjodor Dostojewski bezeichnet Geld als „geprägte Freiheit" (in: Das Totenhaus). Heutige Politiker bezeichnen den „Euro als eine Frage von Krieg und Frieden".

„Das Geld muss weg" heißt ein weitgehend sinnentleerter Song des in der Szene bekannten Rappers *Marteria.*

Günther Schmölders (1962) stellte trocken fest: „Geld ist was gilt." Nicht zufällig war die frühere Schreibweise von Geld: *gilt!*

In Goethes *Faust* heißt es denn auch: „Der Zettel ist tausend Kronen wert. Ihm liegt gesichert, als gewisses Pfand, Unzahl vergrabnes Guts im Kaiserland."

Bei *Georg Simmel* liest man: „Das Geld gehört in jene Kategorie von Erscheinungen, deren Wirksamkeit sich bei regulärer Form und Verlauf in absehbaren Grenzen und determiniertem Umfang hält, während sie bei Ablenkung und Verschlimmerungen einen unübersehbaren und kaum begrenzten Schaden anrichten."

Wirtschaftsnobelpreisträger Friedrich A. von Hayek (1929) schrieb über das Geld: „Das Geld und seine Institutionen scheinen jenseits der Grenze löblichen und verständlichen physischen Schöpfungsbemühens zu liegen, in einem Bereich, in dem die Fassbarkeit des Konkreten aufhört und unfassliche Abstraktionen herrschen. Das Thema ist also ebenso verwirrend für Spezialisten wie anstößig für Moralisten: beide sind darüber beunruhigt, dass das Ganze über unsere Fähigkeit hinausgewachsen ist, die Abfolge der Ereignisse, von denen wir abhängen, zu überblicken oder zu lenken. Es scheint uns das alles entglitten oder, um es noch deutlicher zu sagen, über den Kopf gewachsen zu sein."

Bei William E. Gladstone heißt es sogar: „Nicht einmal infolge der Liebe sind so viele Leute verrückt geworden als infolge des Nachdenkens über das Wesen des Geldes."

Weder von Hayek noch seine Schüler, noch sein Lehrer Ludwig von Mises hatten eine schlüssige Geldtheorie vorlegen können (bei aller Hochachtung vor ihren sonstigen großartigen wissenschaftlichen Verdiensten). So konnten sie zum Beispiel nicht die Wirkung des technischen Fortschritts schlüssig erklären. Ein Grund dafür liegt unter anderem in der Abkehr von der reinen Warenwertrechnung, wie sie die „Alt-Österreicher" (Menger, Wieser, Böhm-Bawerk) betrieben, zur Geldwertrechnung. Darüber hinaus vertraten Ludwig von Mises und sein Schüler Friedrich A. von Hayek unterschiedliche geldtheoretische Konzepte: Ludwig von Mises befürwortete eine zu 100 % durch Gold gedeckte Währung, weil Gold nicht von Regierungen manipuliert werden könne. Hayek hielt es hingegen für unrealistisch, dass Regierungen einen solchen vollkommenen Goldstandard jemals zulassen und dann auch noch konsequent praktizieren würden. Er schlug in seinem Buch *The*

Denationalisation of Money einen freien Wettbewerb der Währungen vor, im dem von Staaten herausgegebenes Geld mit Geld konkurriert, das von privaten Anbietern (wie zum Beispiel Banken oder Versicherungsgesellschaften) stammt.

Eine eindrucksvolle Definition von Geld lieferte Wolf Wondratschek, der zeitweise der meistgelesene deutschsprachige Lyriker war. Über Geld äußerte er sich so: „Geld ist Dreck. Es ist etwas Primitives, etwas durch und durch Obszönes, etwas ganz und gar Heilloses." Und: „Geld hat Hunger. Es ist eine Bestie. Es frisst Dich auf, deinen Verstand, dein Herz, deine Seele. Was bleibt, ist nackte Angst." In solchen Bemerkungen zeigt sich die tragische Hilflosigkeit desjenigen, der wohl versucht hat zu verstehen, aber mit diesem Versuch kläglich gescheitert ist.

Solch ein Scheitern ist symptomatisch, denn die oft negativ besetzte Begrifflichkeit „Geld" beruht in gewissem Sinne auf einem sehr tiefen ideengeschichtlichen Hintergrund, einer historischen Wurzel, die letztlich bis auf Aristoteles zurückgeht.

Die Ökonomie stand nicht im Mittelpunkt seines Denkens. Manche bezweifeln sogar, ob die drei Bücher über Hauswirtschaft, die als *aristotelisch* überliefert sind, tatsächlich von ihm stammen. Seine Wirkung jedoch ist unbestritten: Joseph A. Schumpeter lässt die Geschichte der ökonomischen Ideen mit ihm beginnen, und die schottische Aufklärung, besonders Adam Smith, ist ohne ihn nicht denkbar. Aristoteles hat der Ökonomie den Namen gegeben *(oikonomia)* und sie als eigenständige Disziplin auf den Weg gebracht. Er hielt jedoch immer am Primat der Politik fest, ohne jedoch, wie vor ihm Platon und nach ihm Friedrich Engels, Karl Marx und all die anderen „falschen Propheten" (Karl R. Popper), der totalitären Versuchung zu erliegen.

In den Anfängen der politischen und ökonomischen Theorie legt Aristoteles eine moralisch engagierte politische Ökonomie vor: Der zentrale Freiheitsraum der Polis war der Marktplatz, die Agora, als Raum öffentlicher Rede und Gegenrede, auf dem die Menschen ihre ökonomischen Interessen austauschen. In der Pyramide der Ziele und Zwecke ist die Ökonomie der Politik untergeordnet. Die Politik sei dem „guten Leben" verpflichtet. Das bloße Überleben der Menschen zu sichern sei Aufgabe der Ökonomie: Politik ist das Reich der Freiheit, Ökonomie das Reich der Notwendigkeit.

Die zu seiner Zeit bereits florierende Geldwirtschaft war dem Denker suspekt. Er war ein Freund des reinen Tausches, in gewissem Sinne ein ökonomischer Hinterwäldler. Zinsen? Lehnte er strikt ab. Wer welche nahm, erschien ihm „hassenswert, weil er aus dem Gelde selbst den Erwerb zieht und nicht aus dem, wofür das Geld da ist. Denn das Geld ist um des Tausches willen erfunden worden, durch den Zins vermehrt es sich dagegen durch sich selbst. Diese Art des Gelderwerbs ist also am meisten gegen die Natur", wettert er in seiner staatspolitischen Schrift „Politik". Die Moral, die Aristoteles der Wirtschaft gibt, entspricht seinem Weltbild: Es geht um Erhalt, um Aufrechterhaltung des Status quo. Gerechtigkeit herrscht für Aristoteles, wenn alles so bleibt, wie es ist, nichts wächst, sich nichts verändert. Die Welt als Nullsummenspiel. Nun war vieles davon schon zu Lebzeiten des Denkers, also im vierten vorchristlichen Jahrhundert, recht umstritten. Händler, die ihren Gewinn machen wollten, waren Anhänger der von Aristoteles sogenannten und tief verachteten Chrematistik – aus einer Verballhornung wird später das deutsche Wort „Krämer" entstehen. Die antike Krämerseele, der Urkapitalist sozusagen, strebt nach Wachstum. Aristoteles' Ökonomik hingegen ist eine Verwaltungswirtschaft, bei der Vorhandenes hin- und hergeschoben wird.

Das *Mehr-haben*-Wollen, die Pleonexie, ist für ihn eine Krankheit, schlimmer als Gier und Neid. Die christlichen Denker der Spätantike und des Mittelalters integrieren Aristoteles' Logik und Moral in ihre Religion.

Ein Zinsverbot wurde bereits im Alten Testament ausgesprochen. Und Jesus Christus startete, so erzählen es die Evangelien, seine „Karriere" als Antikapitalist. Er warf den Geldwechslern im Jerusalemer Tempel vor, sie hätten aus dem Gotteshaus eine „Räuberhöhle" gemacht. „Macht meines Vaters Haus nicht zu einem Kaufhaus!", soll er laut Johannes gerufen haben. Die Beschreibungen der sogenannten Tempelreinigung sind bemerkenswert. Der Messias, der auch die andere Wange hinhält, totalen Gewaltverzicht predigt und nicht einmal der römischen Staatsgewalt etwas entgegensetzt, wird dort handgreiflich. Dieser Teil des neuen Testaments wird für die Juden weitreichende historische Folgen haben. Antisemitismus und Antikapitalismus sind über weite Strecken der Geschichte nicht voneinander zu trennen. Materialisten wird sogar der Eintritt ins Paradies verwehrt. „Eher geht ein Kamel durch ein Nadelöhr, als dass ein Reicher in das Reich Gottes gelangt", sagt Jesus im Markus-Evangelium. Und im Matthäus-Evangelium stellt Jesus seine Anhänger nochmals vor die Wahl: Geld oder ewiges Leben. „Niemand kann zwei Herren dienen; er wird entweder den einen hassen und den anderen lieben, oder er wird zu dem einen halten und den anderen verachten. Ihr könnt nicht beiden dienen, Gott und dem Mammon." All das hat seine Wirkung getan und wirkt bis heute nach. Die sehr verschiedenen Geld-Definitionen und ihre Hintergründe zeigen, dass Geld tatsächlich ein faszinierendes Phänomen ist. Es lohnt sich daher, einen Versuch zur Aufhellung des Geldphänomens zu machen. Nach wie vor stellt sich die Frage, was eigentlich Geld ist.

Unzweckmäßig ist es, Geld als „Wertmaßstab" zu definieren, worauf bereits Ludwig von Mises hingewiesen hat, was aber auch schon aus der Werttheorie Carl Mengers folgt. Bewertungsmaße werden oft verwechselt mit dem Geld, das sie messen. So entsteht der Irrtum, das Geld sei wesensmäßig selbst ein Wertmaßstab. Geld *unterliegt* vielmehr einer Wertbemaßung, wie jedes zum Beispiel mit den

Wertmaßen Dollar oder Euro ausgepreiste Sachgut auch. Die Fehlstellung der Definition des Geldes als eines „Wertmaßstabs" geht offensichtlich auf die Gleichsetzung der Phänomene „Geld" (als vergegenständlichtes Tilgungsversprechen materiell greifbar) und „Wertmaß" (immaterielle Größe) zurück. Beide Phänomene sind jedoch voneinander zu unterscheiden. Die Bewertung der Sachgüter ist zwar auf dasselbe Wertmaß wie die des Geldes bezogen, aber beide Bewertungen finden getrennt statt. Der Wert des Geldes stammt aus dem Bewertungsakt, der das das Geld deckende Tilgungsvermögen abschätzt. Der Wert der ausgepreisten Sachgüter stammt aus einem ganz anderen, davon völlig unabhängigen Bewertungsakt.

Noch verwirrender wird die Angelegenheit, wenn gesagt wird: *Weil* Geld Recheneinheit ist, ist es Wertmaßstab. Geld kann vielleicht irgendwo einmal als Recheneinheit oder als Wertmaßstab *dienen*. Das können aber andere quantitativ bewertete Tauschobjekte auch. Immer ist es die Zahl am Gelde (die Zahl 10 oder 20 auf dem Geldschein), die die Recheneinheit abgibt. Und immer ist es das Wertmaß (Dollar oder Euro), was das Geld in seinem Wert bemisst. Das Wertmaß dient auch als Maß für die Bewertung aller möglichen anderen Dinge (siehe Preisbildung beim Sachgut). Hier kommt nicht das Geld als Recheneinheit und als Messlatte ins Spiel, sondern die Zahl selbst und das Bewertungsmaß (Dollar, Euro) selbst. Geld ist – wie viele andere Tauschgüter auch – quantitativ bewertet. Die Bewertung erfolgt mithilfe von Bewertungsmaßen. Die gleichen Tauschobjekte (Sachgüter oder Geld) können mit *verschiedenen* Bewertungsmaßen (Dollar, Euro) gemessen werden.

▶ Geld ist also wesensmäßig kein „Wertmaßstab", wie von Vielen angenommen. Das erkennt man eben daran, dass Geld, wie anderes Tauschgut, einer Wertmessung *unterliegt*. Sein Maß ergibt sich aus der Wertermittlung der Tilgungsvermögen, die die Tilgungsversprechen im Rahmen des Güter- und Warentausches decken.

Jene Gelddefinitionen, die das Geld als „Wertmaßstab" erklären, berücksichtigen dieses Begründungsverhältnis nicht. In diesem Zusammenhang sei daran erinnert, dass zum Beispiel die „Alt-Österreicher" Carl Menger, Friedrich von Wieser und Eugen von Böhm-Bawerk ihre Theorie des ökonomischen Wertes und der Wertermittlung eben ohne Rückgriff auf den Geldbegriff entwickelt hatten.

Die hier vertretene Auffassung wird bestätigt durch die Neufassung des Bundesbankgesetzes. Dort findet sich in § 14 die Redewendung „auf Euro lautende Banknoten", in der offensichtlich die Begriffe Euro und Banknoten (Geld) unterschieden werden. Und in § 39 ist klar definiert, dass das Wort „Euro" ein *Wertmaß* (und nicht ein Geld!) bezeichnet. Wer die erhellenden Analysen bei den Altmeistern der Ökonomie aufmerksam studiert, lernt, dass Geld und Wert unterschiedliche Phänomene sind. Über den Wert lernt man etwas aus der Analyse des Bewertens. Über das Geld lernt man etwas aus der Analyse des Kreditierens (im Rahmen der Tauschakte, siehe nachfolgenden Gliederungspunkt 5).

Geld ist zweifellos auch Zahlungsmittel. Es ist aber etwas unglücklich, wenn im Rahmen der Geldtheorie immer wieder von dem *allgemein akzeptierten* Zahlungsmittel gesprochen wird. Denn allgemein akzeptiert als Zahlungsmittel wurde vor nicht allzu langer Zeit auch die Zigarette.

Etwas bemüht erscheinen auch jene Versuche, Geld schlicht als „Einkommen" oder gar als „Vermögen" zu definieren.

Gängige Praxis in der Geldwirtschaft ist es, das Geld anhand seiner Funktionen zu definieren und zu erklären. Schon bei William Stanley Jevons (1835–1882) findet sich 1924 die geradezu klassisch gewordene Definition: Geld ist Zahlungsmittel, Wertaufbewahrungsmittel, Wertmaßstab und Recheneinheit. Diese funktionsorientierte Definition ist unbefriedigend, denn man vermisst in ihr zum Beispiel das Besondere am Tauschgut Geld. Nimmt man die Definition von Jevons wörtlich, dann würden auch andere in den Tausch gelangte Güter „Geld" heißen müssen. In dem vordergründigen, funktionsorientierten Verständnis von Geld bleibt auch die Deutsche Bundesbank stecken: „Da begrifflich nicht eindeutig abgrenzbar, wird Geld nach seinen Funktionen … definiert" (nach einer von der Deutschen Bundesbank herausgegebenen Informationszeitschrift).

Auch die EZB sucht das Wesen des Geldes über seine Funktion zu erfassen. Allerdings: Der ehemalige Bundesbank- und spätere EZB-Vorstand Otmar Issing setzt in dem von ihm verfassten Standardwerk über Geld ein deutliches Fragezeichen hinter diesen Brauch. Eine hinreichend dezidierte Definition des Geldes (zumindest des Geldes der Kreditgeldwirtschaft) liefert aber auch er nicht.

► Auch weil er die Aspekte der sozio-kulturellen Evolution besonders berücksichtigt, stammt die beste *allgemeine* Definition des Geldes wohl von Günter Schmölders: *„Der Geldgebrauch ist als soziale Kategorie eine Entwicklungsform und Entwicklungsstufe des menschlichen Zusammenlebens. Geld ist nicht Ware, Gegenstand einer besonderen Konvention oder bloßer Technik, noch weniger lediglich eine staatlich proklamierte Norm für den Tausch- und Zahlungsverkehr, sondern ein Substrat der zwischenmenschlichen Kommunikation, die zur Natur des Menschen gehört. "*

Eine zunächst etwas unhandlich wirkende, jedoch phänomenadäquate Definition speziell des *Kreditgeldes* liefert bisher lediglich Dietrich Eckardt:

▶ „Das Geld der Kreditwirtschaft ist die Gesamtheit jener quantitativ bewerteten und symbolisch vergegenständlichten Tilgungsversprechen, die durch das Leitungspotential ihrer Emittenten gedeckt sind."

Die Geldumgangspraxis dokumentiert sich in den alltäglichen Tauschakten des Marktes. Der Schlüssel zum Verständnis des Geldwesens ist demnach eine hinreichend genaue Kenntnis dieser Tauschakte. Bereits beim prämonetären Tausch – und vor allem dort – sind wichtige Erkenntnisse über das Wesen des Geldes zu gewinnen.

Tauschgeschäfte kommen oft dadurch zustande, dass ein Tauschpartner für die Gegenlieferung seiner Lieferung eine Zeitverzögerung akzeptiert. Man sagt auch: Er *kreditiert* die Gegenlieferung. Er erteilt dem anderen Tauschpartner für die Zeit Kredit, in welcher der nicht liefern kann oder nicht liefern will. Er akzeptiert das *Versprechen* des anderen, die Gegenlieferung zu einem späteren Zeitpunkt zu erbringen. Die Tauschpartner einigen sich auf eine „provisorische Bereinigung" (Joseph A. Schumpeter 1966) der verbleibenden Schuld. Damit der Tausch jetzt schon einmal abgeschlossen werden kann, bedarf es des Versprechens. Das Versprechen ist ein *Schuldentilgungsversprechen.* Aber er akzeptiert ein solches Versprechen nur, wenn er sicher ist, dass der Versprechende leisten *kann,* seine mit dem Tausch eingegangene Schuld tilgen *kann.* Der in Vorleistung getretene Tauschpartner prüft das *Leistungspotenzial* des Versprechenden („Bonitätsprüfung"). Denn dieses Potenzial ist zugleich das *Schuldentilgungspotenzial.* Es ist die *Deckung* des Tilgungsversprechens.

An dieser Stelle wird klar, dass die Redewendung „Geld ist jede Form von Kredit" nicht zu rechtfertigen ist. Sie verweist zwar irgendwie auf das Geld einer Kreditgeldwirtschaft, geht aber am Kern der Sache vorbei. Denn wenn innerhalb eines Tauschgeschäftes ein Leistungslieferant seinem Gläubiger die Gegenleistung kreditiert, fließt ja eben *kein* Geld. Es erfolgt hier eben gerade *keine* Bezahlung. Denn Kreditierung bewirkt Zahlungs*aufschub.* Geld aber bewirkt eine Bezahlung. Geld kann also nicht erklärt werden, indem man es schlichtweg als Kredit definiert. Es *erwächst* (!) aus Krediten und darf deshalb „Kreditgeld" heißen.

Das Geld der Kreditwirtschaft ist durch ermittelbare Leistungspotenziale gedeckt. Das war schon 1971 so, als der sog. „Goldstandard" abgeschafft wurde. Dieser „Standard" war damals eigentlich nichts anderes mehr als eine willkürliche Preisfestsetzung für Gold auf der Basis eines bestimmten Wertmaßes (US-Dollar). Die Festsetzung war ein Gewaltakt gegen die Kräfte des freien Marktes. Die Geldmengenausweitung und Kaufkraftminderung der meisten Währungen nach dem Ende des „Goldstandards" beruhen nicht auf der weggefallenen Goldbindung, wie von einigen Ökonomen immer wieder behauptet wird, sondern haben ganz andere Ursachen, wie noch aufzuzeigen ist.

Um zu verstehen, was Geld in der Kreditgeldwirtschaft eigentlich ist, ist es erforderlich, den Tauschakt zwischen zwei Parteien ganz genau zu analysieren, ihn sozusagen wie unter dem Elektronenmikroskop zu betrachten. In der genauen Analyse und Kenntnis dieses Tauschaktes liegt der Schlüssel zum Verständnis des Geldes der Kreditgeldwirtschaft.

Der Tauschakt als Schlüssel zum Verständnis des Geldes

Im Rahmen eines Tauschaktes kann ein Tilgungsversprechen quantitativ bewertet und symbolisch vergegenständlicht werden. Als Gegenstand kann es (zum Beispiel in Form von Geld) gegen ein anderes oder gegen Sachgüter „eingelöst" werden, von Tauschpartner zu Tauschpartner. Als (in welcher Form auch immer!) materiell existente (elektronische) Bescheinigung kann es von Hand zu Hand gehen *wie eine Ware*. Die Vergegenständlichung des Versprechens als Bescheinigung ermöglicht, dass dieses quasi als Ware am Tauschhandel teilnehmen kann. Seinen Warencharakter erlangt es als bewertetes und bescheinigtes Versprechen, also als dinglich (zum Beispiel elektronische) präsente Schuldverschreibung. Tilgungsversprechen sind ja zunächst reine Absichtserklärungen, Ware zu liefern und nicht schon selbst Ware. Ware werden sie erst durch ihre Vergegenständlichung in Form von Bescheinigungen, sofern sie die Bedingungen für ihre Akzeptanz als Zahlungsmittel erfüllen.

Infolgedessen kann nun bei Tauschgeschäften, in die Geld (als bewertetes und materialisiertes Tilgungsversprechen) mit einfließt, von einer regelrechten „Bezahlung" gesprochen werden. Denn wenn ein Tilgungsversprechen wie eine Ware gehandelt wird, benötigt man keinen Zahlungsaufschub mehr. Die Hergabe des Geldes ist dann die Bezahlung. Regelrecht „bezahlen" kann man mit einem Tilgungsversprechen also nur, wenn es vergegenständlicht, also zum Beispiel elektronisch greifbar ist und wenn es bewertet ist – wie andere Waren auch.

Eine Bezahlung lässt weder Schulden noch Guthaben zurück. Sie schließt ein Geschäft endgültig ab. Während ein bloßes Zahlungsversprechen den Schuldner bindet, ist eine Bezahlung Schuld befreiend. Das aus dem ursprünglichen real unvollendeten Tauschgeschäft noch verbliebene Schuldverhältnis erlischt. Es findet eine *Entschuldung* statt. Das Tauschgeschäft erfährt nun erst seine Vollendung.

© Springer Fachmedien Wiesbaden GmbH, ein Teil von Springer Nature 2021
C. Braunschweig, B. Pichler, *Die Kreditgeldwirtschaft*,
https://doi.org/10.1007/978-3-658-31277-0_5

Wo ein quantitativ bewertetes, symbolisch materialisiertes und durch Leistungspotenziale gedecktes Tilgungsversprechen, also Geld, als Zahlungsmittel fungiert, spricht man nicht mehr von „Tausch", sondern von „Kauf". Jeder Kauf bzw. Verkauf ist ein vollständiger Tausch. Nur fließt hier zwecks Vollendung des Tausches (als Ersatz für ein reales Wirtschaftsgut) Geld in den Handel mit ein. Tauschverträge, in die Geld als Tauschobjekt einfließt, sind *Kaufverträge*. Ein in den Handel gelangter Geldschein repräsentiert eine zu tilgende Schuld. Und gerade die gibt dem Geldbesitzer (und nicht dem Geld!) seine *Kaufkraft*. Die Kaufkraft des Geldnutzers hat also ganz entschieden mit der Schuldkomponente des Geldes zu tun.

▶   Wer einen Geldschein besitzt, der weiß: Es schuldet ihm jemand für diesen Schein eine werthaltige Sache. Der Geldschein gewinnt seinen Gutschein-Charakter wiederum dadurch, dass er Schuldschein ist und umgekehrt. Mit jedem Geldschein hält der Geldscheinbesitzer – als Gläubiger des ihm zugrunde liegenden Tilgungsversprechens – ein realisierbares Potenzial in den Händen: Er kann damit zum Beispiel ein paar Schuhe vom Markt abrufen.

Als bewertetes und vergegenständlichtes Tilgungsversprechen wird Geld *wie eine Ware* bei einem Darlehen „ausgereicht". Als weitergereichte Ware wandert es so lange, bis es jemand einsammelt, es wieder zur Bank trägt und damit ein von ihm selber der Bank gegenüber abgegebenes Tilgungsversprechen einlöst, d. h. seine Bankschuld begleicht. Geld ist also nicht „Satellit der Ware" (Joseph A. Schumpeter), sondern durchaus eine eigenständige Ware, was sich im reinen Geldhandel (Tausch Geld gegen Geld), der ja international im großen Stil stattfindet, auch dokumentiert. Als Ware ist Geld sogar Gebrauchsgut (im Gegensatz zu allen anderen Gebrauchsgütern allerdings jenes, dessen Gebrauch nur dadurch möglich ist, dass man es veräußert – Immanuel Kant). Sein Tauschwert ist eine unabdingbare Voraussetzung für seinen Gebrauchswert (Ludwig von Mises). Denn sein Gebrauchswert besteht darin, „Zwischentauschware" (EZB) zu sein.

Der Leser mag an dieser Stelle die sehr kleinteilige Analyse bzw. Beschreibung des Tauschaktes als übertrieben empfinden, doch wird er im weiteren Text erkennen, dass die ganz exakte Kenntnis dieser Zusammenhänge letztlich von entscheidender Bedeutung ist für das Verständnis des Geldbegriffs in der heutigen Kreditgeldwirtschaft. Gleichzeitig wird sein Blick geschärft für einige Irrtümer und Fehlinterpretationen in der herkömmlichen Geldtheorie.

Die Geschäftsbanken als „Krediteur zweiten Grades"

6

Ein Kreditierender im Rahmen eines Tauschaktes ist zunächst der, welcher *gegenwärtig* ein Gut liefert. Er kreditiert die Gegenlieferung so lange, bis eine regelrechte Bezahlung das vom Belieferten abgegebene Zahlungsversprechen ablöst. Was folgt daraus für die Rolle der Geschäftsbanken, die sie innerhalb der Handelsvollzüge am Markt wahrzunehmen haben? Die Geschäftsbanken treten genau wie die Zahlungsaufschub gewährenden Realgutlieferanten als Krediteur auf. Im Unterschied zu diesen sind sie nicht Krediteur ersten Grades, sondern *Krediteur zweiten Grades*. Inwiefern? Zunächst ist immer ein Realgutlieferant, der Zahlungsaufschub gewährt, Krediteur seines Tauschpartners („Krediteur ersten Grades"). Besteht der Lieferant hingegen auf sofortiger Bezahlung mit Geld und sein Tauschpartner kann diese nicht leisten, dann bleibt entweder nur der Abbruch des Tauschgeschäfts bzw. dessen Rückabwicklung, oder der Belieferte findet jemanden, der für seine Zahlungsverpflichtung einspringt. Dieser Jemand schiebt sich quasi *zwischen* die beiden Tauschpartner. Als Zwischenglied löst er die Kreditierung ersten Grades ab und ersetzt sie durch seine eigene Kreditierung. Das wäre dann eine Kreditierung zweiten Grades. Durch sie wird die Zahlung an den Realgutlieferanten ohne Aufschub möglich.

Eine Geschäftsbank vergibt Darlehen. Im Darlehensvertrag ist das Tilgungsversprechen enthalten, das die Bank zu Geld macht. Wird mit Geld aus Darlehen bezahlt, dann ist eine Primärschuld (zwischen Güterlieferant und Güterempfänger) durch eine andere Verschuldung (Darlehensschuld) ersetzt.

▶ Die Geschäftsbank schafft sozusagen eine Ersatzkreditierung. Sie schiebt sich als *Drittinstanz des Tauschgeschäfts* zwischen Gläubiger und Schuldner (Funktion einer „Intermediärin"). Sie fungiert dabei offenbar nicht nur in

39

© Springer Fachmedien Wiesbaden GmbH, ein Teil von Springer Nature 2021
C. Braunschweig, B. Pichler, *Die Kreditgeldwirtschaft*,
https://doi.org/10.1007/978-3-658-31277-0_6

dem (gewöhnlichen) Sinne als Vermittlerin, dass sie Geldeinleger und Investoren bzw. Konsumenten zusammenbringt, sondern auch in dem viel direkteren Sinne, dass sie Tauschgutlieferant und Tauschgutempfänger überhaupt erst zu einem Geschäft vereint.

Ein Kreditgeldsystem liegt vor, wenn die in ihm zirkulierenden Gelder auf dem Wege der Kreditierung entstanden sind, weiter entstehen und auch (per Tilgung) wieder vernichtet werden. Entstehung und Vernichtung von Geld können sich überall ereignen. Dies zeigt sich beispielhaft beim Darlehensgeschäft der Geschäftsbanken mit Privatleuten und Unternehmen sowie sonstigen Institutionen:

Beispiel

Die Darlehensvergabe durch Banken erfolgt auf der Grundlage von Verträgen. Bei einem Darlehensvertrag, der nichts anderes ist als eine Tauschvereinbarung, wird erstens beschlossen, dass die Ausreichung des Darlehens im Gegenzug zu einer Rückzahlung (Tilgung) nebst Zinszahlung erfolgt. Zweitens wird beschlossen, dass einer der beiden Tauschpartner, nämlich die Darlehensgeberin (Bank), in Vorleistung tritt, indem sie den Darlehensbetrag sofort zur Verfügung stellt. Die Gegenleistung – qua Tilgung des Darlehens – soll einstweilen ausstehen und erst später durch den Darlehensnehmer (Bankkunde) erbracht werden. Der Tausch Geld gegen Geld bleibt zunächst unvollendet. Die bei dem Tausch verbleibende Lücke (ausstehende Gegenleistung) füllt ein bloßes Versprechen, nämlich das im Darlehensvertrag fixierte Tilgungsversprechen des Darlehensnehmers. Mithilfe dieses Lückenfüllers wird der Tausch vorläufig vollendet – zwar nicht materiell, aber juridisch. Das Tilgungsversprechen des Darlehensnehmers *trägt* gewissermaßen den Darlehensvertrag. Definitiv vollendet ist der Tausch erst nach vollständiger Tilgung. Bei Bankkreditgeschäften wird also letztendlich ein Geldtransfer mittels eines Geldtransfers vergolten. ◄

Geldtransfer gegen Geldtransfer ist eigentlich ein seltsamer Tausch. Wie wenn man einen Stallhasen gegen einen anderen Stallhasen einhandeln würde. So absurd dies von der Warte des unvoreingenommenen Betrachters aussehen mag: Ein solches Geschäft macht Sinn. Denn es dient unter anderem der Schaffung neuer Sachgüter – wenn einer der beiden Transfers auf sich warten lässt.

Die Materialisierung des vom Darlehensnehmer abgegebenen Tilgungsversprechens erscheint in den Bilanzen der Vertragspartner: bei der Bank als Forderung an den Darlehensnehmer (in der Bankbilanz auf der Aktivseite verbucht), und als „Sichtguthaben" des Darlehensnehmers (auf einem Girokonto des Darlehensnehmers bei der Bank – und in deren Bilanz passiv als Verbindlichkeit verbucht). Der Bankforderung entspricht eine Verbindlichkeit in der Darlehensnehmer-Bilanz, dem „Sichtguthaben" (Bankverbindlichkeit!) ein Aktivum gleicher Höhe in der Darlehensnehmer-Bilanz. Infolgedessen ist die Bilanzierung in *beiden* Büchern stimmig: Jedem Aktivum korrespondiert ein Passivum.

Der Darlehensnehmer hat das gewährte Darlehensgeld an die Bank zurückzuzahlen. Die Rückzahlung wirkt sich in beiden Bilanzen so aus: Mit der Forderung in der Bankbilanz geht auch die dort verbuchte Verbindlichkeit (Darlehenskonto des Darlehensnehmers) gegen null. Parallel dazu verändern sich die Aktiva beim Darlehensnehmer. Ein Teil davon geht als Tilgungsgeld an die Bank. Zugleich ändern sich seine Passiva. Der Schuldensockel schrumpft. Der Tausch „Geld gegen Geld" geht seinem Ende entgegen.

▶ Durch die Tilgung der Darlehensschuld des Darlehensnehmers wird das einstmals geschöpfte und in den Wirtschaftskreislauf gelangte Geld wieder zurückgeführt und der Wirtschaft entzogen: Das Darlehenskonto des Darlehensnehmers bei der Bank geht auf null zurück; die Forderung der Bank an den Darlehensnehmer geht auf null zurück. Das Geld, das aus dem materialisierten Tilgungsversprechen erwachsen ist, wird wieder eingezogen. Der Kreislauf kann wieder von neuem beginnen.

Die Tilgungsversprechen bzw. die Tilgungspotenziale *machen* das Geld, sind gewissermaßen *selbst* das Geld, aber erst dann, wenn sie (in welcher Form auch immer) vergegenständlicht und bewertet sind. In vielen Ländern ist die Geldschöpfungskraft der Geschäftsbanken auf das 50-Fache der bei der Zentralbank hinterlegten Reserven beschränkt („Multiplikatoreffekt", „Giralgeldmultiplikator").

Es wurde bereits gesagt:

▶ Das bewertete Leistungspotenzial eines Kreditnehmers ist sein Tilgungspotenzial. Als solches ist es aber zugleich ein *Geldvernichtungspotenzial.* Die Geldvernichtung geschieht durch Kredittilgung. Ihre Wirkung ist ablesbar nicht nur an den Bilanzen der Kreditnehmer, sondern auch an den Bilanzen der Banken. Dort werden nach einer Tilgung bestimmte Einträge annulliert. Die Bilanzen schrumpfen. Ohne das Geldvernichtungspotenzial (Tilgung) funktioniert eine Kreditgeldwirtschaft nicht. Denn ihr Geld muss nach seiner Schöpfung (via Kredit) knapp gehalten werden. Die Verknappung des Geldes ist die wirksamste Inflationsbremse. Für die Geldknappheit ist also die Professionalität der Bonitätsprüfer ausschlaggebend. Bei diesbezüglichem Defizit ist sie gefährdet.

© Springer Fachmedien Wiesbaden GmbH, ein Teil von Springer Nature 2021
C. Braunschweig, B. Pichler, *Die Kreditgeldwirtschaft,*
https://doi.org/10.1007/978-3-658-31277-0_7

Geschöpftes Geld muss immer wieder vernichtet werden, ganz unabhängig davon, wer ursprünglich das Tilgungsversprechen abgegeben hat. Auch bei den Banken ist das zu Geld gerinnende Tilgungsversprechen nichts anderes als der Lückenfüller innerhalb eines real unvollendet gebliebenen Tauschgeschäfts. Sobald das Versprechen erfüllt ist, schließt sich die Lücke. Das vorübergehend als Lückenfüller fungierende Geld erscheint nun wieder vernichtet. Die Vernichtung einmal geschöpften Geldes ist ein unabdingbares Muss innerhalb dieser Geldwirtschaft.

Die Banken garantieren, dass hinter den Tilgungsversprechen, aus denen sich das Währungsgeld generiert, ein leistungsstarker Kreditnehmer steht. Dieser wäre insofern in der Lage, das für ihn geschaffene, in den allgemeinen Handelskreislauf gelangte Geld wieder zu vernichten. Mit anderen Worten: Die Banken gewährleisten die Deckung des umlaufenden Währungsgeldes. Die Deckung aber ist nichts anderes als das Geldvernichtungspotenzial. Die Vernichtung des Geldes ist manchmal wichtiger als seine Schöpfung. Denn dadurch können ungesunde Verschuldungen beseitigt werden.

Im Zuge des Tauschgeschäftes „Tilgungsversprechen gegen Darlehensgeld" findet zunächst eine Bilanzverlängerung statt, und das bedeutet *Geldmengenwachstum*. Später dann, im Zuge der Darlehenstilgung, erfolgt eine Bilanzverkürzung, und das bedeutet *Geldminderung*.

► Falls alles ordnungsgemäß über die Bühne geht (das Kreditgeld irgendwann vollständig zurückgezahlt ist), reduziert sich die Geldmenge auf das alte Niveau. (Die zusätzlichen Zinszahlungen ändern, bezogen auf die Summe aller Geldbewegungen, grundsätzlich nichts am geschilderten Ablauf.) Damit ist das das Geld deckende Tilgungs-Leistungsvermögen des Darlehensnehmers zugleich das Geldvernichtungsvermögen. Aktiviert sich dieses Vermögen, dann wird Geld vernichtet – und nicht etwa geschaffen, wie manche irrtümlich meinen.

Zweck des zunächst als sinnlos erscheinenden Kreislaufs aus Schöpfung und Vernichtung von Geld ist die Ermöglichung bzw. die Erweiterung des Handels über den bilateralen Sachgütertausch hinaus und damit (aufgrund der temporalen Komponente) die Erleichterung der Neuschöpfung von Sachwerten (kaufbares Sozialprodukt). Die Geldvernichtung vollzieht sich nämlich infolge der Schöpfung werthaltiger marktgängiger Güter, deren Verkauf eine Tilgung der Darlehensschuld ermöglicht. Die Güter werden via Verkauf gegen das für die Tilgung der

aufgenommenen Gelddarlehen benötigte Geld eingetauscht. Die Schöpfung marktgängiger Güter geschieht durch (körperliche, maschinelle oder geistige) Arbeit.
Geld überbrückt bei diesem Vorgang eine „Wertschöpfungslücke".

Woher holt nun die Bank das Geld, das sie als Darlehen ausreicht? Sie holt es
zunächst einmal aus dem Topf vorhandenen Geldes. Das stammt aus Bankkunden-
einlagen und aus Refinanzierungen. Die Bank vermittelt also die auf dem Geldmarkt bereits existierenden Gelder. Ein Finanzsystem wäre aber nicht existenzfä-
hig, wenn sich die Banken auf diese Art von Geldausgabe beschränken würden.
Das von den Banken ausgereichte Darlehensgeld stammt meistens aus anderen
Quellen, nämlich dem immer fortwährenden Geldkreislauf/Kreditmittelfluss. Der
Kreditmittelfluss (und damit verbunden: der Güterfluss einer Kreditgeldwirtschaft)
geht also – vereinfacht dargestellt – wie im nachfolgenden Kapitel beschrieben
vor sich.

Kreditgeldkreislauf, Geldmenge und Giralgeld-Multiplikator

8

Das Geld eines Wirtschaftssubjektes gelangt sowohl vom Quell einer Geldschöpfung (Darlehen) als auch vom Quell einer Geldhortung (Kapital) auf den Markt, und zwar dort in den Einkauf. Es werden Konsum- und Investitionsgüter gekauft. Die gekauften Güter verschwinden vom Markt: Konsumgüter werden in der Regel bald verbraucht; Investitionsgüter dienen der Erzeugung neuer Güter („Wertschöpfung"). Die neuen Güter gelangen dann entweder direkt in den Konsum oder auf den Markt: in den Verkauf. Über den Verkauf gelangt das Geld entweder (indirekt) wieder in den Konsum oder in die Hortung (Kapital) oder in die Tilgung. Im letzteren Fall verschwindet es wieder. Es wird vernichtet. Nach abgeschlossener Tilgung sollte der ehemalige Geldschuldner reicher sein: an Sachgütern oder an Geld (Kapital).

Die Hortung von Geld vermehrt das Vermögen des Wirtschaftssubjekts. Die Tilgung vernichtet einst geschaffenes Geld. Aufgrund der in einer *ordentlich* funktionierenden Kreditgeldwirtschaft dauernd stattfindenden Geldvernichtung (Tilgung) bleibt immer nur so viel Geld auf dem Markt, wie gebraucht wird. Konsum vernichtet indirekt Geld, weil er den Konsumgut-Erzeugern Mittel für ihre Tilgungs-(Geldvernichtungs-)Leistungen zuführt.

Der immer wieder zitierte „Geldschöpfungsmultiplikator" bzw. „Giralgeld-Multiplikator" gibt an, das Wievielfache auf der Basis der ursprünglich hinzugekommenen Zentralbankgeldmenge in Form von Giralgeld bei den Geschäftsbanken im Rahmen des Kreditgeschäftes autonom geschöpft wird. Bei einer Zentralbankgeld-Reservehaltung zum Beispiel in Höhe von einem Fünftel der Sichtverbindlichkeiten kann die Gesamtheit der Kreditinstitute auf der Grundlage eines ursprünglichen Zentralbankgeldzugangs von 100 dann Buchgeld in Höhe von 500 schöpfen. Der Geldschöpfungsmultiplikator beträgt in diesem Beispiel

© Springer Fachmedien Wiesbaden GmbH, ein Teil von Springer Nature 2021 47
C. Braunschweig, B. Pichler, *Die Kreditgeldwirtschaft*,
https://doi.org/10.1007/978-3-658-31277-0_8

also 5. Daraus ist aber kein unkontrolliertes und automatisches Geldmengenwachstum abzuleiten. Denn die Geldschöpfung ereignet sich ja normalerweise nur auf der Grundlage des Vorhandenseins eines bewerteten Leistungspotenzials. Realisiert es sich, dann entstehen verkaufbare Werte. Das Geld, das sich aus dem Verkauf dieser Werte erlösen lässt, kann irgendwann dem Darlehensgeber wieder zurückgegeben (vernichtet) werden. Im Endeffekt hat sich ein Sachwertzuwachs ergeben. Und nicht nur irgendein Individualprodukt, sondern auch das Sozialprodukt der Geldnutzergemeinschaft hat sich vermehrt. Der zunächst seltsam anmutende Tausch Geld gegen Geld ist ein Geschäft, das durchaus Sinn macht.

Alle Gelder der Kreditgeldwirtschaft sind also letztlich **Monetisierungen** von Tilgungsversprechen. Realisieren sich die Tilgungsvermögen, die die Tilgungsversprechen decken, dann verschwindet das Geld wieder. Das Tilgungsversprechen erfüllt sich. Dadurch erfolgt eine **Demonetisierung.**

Die Vergegenständlichung eines Tilgungsversprechens in Form einer quantitativ bewerteten und durch Leistungsvermögen gedeckten Bescheinigung (zum Beispiel als Bucheintrag oder als EDV-Datum) ist nichts anderes als dessen Monetisierung. Und das einstmals aufgrund von Tilgungsversprechen geschöpfte Geld verschwindet mit der Tilgung wieder. Jede Tilgung ist der Schwund früher geschaffenen Geldes: Geldvernichtung, Demonetisierung.

Die Geschäftsbanken sind die angestammten Orte der Währungsgeldschöpfung (und der Währungsgeldvernichtung). Geld wird also nicht dadurch zu Geld, weil ein Staatsdekret es zu Geld macht. Geldschöpfung vollzieht sich in einem Kreditgeldsystem gewissermaßen immer „von unten nach oben" und nicht „von oben (vom Staat oder seiner Zentralbank aus)" nach „unten", wie es für Viele den Anschein hat. Denn die bei Darlehen ins Spiel kommenden Tilgungsmittel kann letztinstanzlich nur der Sachwert-Schaffende „unten" herbeizaubern.

An dieser Stelle ist noch auf die Behauptung einzugehen, dass bei der Geldschöpfung die Aktiva der Nichtbanken (Bankkunden, Darlehensnehmer) monetisiert würden. Eine solche Form der Monetisierung gibt es unter Berücksichtigung der oben geschilderten Vorgänge offensichtlich nicht. Denn bei der Darlehensauszahlung ist entweder bereits vorhandenes Geld in den Aktiva der Bank schon vorhanden oder die Bank bezahlt mit einer Forderung an sich selbst. Letzteres ist eine Geldschöpfung. Und diese ist die Monetisierung eines Tilgungsversprechens: des Tilgungsversprechens der Bank sich selbst gegenüber.

Der Behauptung ist auch dann entgegenzutreten, wenn die angeblich monetisierten Aktiva als Leistungspotenziale der Nichtbanken (Bankkunden, Darlehensnehmer) vermeint sind. Denn erstens sind diese Leistungspotenziale nicht aktiviert. Sie sind höchstens *potenzielle* Aktiva. Als solche sind sie lediglich *virtuelle* Entitäten. Das heißt aber, dass sie in keiner Bilanz real erscheinen können. Und zweitens: Wären diese Potenziale irgendwann aktiviert, erwüchse aus ihnen gerade *nicht* die Monetisierung, sondern die Demonetisierung.

Jedenfalls zeigt sich: Die These von der „Monetisierung der Aktiva der Nichtbanken", von der bei einigen Geldtheoretikern (zum Beispiel Otmar Issing) mit Blick auf die Geldschöpfung die Rede ist, lässt sich nicht halten, jedenfalls nicht in Zusammenstimmung mit den hier vorgetragenen Analyseergebnissen. Im Falle einer Darlehensvergabe gibt es solche Aktiva ohnehin nicht. Deshalb ist in keiner Bankbilanz davon etwas zu sehen.

Nach wie vor herrscht über den Vorgang der Geldentstehung selbst bei den Systemexperten große Konfusion. Vor allem über die Bedeutung des Passivpostens („Sichtverbindlichkeiten") in der Bankbilanz anlässlich der Geldschöpfung. Geld entsteht originär mit dem gerade abzuwickelnden Tausch. In jedem Fall wird dabei das Versprechen einer Tilgung zu Geld. Geldschöpfung ist nichts anderes als eine Monetisierung von Tilgungsversprechen, die sich in einer symbolischen Vergegenständlichung manifestiert. Die vollständige Realisierung aller Tilgungsversprechen würde die Vernichtung allen Geldes bedeuten – aber auch das Verschwinden aller Geldschulden. Das Geld, das seine Existenz einem vorerst *nur hilfsweisen* kompletten Tausch verdankte, löste sich in nichts auf. Das geschähe jedenfalls überall dort, wo die Geldscheine ihre Existenz nicht bloß der Arbeit der Druckerpresse (Bargeld!), sondern der Monetisierung von Tilgungsversprechen (Kreditgeschäft) der Banken verdanken. Denn im Kreditgeldsystem ist Geld nicht nur eine Gut-, sondern zugleich auch eine Schuldbescheinigung – mit anderen Worten: Es ist durch Leistungspotenziale gedeckt und kann somit via Realisierung dieser Potenziale wieder vernichtet werden.

▶ Zusammenfassend lässt sich an dieser Stelle sagen: Es gibt nur einen einzigen Weg der Kreditgeldschöpfung – die Monetisierung von Tilgungsversprechen – und einen Weg der Kreditgeldvernichtung – die Demonetisierung durch Realisierung der Tilgungsversprechen (Tilgung). Tilgungsversprechen werden demonetisiert und nicht irgendwelche „Aktiva", wie manche „Geldexperten" fälschlicherweise behaupten. Die Existenz des heute in Umlauf befindlichen Kreditgeldes ist also ein ständiges Werden und Vergehen. In dieser Hinsicht entsprechen die Vorgänge in einer Kreditgeldwirtschaft den Vorgängen in der Natur.

Geldschöpfung und Bargeld

9

Weil Kreditgeldschöpfung die Vergegenständlichung von Versprechen ist und das Leistungspotenzial der Kreditnehmer nichts anderes als die Deckung der Versprechen, ist die Deckung dieser Versprechen auch die Deckung des aus ihnen erwachsenen Geldes. Geld wird hier also, wie jeder bei der Bonitätsprüfung anlässlich einer Kreditvergabe beobachten kann, nicht „aus dem Nichts" geschöpft, sondern auf der Grundlage *wirklich vorhandenen* Leistungspotenzials. Es ist durch dieses gedeckt.

▶ Somit lässt sich die These von der Geldschöpfung aus dem Nichts in Bezug auf das Geld, das die Wirtschaft via Kredit erzeugt, nicht halten. Für die mit ihr verkoppelte These von der prinzipiellen Deckungslosigkeit dieses Geldes fehlt jeder Beleg, auch wenn diese irrige Meinung immer wieder vertreten wird.

Diese Betrachtung umfasst alle Kreditgelder auf dem heutigen Markt (das Universalgeld der Kreditgeldwirtschaft). Universalgeld ist demnach das überall dort existierende Geld, wo bewertete und materialisierte Tilgungsversprechen als Tauschobjekte fungieren. Geld ist als die Vergegenständlichung von Tilgungsversprechen zu begreifen. Kreditgeld in seiner Rolle als Tauschobjekt bleibt stets Schuld. Es enthält die beiden für jedes Tauschobjekt typischen Komponenten *Gut* und *Schuld*. „Die Summe allen Geldes ist gleich der Summe aller Schulden", hat Johann Philipp von Bethmann einmal gesagt. Der Satz müsste eigentlich heißen: Die Summe aller *Gut*-Scheine ist gleich der Summe aller *Schuld*-Scheine, was nichts weiter ist als eine Tautologie. Beide Arten von Scheinen sind nämlich iden-

© Springer Fachmedien Wiesbaden GmbH, ein Teil von Springer Nature 2021
C. Braunschweig, B. Pichler, *Die Kreditgeldwirtschaft*,
https://doi.org/10.1007/978-3-658-31277-0_9

tisch: *Gut-Schuld*-Scheine. Anders verhält es sich mit dem *Staatsgeld* (Bargeld), wie noch aufgezeigt wird.

Bargeld wird nur von Zentralbanken (in der Regel Staatsbanken) emittiert. Im Vergleich zur Universalgeldmenge der Kreditgeldwirtschaft ist sein Anteil allerdings verschwindend gering. Bargeld sind Münzen und Banknoten. Münzen hatten ursprünglich einen hohen Eigenwert, weil sie aus Edelmetallen bestanden. Deshalb brauchten sie keine Deckung. Und die Banknoten waren früher nichts anderes als Kreditgeld, was man an den Aufschriften auf den früheren auf Dollar, Pfund und Reichsmark lautenden Noten ablesen kann. Sie waren also durch die Leistungspotenziale ihrer Emittenten gedeckt. Dieses Potenzial bestand darin, auf Wunsch Edelmetall liefern zu können.

Das heutige Bargeld, also das Staatsgeld, ist durch nichts mehr gedeckt. Es entsteht nach der Methode „Fiat Money", es entsteht aus dem Nichts. Im Gegensatz zu dem staatlichen Zentralbankgeld vor dem Ersten Weltkrieg gibt es kein Recht für den Benutzer dieses Geldes, es beim Emittenten gegen Sachwerte (zum Beispiel Edelmetalle) umzutauschen.

▶   Das heutige Bargeld fällt also aus der oben gegebenen Gelddefinition heraus. Bargeld hat mit dem Kreditgeld (Wirtschaftsgeld) nicht mehr gemein als die Wertmaßbezeichnung. Die Herausgabe von Bargeld stellt innerhalb der heutigen Geldwirtschaft eine bemerkenswerte Ausnahme dar. Denn – wie bereits gesagt – beim Bargeld gibt es keine rechtliche Handhabe, an das Vermögen der Emittenten heranzukommen. Die heutige Banknote ist kein Gut-Schuld-Schein, sondern nur Gutschein, allerdings ein falscher, weil ohne eigentliche Deckung. Die Schuld, diesen Schein einzulösen, wird der Wirtschaft und nicht dem Emittenten zugeschoben. So hat jeder, der eine Banknote besitzt, ein Recht auf Sachgüter – auf Kosten der anderen.

Das Bargeld verdankt seine Existenz dem blinden Glauben der Geldnutzer an seine Werthaltigkeit und einem Gesetz, das den Annahmezwang dieses Geldes für Güterlieferanten festschreibt. Dieser Annahmezwang ersetzt quasi die Deckung des Bargeldes.

Bargeld wird nicht ohne Anlass hergestellt. Der Anlass ist stets der Bedarf der Geldnutzer. Besteht ein solcher Bedarf, dann geben sie ihrer Hausbank Order, bei der Zentralbank Bargeld zu beschaffen. Und die tauscht ihr Giralgeld gegen die bei der Zentralbank hergestellten Geldscheine bzw. gegen die durch sie (vom Staat) erworbenen Münzen um. Hier wird ein prinzipiell durch ordentliche Leistungspo-

tenziale gedecktes Geld (Kreditgeld) gegen ein etwas seltsam „gedecktes" Geld
getauscht.

Die Zentralbank stellt das Bargeld also immer nur dann zur Verfügung, wenn es
die Geschäftsbanken im Auftrag ihrer Kunden wollen. So gesehen ist nicht das
Bargeld der Zentralbanken das „Basisgeld", wie oft behauptet wird, sondern das
im Bankensystem über Kredite (übrigens im Wettbewerb!) geschöpfte Giralgeld
der Geldnutzer. Andere „Basisgeld"-Schöpfer als die Finanzinstitute gibt es nicht.
Das ist schon daraus ersichtlich, dass nur dort Bonitätsprüfstellen anzutreffen sind.

Es muss bei der Geldnutzergemeinschaft ein Bedarf nach Münzen und Bankno-
ten vorhanden sein. Das heißt, die Geldnutzer müssen lieber mit Münzen und
Banknoten als mit dem von den Geschäftsbanken und sonstigen Finanzinterme-
diären geschaffenen Giral- oder Plastikgeld bezahlen wollen. Erst dann wollen sie
Münzen und Noten haben, die sie im Wege eines Tauschgeschäfts gegen anderes
Geld (Giralgeld) erwerben. Und erst dann wird die bei vielen Kreditgeldkritikern
so stark kritisierte „Gelddruckmaschine" des Staates und seiner Bank angeworfen.
Der Staat erzeugt nur so viele Münzen, wie ihm die Zentralbank abnimmt. Und die
nimmt nur so viele ab und druckt nur so viele Banknoten, wie sie an die Geschäftsbanken weitertauschen kann, je nach deren Bedarf. Dieser Bedarf wiederum richtet
sich nach dem Bedarf der Geschäftsbankenkunden, der sog. „Nichtbanken". Letztere bestimmen somit die Ausgabe von Bargeld und auch dessen Menge – niemand sonst.

Dem Münzen prägenden Staat und der Noten druckenden Zentralbank kommt
also lediglich die Aufgabe zu, eine alternative Geldform (in übrigens recht kleiner
Menge) bereitzuhalten, auf die der Handel, wenn er will, ersatzweise und im
Tausch gegen anderes Geld zugreifen kann. Hier liegt unweigerlich die Grenze
zumindest des staatlichen Tuns im Geldschöpfungsgeschäft. Bei der Zentralbank
kommt dann noch die Geldschöpfung anlässlich der Kreditvergabe an Geschäftsbanken (Refinanzierung) und beim Wertpapierankauf hinzu.

Die Bargeldherstellung erhöht die Geldmenge, obwohl Bargeld nur auf dem
Wege des Tausches in den Markt gelangt. Inwiefern? Um an Bargeld heranzukommen, muss Giralgeld (gedecktes Kreditgeld) hergegeben werden. Die Zentralbank
vernichtet dieses Giralgeld aber nicht. Sie bilanziert es aktiv. Nur für den Bankkunden ändert sich nichts. Nach dem Tausch hat er genauso viel Geld wie vorher. Der
Bargeldumlauf kennt keine Tilgung. Insofern gibt es hier auch keinen Mechanis-
mus der Geldvernichtung. Bargeld wird nur ausgetauscht, sobald es verschlissen
ist. Für einen zerstörten Geldschein wird ein neuer gedruckt. Eine bestimmte
Münz- und Notengeldmenge verbleibt bisher immer auf dem Markt. Wie groß die
Menge ist, hängt vom Bedarf der Geldnutzergemeinschaft ab. Wenn kein Bargeld

abgefragt wird, entsteht auch keins. Wie bereits gesagt: Das Bargeld ist nur ein geringer Teil des Geldes.

Es ist das Wirtschaftsgeld, das an der „Basis" entsteht. Es entsteht sogar als Erstes, bevor überhaupt Bargeld ins Spiel kommt.

Gibt es ein staatliches Geldschöpfungsmonopol?

10

Es hält sich allgemein hartnäckig die Auffassung, dass es ein Geldschöpfungsmonopol gäbe. Dieses läge in der Hand des Staates und sei das schlimmste Monopol innerhalb einer Gesellschaft überhaupt. Die These vom Geldschöpfungsmonopol des Staates wird bis zum Steinerweichen wiederholt. Ein solches Monopol des Staates gibt es zwar in der Tat, aber es bezieht sich nur auf die marginale Menge des Bargelds!

Wie lässt sich erklären, dass sich die These vom umfassenden Geldschöpfungsmonopol des Staates so hartnäckig hält? Was ist dran an der These vom „Geldmonopol des Staates", der Tag und Nacht Geldscheine ausspuckt und auf diese Weise angeblich unser Geld schöpft? Es bedarf diesbezüglich offensichtlich einiger Richtigstellungen.

Erstens:
Diese These wird an dem Umstand festgemacht, dass der Staat in alleiniger Regie die Münzen des Währungsgeldes prägen lässt. Er hat das sogenannte „Münzregal". Das ist ohne Zweifel ein Monopol. Die These stützt sich außerdem auf die Tatsache, dass staatliche Zentralbanken die Banknoten drucken lassen und diese zusammen mit den Münzen, die sie vom Staat erwerben, auf den Markt bringen. Auch dies ist ohne Zweifel ein Monopol. Mit beidem ist aber die These von einem umfassenden Geldmonopol des Staates nicht begründbar. Das meiste Währungsgeld entsteht außerhalb der Staatsgelddruckerei, von der Erzeugung des *Near Money* ganz zu schweigen.

© Springer Fachmedien Wiesbaden GmbH, ein Teil von Springer Nature 2021
C. Braunschweig, B. Pichler, *Die Kreditgeldwirtschaft*,
https://doi.org/10.1007/978-3-658-31277-0_10

55

Zweitens:

Die Scheine, die die staatliche Druckmaschine ausspuckt, sind in der überwiegenden Anzahl dessen spezielle *Wertschriften* (welches Leistungs- = Tilgungspotenzial auch immer als Deckung dahinterstehen mag). Sie sind also nichts als ganz gewöhnliche Schuldverschreibungen – man kann sagen: Es sind die „privaten" Schuldverschreibungen des Staates. Erst auf dem Weg über das Banken- und Investorensystem (Aufkauf dieser Wertschriften gegen Hergabe von Währungsgeld) gelangt der Staat an das von ihm benötigte Währungsgeld.

Drittens:

Die in Umlauf befindlichen Währungsgeldscheine machen nur einen sehr geringen Teil des gesamten Währungsgeldes aus – mit sinkender Tendenz. Ähnlich bei anderen Weltwährungen. Berücksichtigt man dazu noch, dass der Wert aller Währungsgelder zusammengenommen nur einen Bruchteil des Wertes der täglich milliardenfach den Erdball umkreisenden Nichtwährungsgelder beträgt, dann geht der Anteil der Münzen und Banknoten gegen null. Dennoch hält sich unverdrossen die These vom angeblich gefährlichen Geldmonopol des Staates. Das sogenannte „Basisgeld" hat eine zu geringe Auswirkung auf die Geldwirtschaft. Es ist nur insoweit von Bedeutung, als es ein nützliches und handliches *Ersatzgeld für bereits geschaffenes* Geld (Giralgeld) liefert, allerdings ein Ersatzgeld ohne Deckung.

Viertens:

▶ Der Staat hat zwar offensichtlich nicht das allgemeine Geldschöpfungsmonopol, aber er hat das Gesetzgebungsmonopol. Die These vom Geldmonopol des Staates beruht offenbar auf einer Verwechslung. Das Geldmonopol des Staates wird mit dessen Gesetzgebungsmonopol verwechselt. Das Gesetzgebungsmonopol des Staates ist Fakt. Der Staat hat, *weil* er dieses Monopol besitzt, unter anderem auch die Macht, im Alleingang über das *Geldwesen* Gesetze zu machen. Daraus resultiert zum Beispiel der Geldannahmezwang bei Bargeld. Der Staat in seiner Rolle als Gesetzgeber kann Großinvestoren, zum Beispiel Versicherungsgesellschaften, dazu zwingen, ihr Anlagevermögen in Staatsbonds zu investieren. Er könnte Finanzinstitute sogar dazu bringen, „Schrottpapiere" zu kaufen. Der Staat kann auch seine eigene Zentralbank nötigen, maroden Staatsbetrieben oder tilgungsunfähigen Privatleuten Darlehen zu gewähren.

Ende der 70er-Jahre des vergangenen Jahrhunderts wurde durch den US-Präsidenten Jimmy Carter ein Gesetz erlassen (der *„Community Reinvestment*

Act"), durch das die amerikanischen Geschäftsbanken unter Klage- und Strafandrohung gezwungen wurden, im gesellschaftlichen Subprime-Segment, also in einem sozialen Umfeld, in dem kaum jemand in der Lage ist, Schulden zu tilgen, Hypothekendarlehen zu vergeben: nach dem Motto „Jedem sein Wohneigentum". Die Folgen zeigten sich dann zwei Jahrzehnte später, als die Verbriefung („Securitization") dieser Darlehen – gut in Bündeln versteckt und von den amerikanischen Ratingagenturen bestens bewertet – eine globale Finanzkrise auslösten. Aber auch so etwas tut ein Staat kraft seines Gesetzgebungsmonopols und nicht kraft seines Geldschöpfungsmonopols.

Aus der Macht des Staates, auch auf dem Geldmarkt Gebote und Verbote durchzusetzen, kann also kein Geld- oder gar Geldschöpfungsmonopol abgeleitet werden. Das staatliche Gesetzgebungsmonopol ist ein ganz anders geartetes Monopol als ein Geldschöpfungsmonopol. Wie das Beispiel Jimmy Carter zeigt, droht die eigentliche Gefahr für den Geldmarkt aus dem staatlichen Gesetzgebungs- und Verordnungsmonopol und nicht aus einem angeblichen Geldschöpfungsmonopol. Die Gesetzgebung des Staates hat Einfluss auf die Art des *Umgangs* mit Geld (zum Beispiel bei der Regelung zur Zwangsannahme von Bargeld), nicht aber auf die Art der *Entstehung* dieses Geldes.

Fünftens:
Die These vom umfassenden Geldmonopol des Staates wird auf die Annahme gestützt, die Garantie für die Gelddeckung würde der Staat verantworten. Es wurde bereits hinlänglich beschrieben, dass niemand sonst als die Kredit gebenden Banken eine solche Garantie bieten können – dies aufgrund ihrer Bonitätsprüfungen. Kein Staat macht Bonitätsprüfungen bei Kreditschuldnern. Also kann schon deshalb eine Garantie hinsichtlich eines existenten Geldes beim Staat nicht zu suchen sein, auch dann nicht, wenn er ein Geld zum gesetzlichen Zahlungsmittel erklärt.

Ergebnis:

▶   **Wichtig**   Die These von der angeblichen verheerenden Rolle der „staatlichen Gelddruckmaschine", also des Münzregals oder der Notenpresse, berührt den Geldmarkt herzlich wenig. Deren Aktivität hat ihre Grenzen dort, wo kein Bedarf nach ihrem Produkt besteht. Von einer „Hoheit" des Staates oder seiner Zentralbank kann im Zusammenhang mit dem Geldschöpfungswesen also nicht die Rede sein, eigentlich schon deshalb nicht, weil die Geldströme heute hochgradig internationalisiert sind und die verschiedenen Währungen miteinander im Wettbewerb stehen. Insofern kann – unter Berücksichtigung der am Geldmarkt real wahrnehmbaren Phänomene – von einem beliebigen Anwerfen der Gelddruckmaschine durch den Staat wirklich nicht gesprochen werden, oder höchstens innerhalb eines primitiv bildhaften, für Aufklärungszwecke höchst unangebrachten Wortgebrauchs.

Die allgemeine Akzeptanz des Geldes gründet letztlich nicht auf der Geldschöpfungsmacht von Staaten, sondern auf der von Banken ermittelten Bonität der Emittenten von Tilgungsversprechen (zu denen übrigens auch die Staaten gehören). Diese Erkenntnis folgt, auch wenn Viele sie nicht wahrhaben wollen, aus der Beobachtung der real stattfindenden Geldschöpfungsakte.

In normal entwickelten Kreditwirtschaften gibt es keine Monopole zur Gelderzeugung. Die Geldschöpfung innerhalb einer Kreditgeldwirtschaft wird auch nirgends und niemals ein Monopol sein *dürfen*, und zwar um der maximalen Tauschbarkeit aller Wirtschaftsgüter willen. Hier muss Joseph Huber und James Robertson widersprochen werden. Die beiden Autoren sehen wohl, dass der Staat das Geldschöpfungsmonopol nicht hat. Sie wünschen aber, dass er es habe. Sie glauben, dass nur so die Tauschbarkeit maximiert werden kann.

In einer vernunftgerecht organisierten Gesellschaft wird jedoch jeder selber beanspruchen wollen, – frei nach Friedrich A. von Hayek – irgendwelche Gut-Schuld-Bescheinigungen als Geld zu akzeptieren und damit Handel zu treiben. Er sollte daran nicht gehindert werden. Schließlich ist er für deren Akzeptanz als Tauschgut allein verantwortlich. Er muss ja auch den eventuellen Ausfall der sie deckenden Tilgungsvermögen selber verkraften.

Es mag angesichts dieser Überlegungen als wahrscheinlich erscheinen, dass sich im realen Wirtschaftsvollzug im Falle eines Emissionswettbewerbs ein einziges Geld gegen Konkurrenzgelder durchsetzt. Dieses würde dann nämlich von *allen* Geldnutzern eines Handelskreises als Tauschobjekt akzeptiert werden können. Aber daraus zu schließen, dabei entstehe ein Schöpfungsmonopol, wäre verfehlt.

In der real existierenden Kreditgeldwirtschaft ist ein Geldschöpfungsmonopol nicht vorhanden und auch nicht notwendig. Wer eine gegenteilige Behauptung aufstellt, muss eine Geldtheorie liefern, in der seine Behauptung begründbar ist. Selbst Währungsgeld wird überall im Bankensystem und nicht beim Staat geschaffen. Die Geld erzeugenden Banken (und mit ihnen die Zentralbanken) sind voneinander unabhängig und stehen miteinander im Wettbewerb. Sofern die in Staatshand befindliche Zentralbank beim Geldschöpfungsprozess ins Spiel kommt – solches kommt vor –, dann lediglich in der Rolle eines Refinanzierungsinstituts neben anderen Refinanzierungsinstituten und als Wertschriftenkäuferin neben anderen Wertschriftenkäufern, oder als eine Art Wechselstube, die Giralgeld in Bargeld umwandelt.

Geld entsteht in erster Linie bei den Geschäftsbanken. Jede Geschäftsbank „macht" uns Geld, wenn wir es wollen – und wenn sie es will. Sie „macht" es dann, wenn sie keine Mittel (Aktiva) zum Verleihen hat und auch keine Refinanzierungsmittel in Anspruch nehmen will. Sie „macht" es in der Regel in der Form von E-Geld auf den Girokonten der Kunden oder den Kreditkarten.

Das Geldmachen bei den Darlehen gebenden Geschäftsbanken ist die gewöhnliche Form heutiger Geldschöpfung, wenn man einmal von Bankenkrisen, in denen die Zentralbanken verstärkt als Geldemissäre (Refinanzierer der Geschäftsbanken) auftreten, und von den „Near Money"-Geldkreisläufen absieht. Es ist übrigens auch – neben anderem – bestimmend für die umlaufende Geldmenge. Darin ist begründet, dass eine nennenswerte und nachhaltige Kontrolle der jeweils auf dem Markt befindlichen Geldmenge nicht möglich ist.

▶   Nicht das vermeintliche Geldschöpfungsmonopol des Staates ist das Problem, sondern dessen Gesetzgebungsmonopol. Aufgrund dieses Monopols können Staaten Inflationen und sogar komplette Wirtschaftseinbrüche verursachen. Gegenüber der Öffentlichkeit werden als Ursache hingegen „Marktversagen" und „Kapitalismusversagen" behauptet. Dies geschieht völlig zu Unrecht, denn die Ursachen für Geld- und Wirtschaftskrisen liegen immer in ordnungspolitischem Fehlverhalten staatlicher Institutionen.

Gelddeckung und „Sicherheiten" 11

Ein Tilgungsversprechen ist nur immer aufgrund eines vorhandenen Leistungspotenzials (= Tilgungspotenzial) einzulösen. Das Leistungspotenzial stellt die Deckung des Tilgungsversprechens, also auch des daraus erwachsenden Geldes dar.
Die Deckung des Geldes in einer Kreditgeldwirtschaft ist das intersubjektive Leistungspotenzial derjenigen, die kreditiert werden. Die bieten im Tausch nicht ihre
Leistungen, sondern Versprechen über die künftige Realisierung ihrer Leistungen
an. Die „Gelddeckung" bezieht sich also nicht auf greifbare Sachwerte, sondern
auf das einem Tilgungsversprechen zugrunde liegende Tilgungspotenzial, auf ein
Können, ein *Vermögen*.

▶ Die Probleme der Finanzwirtschaft entstehen nicht dadurch, dass bei allem
   Geld die „Golddeckung" fehlt. Sie entstehen dadurch, dass Geld geschaffen
   wird, dem eine Deckung *überhaupt* fehlt. Geld ist heutzutage deckungsmä-
   ßig nicht mehr auf das Lieferpotenzial von Edelmetallen bezogen, sondern
   auf *alle* Lieferpotenziale, die zur Unterlegung von Tilgungsversprechen verwendet werden.

Wenn man die Vorstellungen der *„Currency School"* zwar nicht rundherum be-
fürworten kann, so ist doch dem Grundgedanken ihrer ökonomischen Philosophie
beizupflichten: Kein Geld ohne Deckung. Gleiches sollte für alle anderen geldähn-
lichen sogenannten „Umlaufmittel" gelten, die ja auch nichts anderes sind als von
irgendwelchen Gläubigern akzeptierte und als Bescheinigung vergegenständlichte
Tilgungsversprechen.

Die vollständige, also 100 %ige Gelddeckung ist das A und O für die Sicherheit
einer Kreditgeldwirtschaft. Diese Potenziale sind sozusagen der *„Goldgehalt"* des

© Springer Fachmedien Wiesbaden GmbH, ein Teil von Springer Nature 2021
C. Braunschweig, B. Pichler, *Die Kreditgeldwirtschaft*,
https://doi.org/10.1007/978-3-658-31277-0_11

Geldes. Daran ist erkennbar, wie wichtig es ist, die Substanz der Geld deckenden Leistungspotenziale richtig zu ermitteln – mittels unnachsichtiger Bonitätsprüfung. So ist also die Kompetenz bei der Bonitätsprüfung der Garant für das reibungslose Funktionieren der Kreditgeldwirtschaft.

Das Geld dieser Wirtschaft kann niemals „in die Krise geraten", wenn bei jedem Geldschöpfungsakt die Bonität der Darlehensempfänger korrekt ermittelt wird. Damit ist gesichert, dass das geschaffene Geld via Tilgung wieder vernichtet, also knapp gehalten wird. Bislang konnte keine Störung der Kreditgeldwirtschaft ausfindig gemacht werden, die nicht auf eine Störung bei der Geldvernichtung (Tilgung) zurückzuführen gewesen wäre.

Daher ist also die Güte der Bonitätsprüfung der Garant für die Substanz des Geldes einer Kreditgeldwirtschaft und für deren reibungsloses Funktionieren, nicht aber die viel beschworene „Geldmengenpolitik", die sich übrigens nachweislich als wirkungslos erwiesen hat.

Dass Banken beim Ein- und Verkauf von Wertschriften nicht gerade hellsichtig vorgehen, d. h. bei ihren Bonitätsprüfungen eher „großzügig" verfahren, hat sich leider erwiesen. Dass die Schöpfung von Währungsgeld zum Beispiel beim Ankauf von Wertschriften, insbesondere beim Ankauf jener Wertschriften, die durch Staaten emittiert werden, oft eine Deckung vermissen lässt („Schrottpapiere") und Banken, Versicherungen und sonstige Großinvestoren dies nicht wahrnehmen, hat die jüngere Vergangenheit deutlich gezeigt. Die Staatsgläubiger (die man besser als „Staatsgläubige" bezeichnen sollte) gehen jedoch auch hier von einer gewährleisteten Deckung aus.

Fractional Reserve Banking

In diesem Zusammenhang sei an die Absurdität aller „Fractional Reserve Banking"-Systeme erinnert (Liquiditätsstrategien der Banken, die nur einen Teil ihrer Aktiva als Deckungsreserve halten, zum Beispiel in Gold). Ist ein Geld zu 100 % durch Leistungspotenziale gedeckt, wofür das „Reserven"? Ist es nicht zu 100 % gedeckt, zum Beispiel bei den sogenannten „Goldkernwährungen", hilft im Ernstfall auch keine Bruchteilsreserve. Walter Bagehot hat schon vor anderthalb Jahrhunderten auf den Denkfehler bei dieser Auffassung von „Gelddeckung" hingewiesen. „Reserven" benötigt natürlich jede Bank, zwar nicht als Hinterlegung bei einer Zentralbank, sondern in Form von Eigenkapital. Eine Bank benötigt sie, um ihren gewöhnlichen Geschäftsbetrieb (einschließlich der Fehler, die sie macht!) am Laufen halten zu können.

Kredit-Sicherheiten

Nicht nur bei zeitlich sich hinziehenden Darlehensgeschäften, auch bei *höheren* Darlehensbeträgen verlangt die Bank „Sicherheiten", die der Darlehensnehmer als Pfand für die Tilgung beibringen muss. Die Bank verschärft damit zwar nicht die Bemessung von dessen Bonität. Mit der Bepfändung will sie nur verhindern, dass von dem bei der Bonitätsprüfung vorhandenen Leistungsvermögen etwas verschwindet. Mit der Vereinnahmung eines Pfandes sorgt sie dafür, dass im Ernstfall noch so viel an Vermögen vorhanden ist, dass eine ordentliche Tilgung stattfinden kann. Die noch nicht zu Sachgut geronnenen Leistungsvermögen des Darlehensnehmers sind üblicherweise die primären Deckungsmittel für das Geld innerhalb einer Kreditgeldwirtschaft, die „Sicherheiten" sind die sekundären. Das als „Sicherheit" dienende Vermögen kann als Ersatztilgung herangezogen werden, falls irgendetwas die Rückzahlung des Darlehensbetrags verhindert.

Schon aus diesen knappen Bemerkungen geht hervor, dass die Überführung eines Gutes in eine „Sicherheit" nicht das Geld schafft („Monetisierung von Sicherheiten", von „Aktiven des Kreditnehmers" usw.), sondern dessen Wiedervernichtung (Demonetisierung) garantieren soll. Das Vernichten von Geld hat oft eine wichtigere Funktion als das Schaffen von Geld. Damit kommt der Bereitstellung von „Sicherheiten", die zunächst nur als Ersatzlösung in Erscheinung tritt, eine nicht zu unterschätzende Bedeutung für den Geldverkehr zu.

▶ **Übrigens** Die im Zusammenhang mit dem Tilgungspotenzial des Kreditnehmers gern in eins gesetzten „Sicherheiten" berühren die Bücher der Bank nicht. Weder das Tilgungsvermögen – die Deckung des Kreditgeldes – noch die „Sicherheiten", die der Kreditnehmer einzubringen hat, erscheinen in der Bankbilanz. Von einer Monetisierung der „Sicherheiten" bei der Geldschöpfung kann also schon aus diesem Grunde nicht die Rede sein. „Sicherheiten" dienen dazu, die *Geldvernichtung* zu garantieren.

Zusammenfassung

Das Kreditgeld kommt nicht aus gähnender Leere, ist keine Schöpfung aus dem Nichts, sondern basiert auf der Fülle vorhandener bzw. als vorhanden geglaubter Potenziale. Die Vertreter der „Geld aus dem Nichts"-Hypothese nehmen nicht wahr, was jeder Kreditnehmer bei jeder Gelegenheit beobachtet: das Erfordernis und die Ermittlung der Bonität bei der Darlehensvergabe bzw. bei Investitionen (zum Beispiel beim Ankauf von Wertschriften). Nur in Bezug auf die marginale Bargeldmenge sind sie im Recht. Die im Zusammenhang mit der Geldschöpfung

oft vorgetragene These, *unser Geld entsteht aus dem Nichts* beruht also auf der
Verkennung der Fakten. Ist denn ein ermitteltes Tilgungsvermögen ein Nichts?

▶   Geld innerhalb einer Kreditgeldwirtschaft entsteht niemals aus dem Nichts,
     sondern auf einer Grundlage, die bereits vorhanden ist, nämlich auf der
     Grundlage von Vermögen im weitesten Sinne – meistens als einem noch
     nicht aktivierten Potenzial. Geld erwächst schon deshalb nicht aus dem
     Nichts, weil es eine Schuldbescheinigung darstellt. Hinter jedem ordentlich
     geschaffenen Geld steht ein Schuldner mit seinem Leistungspotenzial. Geld
     entsteht aus einer Realisierung von Können, also aus etwas Bestehendem!

Teil III

Störungen und Fehlentwicklungen in der Finanzwirtschaft

Die Überschuldung (Der Staat als Verursacher der Finanzkrisen)

Geld ist die Gesamtheit der quantitativ bewerteten, symbolisch vergegenständlichten Tilgungsversprechen, die durch das Leistungspotenzial ihrer Emittenten gedeckt sind. Eine ordentliche Gelddeckung fehlt überall dort, wo Geld in Umlauf kommt, bei dem der Gläubigerseite eine tilgungsunfähige Schuldnerseite gegenübersteht. Das ist der Tatbestand der Überschuldung.

Zu den Großschuldnern unserer Gesellschaft gehören vor allem die Staatsbetriebe. Das Tilgungspotenzial der heutigen Staaten muss mehr als angezweifelt werden. Das wirkt sich natürlich auf die Substanz und Werthaltigkeit staatlicher Schuldverschreibungen aus und damit auch auf die auf dem Markt kursierende Geldmenge.

Die Staatswirtschaften befinden sich schon lange in einer verharmlosten oder gar bewusst verdeckten Schuldenkrise. (Jean-Claude Juncker, Präsident der Europäischen Kommission: „Wenn es ernst wird, muss man lügen.")

Hinsichtlich der inzwischen aufgehäuften „Staatsschulden-Berge" gilt die unumstößliche Wahrheit: Schulden, die nicht bezahlt werden können, sind keine Schulden.

Der angesichts der Totalüberschuldung der Staatsbetriebe oft gehörte Satz „Der Euro ist in der Krise" ist übrigens völlig unzutreffend. Als ob ein Wertmaß in die Krise geraten kann! Vom Längenmaß sagt man ja auch nicht „Der Meter ist in der Krise", nur weil der korrekte Umgang mit ihm nicht jedem gelingt.

In Politik und Medien wird oft von „Geldkrise" statt von „Schuldenkrise der öffentlichen Hand" gesprochen. Nicht die Kreditgeldwirtschaft an sich, sondern die Ökonomie der von der Obrigkeit gemanagten staatlichen Monopolbetriebe ist am Ende. Das Leistungsvermögen dieses Managements, also die Deckung ihrer Schuldscheine, wurde und wird von den Geldgebern (Banken, Versicherungen,

© Springer Fachmedien Wiesbaden GmbH, ein Teil von Springer Nature 2021
C. Braunschweig, B. Pichler, *Die Kreditgeldwirtschaft*,
https://doi.org/10.1007/978-3-658-31277-0_12

Großinvestoren) außer Acht gelassen. Hoch verschuldete Staaten finden immer noch Gläubiger. Der Staatsbetrieb und seine Gläubiger wollen so lange wie möglich überleben. Das bedeutet: Die „Staatstitel"-Druckerei muss weiter und weiter laufen und notfalls bis ins Unermessliche gesteigert werden. Das Geld, an das ein maroder Staat über die Emission von Wertschriften aller Art gelangt bzw. das Geld, das einzelne Zentralbanken dort, wo es erlaubt ist, dem Staat durch direkte Kreditvergabe zuschustern, kann gewöhnlich nicht mehr vernichtet werden – mit den für die Geldnutzergemeinschaft unerfreulichen Folgen. Ein Teil der Geldmenge ist dann nicht mehr gedeckt. Eine langfristige mögliche Folge ist eine Käuferschwemme. Eine Käuferschwemme erzeugt *notwendig* Inflation.

▶   Das Geld, an das ein maroder Staat über die Emission von Wertschriften aller Art gelangt bzw. das einzelne Zentralbanken dort, wo es erlaubt ist, durch direkte Kreditvergabe diesem zuschustert, kann gewöhnlich nicht mehr vernichtet werden – mit den für die Geldnutzergemeinschaft unerfreulichen Folgen der Inflation.

Nicht nur der Staat, sondern auch die Staatsgläubiger haben ein vitales Interesse, dass ihre aufgrund dubioser Schuldverschreibungen auf den Markt gelangten „Werte" möglichst unauffällig im allgemeinen Handelsverkehr verwurstet werden. Die Staats-Gläubiger müssen vom Staat stets geschont werden, ansonten würden sie ja keine dieser Staatstitel mehr kaufen.

▶   Die Tilgungsunfähigkeit der Staatsbetriebe ist der Hauptgrund für die Entstehung großer Finanzkrisen. Die Bereitwilligkeit der Geldgeber zum Ankauf von Staatstiteln ist letztlich die Ursache für die hohen Staatsverschuldungen!

Einige in puncto Wertschriftendruck besonders skrupellose europäische Staatsbetriebe (Regierungen) und deren Geldgeber (Wertschriftenkäufer) sind bisher nur deshalb nicht pleite, weil sie auf dem Rücken der abgabenverpflichteten Bevölkerung anderer Staaten aufgefangen werden. Mit dieser ungehemmten Wertschriften- und „Anleihe"-Druckerei hatten diese Staaten schon früher und großzügiger als ihre Nachbarn begonnen. Durch den hoch verzinsten Eintausch ihrer Druck-Erzeugnisse bei Versicherungen und Banken bescherten sie sich eine famose Währungsgeldschwemme. So brachten sie sich in die Lage, ordentlich Gewinne einzuheimsen und unter ihren Kombattanten zu verteilen.
Die EZB kauft neuerdings die Wertschriften von Staatsbetrieben auf, die alles andere als bonide sind, aber um jeden Preis gestützt werden sollen. In Europa ist

das direkte Kreditnehmen von Staaten beim Zentralbanksystem zwar verboten. Das Verbot wird aber dadurch unterlaufen, dass Geschäftsbanken und Großinvestoren die durch sie von „Pleitestaaten" erworbenen *Schrottpapiere* als zentralbankfähig behandeln dürfen. Sie können sie wie die Wertschriften bonider Schuldner zum Nominalwert bei der Zentralbank in Währungsgeld umtauschen. Der Effekt ist am Ende der gleiche wie bei faulen Krediten oder beim Falschgeld: Geldemissionen ohne realisierbare Leistungspotenziale zur Wiedervernichtung des emittierten Geldes.

Inflation und Deflation

13

In einer gesunden Geldwirtschaft darf nie mehr Geld auf dem Markt sein, als aus *demonetisierbaren* Tilgungsversprechen erwächst, d. h. solche, bei denen sich Leistungspotenziale realisieren lassen. Nur aufgrund dieser Realisierung kann einstmals geschöpftes Geld (per Tilgung) wieder vernichtet werden. Nur dann wächst die Geldmenge nicht gegen unendlich, sondern bleibt knapp. Es ist stets nur so viel Geld auf dem Markt, wie gebraucht wird. Zwischen geschöpftem Geld und vorhandenen Leistungspotenzialen der Kreditnehmer herrscht ein wertmäßiges Gleichgewicht.

Ein Zuviel oder Zuwenig an Geld im Verhältnis zum realisierbaren Leistungspotenzial ist der Indikator für eine *nicht* gut funktionierende Kreditgeldwirtschaft. Dort haben die Krediteure (vor allem das Bankensystem) versäumt, sorgfältig auf das Leistungs-/Tilgungspotenzial, d. h. auf das *Geldvernichtungspotenzial* der Darlehensnehmer zu achten, oder sind (bei mangelnder Kreditbereitschaft) in Angststarre verfallen.

Kein Tilgungsversprechen ohne vollständige Deckung, also auch kein Geld ohne vollständige Deckung!

Fehlt die Deckung des Geldes, lässt sich also ein Leistungspotenzial (Tilgungspotenzial) nicht realisieren, dann kann geschöpftes Geld nicht wieder (durch Tilgung!) vernichtet werden. Geschöpftes Geld, das nicht wieder vernichtet, also per Tilgung an die Gläubiger (zum Beispiel an das Bankensystem) zurückgeführt werden kann, wird normalerweise als nicht einbringbar „ausgebucht". Einzelne Gläubiger leiden. Sie müssen einen Eigentumsverlust verkraften. Dies hat also keinen Einfluss auf die Geldnutzergemeinschaft insgesamt. Das Ausbuchen ist eine durchaus ordnungsgemäße – wenn auch unerfreuliche – Geldvernichtung, ebenso wirksam wie eine regelgerechte Tilgung. An dem Gleichgewichtsverhältnis „Wert des

© Springer Fachmedien Wiesbaden GmbH, ein Teil von Springer Nature 2021
C. Braunschweig, B. Pichler, *Die Kreditgeldwirtschaft*,
https://doi.org/10.1007/978-3-658-31277-0_13

umlaufenden Geldes" zum „Wert aller Tilgungsvermögen" ändert sich nichts. Der Knappheitsgrad des Geldes bleibt also gewahrt. Geschöpftes, neues Geld, das auf den Markt kommt, korrespondiert im Normalfall mit der Realisierung des zugehörigen Tilgungspotenzials von bereits vorhandenen oder erst zu schaffenden Kaufgütern. Fehlt eine solche Korrespondenz, dann gerät der Wert der Kaufgutmenge in ein Missverhältnis zur auf dem Markt befindlichen Geldmenge. Überall dort also, wo eine solche Realisierung nicht erfolgt oder die dadurch verursachten Tilgungsausfälle nicht durch Ausbuchung „aufgefangen" werden, erfolgt eine widernatürliche Geldmengenmehrung.

▶ Hieraus folgt: Nicht das Wachsen einer Geldmenge an sich, sondern (abgesehen von den Aktivitäten der Tarifkartelle) das Wachsen der Geldmenge ohne hinreichend werthaltige Deckung ist die wahre Ursache für Inflationen. Eine inflationäre Kreditgeldwirtschaft ist in erster Linie nicht durch überschießenden Kaufwillen der Wirtschaftssubjekte bewirkt, sondern im Kern eine Wirtschaft mit Gelddeckungslücken. Denn eine 100 %ig gedeckte Geldmenge zügelt den Kaufwillen auf ganz natürliche Weise.

Hier zeigt sich der innere Zusammenhang zwischen Überschuldung und Inflation. Eine übermäßig aufgeblähte Geldmenge kann es nur geben, wenn geschaffenes Geld nicht wieder gebührend vernichtet werden kann. Und genau das ist bei Überschuldung der Fall. Eine Überschuldung zeichnet sich dadurch aus, dass eine vollständige Tilgung, also die Vernichtung der Geldschulden nicht mehr erfolgen kann.

Das Thema Inflation mündet also letztlich in die Frage nach der Güte bzw. Professionalität der Bonitätsprüfer.

▶ Der Markt lässt sich nicht betrügen. Besteht ein Wertungleichgewicht zwischen der Gesamtheit des kursierenden Geldes und der Gesamtheit der künftig in den Markt gelangenden Sachgüter, dann wird ihn nichts davon abbringen, ein Wertgleichgewicht früher oder später (auf eventuell auch unsanfte Art und Weise) wieder herzustellen. Er passt die Kaufgutpreise dem Knappheitsgrad des Kaufguts an. Daraus resultiert: Der Markt regelt Fehlentwicklungen von selbst, und zwar auf *seine* Art – unter Umständen rigoros. Das Wertgleichgewicht zwischen geschöpftem Geld und potenziell lieferbarem Sachgut pendelt sich ganz von selbst wieder ein. Keine noch so gut „positionierte" Politik wird auf diese ganz natürlichen Vorgänge Einfluss nehmen können. Die angeblich „gute" antiinflationäre Geldpolitik ist im besten Falle *gut gemeint,* aber mehr auch nicht.

Solange ungedecktes Geld existiert, entstehen bei den Geldnutzern die für eine Inflation typischen Eigentumsverschiebungen. Die Falschbewertung oder der Wertverfall der Tilgungsvermögen führt zu Wertsteigerungen bei den übrigen auf dem Markt kursierenden Gütern. Durch ungedecktes Geld entsteht in jeder Geldnutzergemeinschaft ein Überhang an Rechten gegenüber den Pflichten, die Anzahl der Werteinheiten der Geldmenge ist größer als die Anzahl der Werteinheiten der Kaufgutmenge. Das wirkt sich auf Dauer inflationär aus. Denn es steigt – wenn der Käuferwille mitmacht – die Güternachfrage und damit erhöhen sich (in der Regel mit Zeitverzögerung!) die Güterpreise.

Daraus ist ersichtlich, wie ungemein wichtig die Bonitätsprüfungen für die Kreditgeldschöpfung sind. Versagen die Geldschöpfer diesbezüglich, dann verunmöglichen sie die Kreditgeldvernichtung (per Tilgung der Darlehen) und schaffen einen ungedeckten Geldüberhang.

Bei Inflation gelangen Geldschuldner dadurch zu einem Vorteil, dass sie zum Zeitpunkt der Schuldenaufnahme zu den alten vorinflationären, also noch niedrigeren Preisen einkaufen, jedoch irgendwann später mit Leistungen tilgen, die dann höher bewertet werden (sie verdienen zu einem späteren Zeitpunkt mit ihrem Produkt- oder Leistungsverkauf mehr Geld, tilgen aber nur mit der ursprünglich als Tilgungssumme vereinbarten Geldmenge). Der Nachteil der Geldgläubiger erwächst daraus, dass die Zuordnung der Werteinheiten beim Geld starr bleibt, während sie sich bei den Kaufgutpreisen zu ihren Ungunsten ändert: *Cantillon-Effekt* (Richard Cantillon 1755).

Inflation bewirkt immer Eigentumsumverteilung. Die Sparer sind die Dummen.

Eine Inflation – als Neuordnung der Werteinheiten beim Kaufgut – erzeugt niemals „schlechtes" Geld. Geld ist weder schlecht noch gut, weder diabolisch noch moralisch. Insofern ist es weder zu verdammen noch zu preisen. Nur der Umgang mit Geld kann ein schlechter oder guter sein. Geld selbst wird durch solchen Umgang weder besser noch schlechter. Nicht mit „schlechtem" Geld, höchstens mit einigen schlechten Manieren in der Geldwirtschaft hat Inflation zu tun.

Golddeckung?

Nach Golde drängt, am Golde hängt doch alles. Diese Maxime aus Goethes „Faust" gilt für viele Anhänger des Edelmetalls. Viele von ihnen bezeichnen Gold sogar als das einzige richtige Geld. Zu Zeiten der Golddeckung des Geldes schien das Phänomen Inflation tatsächlich noch kein Thema gewesen zu sein. Aber auch die Goldbewertung unterliegt – wie jede andere Sachgutbewertung auch – unvorhersehbaren Schwankungen. Ganz abgesehen davon, dass man heute davon ausgeht, dass der offizielle Goldpreis bewusst manipuliert wird *(„Goldfixing")*.

Zu jener Zeit, als es noch den goldgedeckten Dollar gab, ist der Wert des Goldes, und damit des Dollars – wie Irving Fisher untersucht hat –, in langen Wellen zeitweilig um das Vielfache geschwankt. Auch die Engländer mussten im Laufe des 19. Jahrhunderts diesbezüglich schmerzhafte Erfahrungen machen. „Obwohl Gold einen Anker bietet ... so ist es doch ein sehr wackeliger Anker", bemerkte Friedrich A. von Hayek dazu. Eine Golddeckung schützt keineswegs vor einer Inflation. Auch mit einer 40- und 50-%igen Golddeckung ist eine Entwertung des Geldes durch Inflation möglich.

Der Traum von einer stabilen Goldwährung ist ein Mythos. Die Annahme, dass Gold- oder Silbermünzen nicht inflationär werden können, hebelt die elementarsten Grundsätze der Ökonomie aus. Gold und Silber unterliegen den ehernen Gesetzen von Angebot und Nachfrage. Sie sind Objekte einer sich ständig wandelnden quantitativen Bewertung. Gold verlor daher immer wieder, zeitweise sogar erheblich, an Wert, zum Beispiel 1980 und 1998.

Das Risiko ist einfach zu groß, ein einzelnes Sachgut, das zudem noch börsennotiert ist, zur Deckungsgrundlage von Geld zu machen. Anstelle der Golddeckung schlägt Friedrich A. von Hayek denn auch einen „Standard-Warenkorb" zur Deckung des Geldes vor. Aber wo und wie soll man einen solchen lagern? Wie soll man ihn dem jeweiligen Geldbedarf anpassen? Was soll ihn wertstabil halten?

Wolfram Engels hatte Produktivvermögen in Form der Kapitalgesellschaften als Deckungsgrundlage vorgeschlagen. Aber hier würden sich die gleichen Fragen stellen.

Wird das Leistungspotenzial (= Geldvernichtungspotenzial) der Kreditnehmer und der Wertschriftenemissäre immer hinreichend korrekt bewertet (Bonitätsprüfung!), also die Gelddeckung voll gesichert, muss man sich wegen Turbulenzen auf dem Geldmarkt keine Sorgen machen.

Die neuerlich zu konstatierenden Verwerfungen auf den Finanzmärkten beruhen auf dem politischen Versagen der Regierungen und dem kaufmännischen Versagen von Banken, Versicherungen, Investmentgesellschaften, Ratingagenturen usw. Sie haben sich – von was und von wem auch immer – zur Aufweichung bzw. zur Nichtbeachtung der Bonitätskriterien verleiten lassen (*Moral-Hazard-*Attitüden).

Deflation?

Um den Zusammenbruch des völlig aus dem Ruder gelaufenen Schulden-Finanzsystems sowie der fehlkonstruierten EU-Währungsunion weiter hinausschieben zu können, hat die EZB die nahezu unbeschränkte Gelddruckerei durch den massenhaften Ankauf von Schrottpapieren gestartet. Die Finanzmärkte müssten angeblich mit Liquidität geflutet werden, um der „Deflationsgefahr" zu begegnen, behaupten die Vorstände der EZB. Deshalb rufen sie nach Staatsinterventionen und nach Zentralbankaktivitäten, die das Sinken der Preise verhindern sollen.

Der Glaube, sinkende Preise würden Deflation bedeuten und müssten auf jeden Fall verhindert werden, ist ökonomisch nicht haltbar. Fallende Preise sind eben nicht per se Deflation, sondern eine Folge der Deflation! Völlig unabhängig von Deflation können sinkende Preise nämlich die Folge einer Steigerung der Produktion und der Angebotsmenge an Gütern und einer verbesserten Produktivität des Herstellungsprozesses sein (sog. „Lernkurve"). Beides sind wesentliche Elemente des wirtschaftlichen Fortschritts und damit die Grundlage eines steigenden Lebensstandards. Hier gehen sinkende Preise ganz offensichtlich nicht einher mit einem Rückgang der Verkaufserlöse oder der Unternehmensgewinne, auch nicht mit Schwierigkeiten bei der Schuldenbedienung oder mit zunehmenden Konkurszahlen. Diese Phänomene sind einzig und allein das Ergebnis von Deflation (Geldmengenschrumpfung), nicht von sinkenden Preisen.

▷   Im krassen Gegensatz zu sinkenden Preisen ist Deflation ein Prozess der finanziellen Schrumpfung. Sinkende Preise sind also weit davon entfernt, Deflation zu sein. Sinkende Preise ermöglichen vielmehr einer von Deflation gebeutelten Volkswirtschaft, sich von dieser Deflation zu erholen. Denn sinkende Preise (und auch sinkende Löhne, der Preis der Arbeit) sind das wirksamste Mittel der Anpassung und der Überwindung von Deflation.

Die kontraproduktiven Maßnahmen der EZB verhindern, dass die Leute bei deflationär verringertem Ausgabevolumen dennoch größere Mengen an Gütern und Dienstleistungen kaufen können (was sie ja bei niedrigeren Preisen könnten). Wer das Sinken der Preise verhindert, verhindert also nicht die Deflation, sondern verschlimmert sie noch. Die Behauptung der *keynesianischen Mainstream-Ökonomen,* dass die Leute bei sinkenden Preisen kaum noch Geld ausgeben würden, weil sie ständig weiter fallende Preise erwarten, ist nur unter ganz bestimmten Bedingungen richtig. Wie falsch dieses Argument sein kann, zeigt sich tagtäglich bei einem Blick auf die Märkte für Computer-Hardware und -Software sowie den gesamten Bereich der Elektronik und der Kommunikationstechnik.

▷   Fest steht: Sinkende Preise sind nicht Ursachen von Wirtschafts- und Finanzkrisen, sondern deren Folge – und zugleich deren Heilkur (Roland Baader). Das Phänomen der Deflation tritt in einer Volkswirtschaft, deren Blutkreislauf nicht vom *keynesianischen Deficit-Spending* vergiftet ist, höchst selten auf und dauert bei freien Marktpreisen nie lange.

In erster Linie ist es das fortwährende Platzen der immer größer werdenden Vermögenspreisblasen infolge der weltweiten Papiergeldschwemme (losgelöst von der realen Wirtschaft!) in den vergangenen zehn Jahren, was Deflation darstellt – die notwendige Korrektur kann logischerweise nur durch entsprechende Preisstürze erfolgen. Die Inflation (künstliches Aufblähen von Vermögensgütern – „asset inflation" in Aktien, Bonds, Immobilien, Rohstoffen u. a.) geht der Deflation also stets voraus. Mit Ignoranz oder Raffinesse wird übersehen oder verschwiegen, dass es sich beim Platzen der Blasen eben um echte Deflation mit vorangeschalteter Inflation handelt.

Es gibt keinen schmerzlosen Weg aus der jetzigen Schulden- und Finanzkrise. Der einzige Weg wäre, die Märkte frei wirken zu lassen und somit Preise, inklusive Löhne, sinken zu lassen. Alles andere, vor allem die Millionen-Bailouts des Staates und der Zentralbanken, verhindert nur das Sinken der Preise – und damit in der Folge auch die Erholung. Erzeugt wird lediglich eine neue Schwemme von Papiergeld und Kredit (Schulden!), die irgendwann den ganzen Prozess in einem Finanz-Kollaps enden lassen.

Der Zins

14

Das Wort „Zins" hat (ähnlich wie das Wort „Zahlungsmittel") ursprünglich eine vom Geldverkehr ganz unabhängige prämonetäre Bedeutung. Zins kann auch ein Naturalzins sein, der unter Umständen einem realen Tauschgut von vornherein schon aufgeschlagen wird: Zu einem künftigen Zeitpunkt wird eben etwas mehr Weizen für einen bereits jetzt gebrauchten oder ausgelieferten Sack Dünger berappt als bei sofortiger Weizen-Bezahlung. Der Zins kann also auch als Naturalgut eingefordert bzw. vergütet werden. Hiermit wird deutlich, dass das Wesen des Zinses genuin mit dem Gelde nichts zu tun hat, sondern mit einem Gegenleistungsaufschub (Zahlungsaufschub). Die Zinszahlung ist nicht an das Vorhandensein von Geld gebunden, sowie auch das Bezahlen nicht an Geld gebunden ist. Nach Eugen Böhm-Bawerk kommt allen Gütern so etwas wie eine „Zeitpräferenz" bzw. „Gegenwartspräferenz" zu. Der Gegenwartspräferenz der einen Gruppe von Wirtschaftssubjekten entspricht stets so etwas wie eine *Gegenwartsabstinenz* einer anderen Gruppe von Wirtschaftssubjekten. Zins erscheint nun als Lohn für denjenigen, der ein Tauschgut zu einem Zeitpunkt zur Verfügung stellt, zu dem der Tauschgutempfänger noch nicht dafür bezahlen kann oder will. Zins wäre somit der Lohn für einen gewährten Zahlungsaufschub oder – von der anderen Seite her betrachtet – für eine (unter Umständen sogar riskante!) Vorablieferung. Je länger der Zahlungsaufschub, desto höher dieser Lohn.

Geld vermehrt sich also nicht durch den Zins, wie die Anhänger der uralten, auf Aristoteles zurückgehenden Auffassung bis heute noch glauben. Geldscheine sind ja keine Kaninchen, auch wenn sich Aristoteles in Bezug auf seine Ablehnung der Zinsnahme auf die Natur beruft.

Der Krediteur erhält einen Lohn für das Kreditieren einer Güterlieferung, so wie jeder andere Güterlieferant am Markt auch seinen Lohn erhält. Dabei ist es

© Springer Fachmedien Wiesbaden GmbH, ein Teil von Springer Nature 2021
C. Braunschweig, B. Pichler, *Die Kreditgeldwirtschaft*,
https://doi.org/10.1007/978-3-658-31277-0_14

ganz gleich, ob der Krediteur der Güterlieferant selbst ist, oder ob sich eine Bank
oder ein sonstiger Darlehensgeber, die ihm die Kreditorenrolle und damit sein Risiko abnahmen (quasi als „Vermittler" eines Kaufgeschäfts), zwischen Güterlieferant und Gütererwerber schieben.

Einem Zahlungsaufschub entspricht stets ein Liefervorschub. Zins entsteht also
überall dort, wo ein Tauschakt in zwei zeitlich voneinander getrennte Teile zerfällt.
Otmar Issing: „Zins ist der Preis für die frühere Verfügbarkeit von Gütern." Oder
anders ausgedrückt: der Preis für die spätere Bezahlung von Gütern.

Das Kreditieren ist eine Vorablieferung ohne Bezahlung. Eine vorab gelieferte
Ware ist eben teurer als eine bei sofortiger Bezahlung gelieferte. Und diese wegen
der unterschiedlichen Zeitpunkte der Bezahlung entstehende Preisdifferenz nennt
man Zins.

Das Gegenteil von Zins ist der sogenannte *Rabatt,* d. h. der Preisabschlag, den
man gewöhnlich bei Vorabzahlung einer Ware erhält. Auch der Rabatt erwächst aus
einem wegen einer Zeitdifferenz unterschiedlichen Warenpreis.

Man kann den Zins auch als „Geduldsprämie" bezeichnen (für die Geduld des
auf seine Güterlieferung wartenden Gläubigers). Zins als Geduldsprämie bedeutet:
Der Gläubiger wird dafür honoriert, dass er duldet, dass die Gegenlieferung für
seine Lieferung nicht sogleich, sondern erst später erfolgt.

Schon die unabweisbare Tatsache, dass es Naturalzinsen gibt, deutet darauf hin,
dass der Zins kein monetäres Phänomen ist. Zins wird zwar oft in Form von Geld
bezahlt, hat aber ansonsten nichts mit Geld zu tun, sondern – so könnte man sagen – mit dem Ausharren und der Geduld von Wirtschaftsgut-Lieferanten. Die for-
dern einen Tribut dafür, dass sie quasi als Geschäftsbesorger dienen. Und der ist
bezüglich seiner Höhe von Marktgegebenheiten abhängig. An diesem Sachverhalt
ändert auch die Verzinsung von zum Beispiel Bankeinlagen nichts. Denn auch hier
wartet der Einleger geduldig auf eine „Bezahlung" – in Form einer Rückzahlung
seiner Einlage.

Anders herum: Eine Bank wartet (wie jeder andere Krediteur) auf eine Gegenlieferung, auf eine „Bezahlung", in diesem Falle auf die *Tilgung,* als Rückzahlung
des gewährten Darlehens. Bei der Zwischenschaltung von Bankdarlehen in den
Tauschverkehr passiert im Grunde nichts anderes als eine Übertragung der Kreditorenrolle und damit der Geduldsprämie irgendeines Sachgutlieferanten auf die
Bank. Aufgrund des Einspringens der Darlehen gebenden Bank braucht jener nicht
auf die Bezahlung seines gelieferten Gutes zu warten, sondern erhält bei Lieferung
sein Geld. Der ursprünglich ihm gebührende Zins geht an die Darlehen gebende
Bank.

▷   Sofern Darlehen kein geschenktes Geld ist – und das ist es schon vom Wort-
    sinne her nicht (*lehen* = leihen!) –, ist die Zinshergabe bzw. -annahme ein
    unanfechtbares Tauschgeschäft: Zins gegen Gewährung eines Zahlungsauf-
    schubs. Dieses Geschäft ist legitim und hat etwas völlig Natürliches. Hier
    wird durch eine Geschäftsbesorgungsdienstleistung, die selbstverständlich
    kostenpflichtig ist, ein Tauschgeschäft überhaupt erst ermöglicht!

    Diejenigen, die den Zins als eine Art Ausgeburt der Hölle geradezu abschaffen
wollen, zum Beispiel Silvio Gesell, Margit Kennedy oder Bernd Striegel (und andere Anhänger der „Freiwirtschaftslehre"), weigern sich, diesen Zusammenhang
zu erkennen und den Zins als Lohn für gewährte Zahlungsaufschübe zu akzeptieren. Ja mehr noch: Letztlich neigen sie dazu, auf die zeitliche Beschränkung des
menschlichen Lebens (Gegenwartspräferenz!) keine Rücksicht zu nehmen.
    Im Produktionsbereich dient das Geld gemäß Léon Walras (1834–1910) dazu,
nicht synchronisierte Zahlungsein- und -ausgänge zu überbrücken. Geld erbringt
eine „Dienstleistung", indem es der zeitlichen Überbrückung zwischen Entstehung
der Kaufkraft und der Güternachfrage dient. Mit dieser Überlegung gelangte Walras zur Wertspeicherungsfunktion des Geldes als einer Dienstleistungsfunktion.
Und Dienstleistungen haben bekanntlich einen Wert, einen Preis, den man für sie
bezahlen muss – in diesem Fall „Zins" genannt. Ohne diese Dienstleistung würde
der Produktionsprozess gar nicht beginnen.

Exkurs: Die Freiwirtschaftslehre

Die Anhänger der „Freiwirtschaftslehre" (Proudhon/Gesell) wollen das Geldvermögen generell mit einem Negativzins belegen, wodurch es ihnen als „umlaufgesichert" gelte. Dadurch soll die Umlaufgeschwindigkeit des Geldes („Freigeldes") erhöht werden, wodurch
genügend Mittel für Investitionen bereitstünden. Mit dem Freigeld würde ein Absinken des
allgemeinen Marktzinsniveaus auf 0 % (oder gar darunter) erlaubt. Gleichzeitig sollen mittels der „Freilandreform" die gegenleistungslosen Einkommen, die durch den Landbesitz
entstehen und sich systemisch nicht eliminieren lassen, an die Allgemeinheit abgeführt und
vergesellschaftet werden. In Anlehnung an Pierre-Joseph Proudhon entwickelte Silvio Gesell seine Theorie zu Beginn des 20. Jahrhunderts und veröffentlichte seine Thesen erstmals
im Jahre 1916 in dem Buch „Die natürliche Wirtschaftsordnung durch Freiland und Freigeld". Die Grundgedanken von Freiland, Zinsfreiheit und Genossenschaftswirtschaft hatte
der österreichische Ökonom Theodor Hertzka bereits 1890 veröffentlicht. Die Freiwirtschaftslehre distanziert sich in ihrer Auffassung sowohl vom Kapitalismus als auch vom
Sozialismus, nicht aber von der Marktwirtschaft. Sie setzt eine Grundstruktur mit sowohl
privatem (Produktionsmittel) als auch gemeinschaftlichem Eigentum (Boden) voraus.

In der freiwirtschaftlichen Theorie ist das grundsätzliche Problem des Geldes das der fehlenden Lagerkosten. Alles in der Natur unterliege dem rhythmischen Wechsel von Werden und Vergehen, nur das Geld scheine der Vergänglichkeit alles Irdischen entzogen. Investitionen würden dann nicht getätigt, wenn der allgemeine Marktzins unter 3 % liegen würde. Stattdessen würde das Geld als liquides Mittel gehalten und zu Spekulationszwecken verwendet. Aus Perspektive der Anleger entstünde ein Anlagennotstand, aus Perspektive der Unternehmer entstünde der Eindruck der Kapitalknappheit. Deflation und Spekulationsblasen wären die Folgen. Als Gegenmittel biete sich die „Umlaufsicherung" an. Die Umlaufsicherung soll sich wie eine Steuer auf Liquidität auswirken. Dadurch soll – nach freiwirtschaftlicher Annahme – Vollbeschäftigung, vergleichbar mit einer permanenten Hochkonjunktur, eintreten, wodurch die Löhne stiegen, während gleichzeitig die Preise real fallen würden. Ein derartiges „Freigeld" erfüllt dann automatisch nicht mehr die Funktion als Wertaufbewahrungsmittel. Durch eine Bodenreform will die Freiwirtschaft öffentliches Eigentum am Boden mit dessen privater Nutzung verbinden. Dafür ist es nötig, allen Boden gegen volle Entschädigung seiner bisherigen Eigentümer in öffentliches Eigentum zu überführen. Die bisherigen Eigentümer behalten dabei das Nutzungsrecht gegen Entrichtung einer Nutzungsabgabe an den Staat. Im Unterschied zum Boden dürfen und sollen darauf befindliche Einrichtungen wie Gebäude oder gewerbliche Anlagen weiterhin Privateigentum sein und können privat genutzt werden, weil sie – im Gegensatz zum Boden – aus menschlicher Arbeit hervorgegangen sind. Diese Bodenreform wäre notwendig, um zu verhindern, dass Besitzer großer Geldmengen, deren leistungslose Einkommen aus Zinsen nach Einführung von „Freigeld" beschnitten sein würden, auf den Aufkauf von Grundstücken ausweichen würden. Dadurch würden die Grundstückspreise enorm ansteigen und damit auch die Bodenrente in privater Hand, sehr zum Nachteil aller Übrigen, weil jeder Mensch zum Leben und Arbeiten auf Boden angewiesen sei.

Der Leitzins

Die Noten- bzw. Zentralbanken eines Währungsgebiets sind in der Bestimmung der Höhe der von ihnen im Rahmen von Refinanzierungen erhobenen Zinsen vom Markt unabhängig. Sie haben ein Zinsfestsetzungsmonopol. Und dies ist die Voraussetzung dafür, dass es einen „Leitzins" gibt. Der Leitzins ist jener Zins, zu dem sich Geschäftsbanken bei der Zentralbank Geld leihen oder auch überschüssiges Geld anlegen können. Leitzinsbelastet ist im Prinzip jeder Zins, über dessen Höhe eine Zentralbank die Macht hat. Diese Macht hat sie aber immer nur dann, wenn sie von den Geschäftsbanken um Refinanzierungsmittel angegangen wird. Sind genügend andere Refinanzierungsmittel am Geldmarkt vorhanden, schränkt dies natürlich die Macht der Zentralbank ein. Innerhalb dieser von außen vorgegebenen Grenzen nutzt die Zentralbank – in ihrer Rolle als *„lender of last resort"* – ihre Macht für Zinsmanipulationen.

Der Leitzins der Zentralbanken fließt als Teil in den mischkalkulierten Marktzins ein, den die Geldmarktteilnehmer für geliehenes Geld zahlen müssen. In ihm steckt auch der Kostenanteil, der neben anderen für die Zentralbankexistenz an-

fällt. Beim Leitzins wird über den puren Kosten- und Lohnanteil der Zentralbank
und über die Gewinnmarge ihres Eigentümers hinaus ein zusätzlicher Zinsbetrag
aufgeschlagen. Dieser Aufschlag geht zuweilen auch einmal gegen null.
    Die Geldmenge soll durch die Veränderung von so etwas wie Leitzins reguliert
werden. Verbilligtes oder verteuertes Geld könnte ja vielleicht dazu animieren, verstärkt oder vermindert zu kaufen. So wurde die Manipulation am Leitzins (neben
anderem, zum Beispiel dem Einbehalt von Mindestreserven unterschiedlicher
Höhe) zu einem der beliebtesten Instrumente der „Konjunkturpolitik". Über die
Höhe des Leitzinses soll außerdem die Nachfrage nach der jeweiligen National-
währung gesteuert werden. Die Geldpolitik entspringt dem Wunsch, der Preisent-
wicklung innerhalb einer Geldwirtschaft Bestand zu verleihen, insbesondere Inflation zu vermeiden. Es gibt allerdings genügend Refinanzierungswege und
Zahlungsstrategien am Markt, die leitzinsbelastete Refinanzierung über eine Zentralbank nicht notwendig machen. Dennoch wird die Leitzins-Regulierung als eine
probate Methode gepriesen, das sich ständig verschiebende Verhältnis von *Geldein-
heit* zu *Kaufgut,* also die Geldmenge, zum Vorteil aller stimmig zu halten.

▶   Seit dem Zweiten Weltkrieg ist jedoch in keiner Marktwirtschaft beobachtet
      worden, dass die Leitzinsfestsetzung zu dauerhafter Preisstabilität geführt
      hat, die ja hätte bewirkt werden sollen. Die einzigen signifikanten Effekte
      solcher Maßnahmen waren Verzerrungen am Geldmarkt: zeitweise hohe
      Darlehenszinsen mit der Folge hoher Renditen beim Investmentkapital
      und – bei einer Wirtschaft mit 80 % Leihkapital wie beispielsweise der deut-
      schen – höhere Produktpreise. Das aber bedeutet zweifelsfrei Inflation, also
      gerade das, was die Geldmengenmanipulationen verhindern sollten.

    In Wirklichkeit hat zum Beispiel eine moderate „Tarifpolitik" viel mehr Ein-
fluss auf die Inflationsrate. Außerdem dürfte auch die gewachsene Produktivität der
Wirtschaft gravierend die Preisstabilität stützen. Letztlich ist es vor allem die Aufgabe Kredit gebender Geschäftsbanken, mit kompetenten Bonitätsprüfungen jeweils für ein genügend hohes Geldvernichtungspotenzial zu sorgen.
    Die Befürworter der Geldpolitik gehen offenbar davon aus, dass der Umfang
der Kreditaufnahme die wichtigste Ursache für Konjunkturschwankungen und der
vermeintlich damit verbundenen Inflationsgefahr sei. Deshalb wollen sie das Geschehen über eine Manipulation des Kreditaufnahmeverhaltens steuern und damit
eine „überhitzte" Konjunktur durch Geldmengenverknappung kühlen und eine
„unterkühlte" Konjunktur durch Geldmengenwachstum wärmen. Das soll sich angeblich über eine Veränderung des Leitzinses machen lassen.

Steigt der Leitzins, dann soll der Geldmengenzuwachs sich verringern und damit auch die Güternachfrage. Sinkt der Leitzins, dann soll der Geldmengenzuwachs größer werden und damit auch die Güternachfrage. So könnte man Preisstabilität erreichen bzw. den Geldwert stabilisieren.

Doch in der Realität zeigt sich Folgendes: Nicht „die" Geldnutzergemeinschaft
fällt Kaufentscheidungen – sie ist ja kein Ding, das man hin und her schieben
kann –, sondern immer nur Individuen. Und die kaufen dann, wenn sie *wollen* und
nicht wenn sie laut Zentralbankbeschluss kaufen *sollen.* Wer von den Konsumenten wirklich kaufen will, dessen Wille ist in nur sehr wenigen Fällen durch den
Willen der Zentralbanker beeinflussbar. Umgekehrt lassen sich Produzenten nicht
durch hohe Kreditzinsen abschrecken, wenn die Nachfrage vorhanden ist und die
Konjunktur läuft. Es lassen sich die teuren Kreditgelder eben gewinnbringend ein-
setzen, zumal in der Regel höhere Produktpreise durchgesetzt werden können. Die
Folge: Es steigen *trotz* hoher Zinsen und der damit eigentlich beabsichtigten Dros-
selung des Geldmengenwachstums flächendeckend die Preise, eine Erscheinung,
die man wohl Inflation nennt.

▶   Fazit: Geldmengenpolitik über Leitzinsen funktioniert nicht – wie beabsich-
     tigt – antizyklisch, sondern prozyklisch. Geldstabilität mit Leitzinspolitik
     bewirken zu wollen, beruht auf einem Trugschluss. Der Wille der Wirt-
     schaftssubjekte als treibender Faktor wird in der gängigen Ökonomie noch
     immer unterschätzt.

Bereits Ludwig von Mises hatte erkannt: „Die Vorstellungen, die der Forderung
nach Stabilisierung (des Geldwertes) zugrunde liegen, sind von Anfang bis Ende
unhaltbar und widerspruchsvoll."

Ausschlaggebend für die Kreditnachfrage – und damit für das Geldmengenwachstum – sind die Zukunftserwartungen der Produzenten und Konsumenten bezüglich Preis- und Absatzentwicklung und der Spekulanten auf Wertschwankun-
gen börsennotierter Papiere. Und die treibende Kraft des Geschehens ist der ganz
natürliche egoistische Wunsch und Wille nach mehr Gewinn und mehr Gütern.
Kaum jemand schert sich, wenn er wirklich kaufen will, um die Höhe des Zinses.
Der Kaufwille der Wirtschaftssubjekte ist entscheidend für das Auf und Ab der
Geldmenge. Für die Größe der Geldmenge sind demnach dieser Wille und die Er-
wartungen des Marktes entscheidend und nicht die Höhe des Zinses. Niemand
kauft nur deshalb, weil er Geld hat. Umgekehrt gilt: Jeder besorgt sich Geld, wenn
er kaufen will. Dann steigt allerdings die Geldmenge – auf dem Boden vorhandener Kreditnehmer-Bonität auf ganz natürliche und der Wirtschaft gut angepasste

Weise. Die Verschuldungsbereitschaft für Käufe ist die Ursache für das Geldmengenwachstum.

▶ Hieraus ist ersichtlich: Eine höhere Güternachfrage schafft ein Mehr an Geld und nicht, wie die Monetaristen und Keynesianer glauben, das Mehr an Geld eine höhere Güternachfrage! Nachfragebereitschaft bewirkt Verschuldungsbereitschaft und somit Geldschöpfungsbereitschaft.

Damit wird die sogenannte „Banking-Theorie" bestätigt: Die Steigerung der Wirtschaftstätigkeit und Wirtschaftsdynamik bewirkt Geldmengenwachstum und nicht umgekehrt. An diesem Vorgang ist das Geld nicht aktiv, sondern nur passiv beteiligt. Veränderungen im Geldmengenbereich sind stets nur Wirkungen aus realwirtschaftlichen Veränderungen.

Geldpolitik braucht die Wirtschaft in Wirklichkeit nicht. Insofern braucht sie auch keine Zentralbank – jedenfalls nicht in der Rolle einer „Politikerin".

Bei einem gesunden Geldwesen ist das Geld stets an den Umfang vorhandener Tilgungsvermögen gekoppelt und durch diese nicht nur gedeckt, sondern auch verknappt. Und wo solche Potenziale nicht nachweisbar vorhanden sind, sollte es eben auch kein Geld geben.

▶ Die passende Geldmenge ist immer die, die auf dem Fundament eines zu realisierenden Leistungspotenzials steht, also die *gedeckte* Geldmenge. Eine passgenauere Geldmenge gibt es nicht. So bedarf es auch keiner künstlich gemachten „Breakings" und „Pushings" durch eine „Geldpolitik".

Es sei einem monetären Zentralinstitut unbenommen, die Höhe seiner Zinsen beliebig festzusetzen. Nur muss es nicht glauben, damit „Konjunkturpolitik" treiben zu können. Jede willkürliche, also widernatürlich in Gang gesetzte Zinsänderung hat früher oder später Einfluss auf die Sachgüterpreise. Erhöht sich der Zins, dann erhöhen sich auch sie. Dann bewirkt dies eben Inflation, und zwar trotz des honorigen Anliegens der Inflationsschützer.

Eine größere Geldmenge sollte immer mit einer entsprechend größeren Sachgütermenge bzw. durch Wertschöpfung (Realisierung von Leistungspotenzialen) neu hinzugekommenen Sachgütermenge korrespondieren. Das Geld wäre dann immer genau so knapp, wie es natürlicherweise sein müsste. Und weil die Leistungspotenziale knapp sind, wirkt sich das natürlich auch auf die Knappheit des (deckungsbedürftigen!) Geldes aus. Der jeweils vorhandene Vermögenswert gibt die Grenzen vor, innerhalb derer die Geldschöpfung für ein Kredit suchendes Individuum sich bewegen muss. Diese mikroökonomische Erkenntnis lässt sich auf die Makroökonomie übertragen: Die Knappheit des Geldes innerhalb einer Kreditgeldwirtschaft wird bestimmt durch das als Tilgungspotenzial zu verwendende Leistungspotenzial dieser Wirtschaft. Deshalb muss es keine mit politischer Autorität ausgestattete Instanz geben, die für die Knappheit des Geldes sorgt, schon gar nicht, um den „Wert des Geldes zu erhalten": die Demonetisierung durch Aktivierung von Tilgungsvermögen.

Bei aller Mühe um die „Inflationsbekämpfung" ist Folgendes nicht zu vergessen: Kreditgeld entsteht immer zwischen zwei Parteien in einem autonomen Schöpfungsprozess. Es entsteht immer dort, wo bei einem Tauschgeschäft ein Schuldverhältnis überlebt bzw. ein Zahlungsaufschub gewährt wird.

▶   Überließe man die Entwicklung der Geldmenge dem Handel treibenden Publikum, würde sie sich auf ganz natürliche Art und Weise der wirtschaftlichen Entwicklung anpassen. Da wäre in der Tat ein geregeltes Geldmengenwachstum bzw. eine geregelte Geldmengenschrumpfung gegeben: Zug um Zug käme ganz zwanglos gerade so viel Geld auf den Markt, wie es die Wirtschaftssubjekte selber wollen oder verkraften können.

Und die Zuordnung von Werteinheiten zu den Handelsgütern (die Bildung numerisch manifester Preise) regelte ebenso zwanglos die Nachfrage oder – von der anderen Seite her betrachtet – die Knappheit der Güter. Steigt die Nachfrage bzw. werden die Güter knapp, dann steigt der Preis – und umgekehrt!

Jede in diesem Spannungsfeld gewachsene Geldmenge ist optimal. Sie muss nicht über so etwas wie Leitzins manipuliert werden. Die Zinshöhe kann man dem Markt überlassen. Für eine gesunde Geldmengenentwicklung sind die Werteinschätzung der Bonitätsprüfer bei der Geldschöpfung und die Kompetenz der Kontrollbeauftragten über die Macht der Monopole das Entscheidende.

Die richtige Bonitätseinschätzung der Schuldner durch die Kredit gebenden Banken ist für eine Kreditgeldwirtschaft der entscheidende Garant für die Stabilität des Geldes. Eine bessere Geldpolitik als die Sorge um das Potenzial der Wiedervernichtung einstmals geschaffenen Geldes gibt es nicht.

Der Niedrigzins

Eine der langfristig fatalen Aktionen der EU im Rahmen ihrer „Rettungspolitik" besteht in der Einführung der „Nullzins-Politik". Das breite Publikum mag sich zunächst über niedrige Zinsen freuen, sind doch Kredite zur Finanzierung des Hausbaus schön billig. Doch die weiteren Folgen werden zunächst kaum beachtet (siehe Stephan Bannas, Andreas Wellmann):

1. Mit niedrigen Zinsen versuchen die Zentralbanken Investitionen der Privatwirtschaft anzuschieben und den Staatsregierungen bei der Bewältigung ihrer
Schuldenberge zu helfen, d. h. ihnen Zeit zu kaufen. Die Erfahrung zeigt jedoch, dass die Regierungen keineswegs die dringend notwendigen strukturellen
Reformen in Angriff nehmen, da sie den Entzug von Wählerstimmen fürchten.
2. Die durch die Niedrigzinsen induzierte Geldschwemme wird eher genutzt, um
Vermögenswerte zu kaufen (Immobilien, Rohstoffe, Aktien, Unternehmensbe-
teiligungen usw.), als dass produktive Investitionsprojekte die Folge wären. Die
Preisblasen in diesen Segmenten platzen in gewisser Regelmäßigkeit und werden von Mal zu Mal größer. Da der Zins als wichtiges „Allokationsinstrument"
wegfällt, sinkt die Wettbewerbsfähigkeit der gesamten Volkswirtschaft langsam, aber sicher immer mehr.
3. Die Vermögenspreisinflation hat (noch) nicht zu einer allgemeinen Inflation geführt. Unter anderem ist das auch das Abbild der schwachen konjunkturellen
Situation im Euroraum. Dadurch sieht die EZB wiederum keinen Handlungsbe-
darf zur Erhöhung der Zinsen.
4. Da die Staatsverschuldung, nicht zuletzt wegen der Niedrigzinspolitik, weltweit
extrem hoch ist, sind die Möglichkeiten der Zinsanhebung durch die Zentralbanken praktisch überall sehr begrenzt.
5. Die Niedrigzinsphase ist für große Teile der Wirtschaft von erheblichem Nachteil: All jene, die ihr Alterseinkommen mit Zinseinkommen geplant haben, geraten in Schwierigkeiten. Die Sparer verlieren ihre „normalen" Zinseinkünfte
und somit ihre Altersvorsorge. Die privaten Alterssicherungssysteme finden
keine geeigneten Anlagemöglichkeiten mehr, die einerseits ihren Satzungen
entsprechen (zum Beispiel nur in „mündelsichere" Anlagen), die andererseits
eine ausreichende Rendite versprechen, um ihren Zahlungsverpflichtungen
nachkommen zu können. Dasselbe gilt für Versicherungsunternehmen in Bezug
auf die mit Garantiezins versehenen Lebensversicherungsverträge.
6. Die Geschäftsbanken verlieren notwendige Erträge: Das elementare Zinsdiffe-
renzen- und Fristentransformationsgeschäft ist bei niedrigem Zinsniveau extrem ertragsschwach. Da sich große Unternehmen inzwischen immer mehr
selber direkt über den Kapitalmarkt finanzieren, bleiben für die klassische
Bankfinanzierung nur noch die kleinen und mittleren Unternehmen, die wiederum immer öfter an den enorm hohen Sicherheitsanforderungen (siehe *Basel II*)
scheitern. Dies mindert wiederum weiter die Ertragssituation der Geschäftsbanken. Längerfristig werden die Geschäftsbanken und die Lebensversicherungsgesellschaften ihres Geschäftsprinzips beraubt. Eine Welle von Pleiten in diesem wichtigen Segment der Wirtschaft ist zu befürchten, zumal die EZB den
Geschäftsbanken einen weiteren Teil ihres angestammten Geschäfts wegnimmt:

Sie kauft nämlich inzwischen selbst Anleihen von Unternehmen und von Staaten und betreibt damit eine eigentlich verbotene Finanzierung.

S. Bannas und A. Wellmann: „Die niedrigen Zinsen hatten und haben eine Verstärkung der Staatsverschuldung zur Folge. Zwei Drittel der europäischen Staaten nutzen nicht etwa die geringeren Zinsverpflichtungen zur Tilgung, um insgesamt den Schuldenstand zu reduzieren, sondern verschuldeten sich sogar noch mehr. Das Nullzinsniveau ist also mehr ein Anreiz zur weiteren, forcierten Verschuldung als einer zur Entschuldung.“

Die Niedrigzinspolitik führt dazu, dass sich die Schuldenkrise aus sich selbst heraus nährt und somit immer schneller anwächst. Niemand kann sagen, wann genau und in welcher Form der *Schuldenturm zu Babel* zusammenkrachen wird. Aber es ist in jedem Fall keine Frage des „ob", sondern nur des „wann".

Perversionen und Selbstzerstörung des Finanzmarktes

Das Geld- und Finanzsystem hat sich in den vergangenen Jahren zu einem regelrechten Zocker- und Ponzi-System entwickelt. Geld muss nicht mehr mit realen Werten hinterlegt werden. Vielmehr ist das Geld in diesem rein synthetischen Kreislauf nur hinterlegt von Papieren, auf denen draufsteht, dass sie Geld wert wären. Geld wird in diesem System etwas wert, wenn es durch viele Hände geht; mit jeder Transaktion ist nämlich weiteres Geld verbunden: Zinsen, Gebühren, Provisionen. Geld wird hier nur noch mit Geld verdient, nicht mehr mit echter Wirtschaftsleistung.

Die Banken haben im Rahmen der US-Subprime-Krise die verschiedensten Kredite einfach verbrieft und so lange gebündelt, bis keiner mehr wusste, wer von den Schuldnern überhaupt in der Lage ist, seine Schulden zurückzuzahlen. Doch gehandelt wurden nicht nur diese undurchsichtigen Kreditpakete. Gleichzeitig kamen Papiere auf den Markt, die Wetten auf diese Pakete zum Inhalt hatten. Solche abgeleiteten Produkte werden „Derivate" genannt. Derivate dienen eigentlich der sinnvollen Absicherung von Risiken durch Risikotransfer im Rahmen des Risikomanagements. Sie weisen ein hohes Maß an vertraglicher Freiheit auf. Mit Derivaten lassen sich daher auch Entwicklungen überzeichnen, zweifach, dreifach, hundertfach. Man kann auf steigende oder fallende Entwicklungen setzen. Mit kleinem Einsatz kann man riesige Gewinne machen, oder enorme Verluste einfahren. Der Markt für Derivate hat sich verselbstständigt, völlig von seinem eigentlichen Zweck entfernt. Heute dienen die Papiere überwiegend als Wetteinsätze für Spekulationsgeschäfte zwischen den Finanzinstituten. Mit jedem Weiterverkauf werden erneut Zinsen und Gebühren berechnet, das Geschäft scheint ins Unermessliche zu wachsen.

© Springer Fachmedien Wiesbaden GmbH, ein Teil von Springer Nature 2021
C. Braunschweig, B. Pichler, *Die Kreditgeldwirtschaft*,
https://doi.org/10.1007/978-3-658-31277-0_15

Damit eine Bank möglichst viel dieser gut verzinsten Papiere kaufen kann,
braucht sie viel Geld: In früheren Zeiten verschaffte sie sich dieses Geld bei anderen Banken im Rahmen eines sog. Repos. Auf dem Repo-Markt („Repo" von „Re-
purchase Agreement"= Rückkaufsvereinbarung) können Wertpapiere unmittelbar
in billige Liquidität verwandelt werden, indem sie pro forma verkauft werden und
ein feststehender Rückkauftermin vereinbart wird. Die Repos sind eine Art Le-
benselixier für die Banken: Die einen bekommen schnell Geld für spekulative Geschäfte, die anderen kassieren überdurchschnittlich hohe Zinsen.

Die Verlockungen dieses „Finanz-Kasinos" sind groß: Mit der Idee von Derivaten und Repo-Geschäften haben die Banken das Grundprinzip des Geldes ohne
Sicherheiten zur (scheinbaren) Perfektion gebracht, zu einer Maschine, die aus
sich selbst funktioniert und keine Grenzen kennt. Das ganze Vorgehen beruht auf
dem Prinzip Schuldner-Gläubiger. Der eine nimmt, der andere gibt. Immer im
Kreislauf, immer weiter – losgelöst von jeglicher realwirtschaftlicher Entwicklung.

Den Banken in den USA gelang zudem ein einmaliger Coup: Sie zwangen die
Politiker dazu, ihnen die Derivate quasi staatlich zu garantieren. Die Derivate wurden durch mehrere Gesetze zu sog. „Sicheren Häfen" *(safe haven)* erklärt: Zu diesem Zweck wurde das Insolvenzrecht für Banken geändert. *Safe haven* bedeutet in
diesem Zusammenhang: Wenn eine Bank auf dem Umweg von Derivaten im Besitz von Wertpapieren ist, dann kann sie diese im Falle einer Pleite des Gegenübers
(also des Schuldners) für sich behalten und weiterverwerten. Dieses Gesetz ist
nichts anderes als eine völlig legale Enteignung der normalen Bank-Gläubiger. Der
unschätzbare Vorteil dieser Regelung: Die Gläubigerbank wird bevorzugt behan-
delt. Während es im klassischen Insolvenzrecht genau eine solche Bevorzugung
von Gläubigern aus guten Gründen nicht gibt, wurde sie im Fall der Derivate zur
Norm erklärt: Die normalen Gläubiger der Bank gehen leer aus!

Waren zunächst nur Investmentbanken von Crashs betroffen, traf es mit MF
Global erstmals auch eine Kunden-Bank. Im Unterschied zu einer Investment-Bank,
die nur das Geld anderer Banken oder von Unternehmen oder Großanlegern verzo-
ckt, kann eine Kunden-Bank mit dem Geld der normalen Anleger zocken. Genau
das tat die MF Global. Die Anleger (Kunden) der MF Global wurden über Nacht
enteignet: Über die *safe-haven*-Regelung waren die Derivate bei anderen Banken
gelandet. Sie gehörten nun ihnen – ganz legal. 1,2 Mrd. US$ waren auf einmal
verschwunden. Mit den Derivaten sind die Finanzinstitute wegen der Gläubiger-
Bevorzugung auf der sicheren Seite. Wann immer ein Konkurrent pleitegeht, gehen
seine Mitwettbewerber mit einem satten Gewinn nach Hause.

Seit der Interbanken-Markt nicht mehr richtig funktioniert, springen die staatlichen Zentralbanken ein: Sie übernehmen die Finanzierung. Mit dem Gelddrucken
der EZB und aller anderen Zentralbanken werden nun die Steuerzahler unmittelbar

in Haftung genommen: Sie müssen die Sicherheiten liefern, die der Derivate-Repo-Markt nicht mehr hergab. Und die großen „Zocker-Institute" zeigen sich weiterhin sehr kreativ in der Erfindung immer neuer Derivate. Diese werden auf dem gewohnten Weg von Schulden und Krediten weiter mit Profit umgewälzt.

Durch zwei klammheimlich verabschiedete EU-Direktiven haben die Derivate-Besitzer heute auch in Europa einen bevorzugten Gläubiger-Status. Die „Bankenregulierung" ist dabei nur eine sehr raffinierte Täuschung von Anlegern und Steuerzahlern. Denn das Derivate-Geschäft wurde heimlich auf ein Parallel-Universum verlagert: auf das Schattenbanksystem. Dieses System umfasst nach *Reuters*-Schätzungen ein Volumen von rd. 60 Billionen US$! In diesem Schattenbanksystem dienen die kreativen Finanzvehikel dazu, dass die Risiken verschleiert werden und die offiziellen Bilanzen der Banken „sauber" aussehen. Das Konzept der „Bankenregulierung" geht also von vornherein ins Leere. Trotz „Bankenregulierung" wird es also zwangsläufig weitere Bankpleiten geben. Der Crash, der sich daraus ergeben wird, wird vermutlich in Etappen ablaufen. Es wird stets nach dem Muster *Bear Stearns, Lehman* oder *Dexia* ablaufen. Und diejenigen, die am Ende enteignet werden, wissen davon noch gar nichts. Es werden die Steuerzahler, Sparer und normalen Bankkunden sein.

▶   Ursache dieser ordnungspolitischen Perversionen an den Finanzmärkten ist nicht ein entfesselter Kapitalismus, sondern die vorsätzliche Missachtung aller Grundsätze marktwirtschaftlicher Ordnungspolitik, wie die Trennung von Risiko und Haftung.

Freies Marktgeld und freier Zins 16

Viele Menschen glauben, dass der Markt – abgesehen von einigen zugestandenen Vorteilen – ein Bild der Unordnung und des Chaos biete. Nichts sei „geplant", alles so zufällig. Die meisten Menschen lehnen den Marktmechanismus alleine schon deshalb rein instinktiv ab, weil das menschliche Gehirn ihn nicht abbilden kann. Die dezentrale, unpersönliche Systemintelligenz des freien Marktes ist ihnen nicht geheuer. Staatliche Anweisungen und Bevormundung scheinen hingegen einfach und geordnet und obendrein „sozial" zu sein. In keinem anderen Bereich der Wirtschaft ist dieser Aberglaube weiter verbreitet als im Bereich des Geldes. Scheinbar muss auf jeden Fall das Geldwesen unter schärfste staatliche Kontrolle gestellt werden. Im Gegensatz zur allgemein herrschenden Meinung wäre ein freier Markt für Geld alles andere als chaotisch. In Wahrheit wäre er ein Muster an Ordnung und Effizienz – wie überall dort, wo der freie Markt wirkt. Denn dort, wo der freie Markt vorherrscht, läuft alles rund. Über die Versorgung mit Herrenoberhemden, Wurstwaren oder Autos hat sich noch nie jemand beschwert. Wo jedoch der Staat mitmischt, gibt es allenthalben Grund zur Klage, ob nun im Schulwesen, im öffentlichen Verkehrswesen, im öffentlichen Gesundheitswesen, im Energiebereich oder eben im Geldwesen. Es zeigt sich stets, dass staatliche Einmischung nicht Ordnung und allgemeine Zufriedenheit, sondern Konflikt und Ineffizienz erzeugt. Im Bereich des Geldwesens gilt das selbstverständlich auch.

Das Volumen der Güterproduktion der Industrieländer hat sich in den letzten 30 Jahren vervierfacht – das Geld- und Kreditvolumen aber vervierzigfacht! Inzwischen beziehen sich nur noch 10 % der täglich gehandelten Dollar auf reale Güter und Dienstleistungen, die restlichen 90 % auf Derivate, Futures und ähnliche Finanzwetten. Die Weltwirtschaft bewegt sich in einer riesigen Finanzblase. Zu Zeiten des Goldstandards herrschte in den Vereinigten Staaten 136 Jahre lang Preisstabili-

© Springer Fachmedien Wiesbaden GmbH, ein Teil von Springer Nature 2021
C. Braunschweig, B. Pichler, *Die Kreditgeldwirtschaft*,
https://doi.org/10.1007/978-3-658-31277-0_16

tät. Die Kaufkraft des US-Dollars lag 1913/1914 bei Abschaffung des Goldstandards und Gründung des Federal Reserve Systems sogar um 11 % höher als im Jahr 1776. Seit 1913/1914 ist die Kaufkraft des Dollars allerdings um 95 % gesunken – fast eine Totalzerstörung der ursprünglichen Kaufkraft. Die Ursache lag und liegt in der ungedeckten Geldmengenexplosion seit 1913/1914. Hintergrund war und ist stets die Finanzierung von Staatsausgaben (zum Beispiel für Rüstung und Kriege und für „Sozialausgaben"), die nicht über Steuern, sondern über die Ausgabe von Staatsanleihen (Staatsschuldverschreibungen) finanziert werden. Die Golddeckung war kein Hinderungsgrund für diese verhängnisvolle Entwicklung, denn Regierungen setzen sich bei Bedarf sowieso über Gesetze hinweg, wenn es ihnen nur nützt. (Insofern wäre heute eine Wiedereinführung der Golddeckung, wie sie von einigen Ökonomen immer wieder gefordert wird, wohl von vornherein sinnlos.)

Im Vergleich zu 1959 würde heute ein Hamburger in Amerika etwa 10 Cent statt 4 US$ kosten. Um den tatsächlichen Gesamteffekt der Geldmengenausdehnung auf die Preise abzuschätzen, müsste man zusätzlich noch das potenzielle Sinken der Preise mit ins Kalkül ziehen, das eingetreten wäre, wenn es die staatliche Geldpolitik nicht gegeben hätte. Wie jeder Betriebswirt weiß, sinken die Herstellungskosten und somit dann auch die Angebotspreise der meisten Waren und Güter im Laufe der Zeit. Dieses natürliche Sinken der Preise im Verlaufe der Lebenskurve eines Produktes wird von Volkswirten oft als Deflation missverstanden, da sie die betriebswirtschaftlichen Zusammenhänge der Kosten- und Leistungsrechnung (Kalkulation) nicht kennen.

Der Staat ist ein Konsum-Monster, er teilt die ihm (zwangsweise) gewährten Gelder an seine Beamten, Angestellten, an Sozialhilfeempfänger, Rentner und Soldaten aus. Diese Empfänger tätigen damit keine Investitionen, sondern bestreiten ihren Lebensunterhalt davon. Weil das normale Fiskal-Aufkommen aus Steuern, Abgaben, Gebühren und sonstigen Zwangseinnahmen nie ausreicht, hat der Staat konsequenterweise das staatliche Geld zum einzig gesetzlich zugelassenen Zahlungsmittel erklärt. Im kommunistischen Manifest wird gefordert: „Zentralisation des Kredites in den Händen des Staates durch eine Nationalbank mit Staatskapital und ausschließlichem Monopol."

Eine aufgeblähte Geldmenge, die nicht durch entsprechende Leistungspotenziale gedeckt ist – vor allem in Kombination mit künstlich niedrig gehaltenen Zinsen – (ver)führt zu Fehlinvestitionen, die wiederum zu einem Scheinwohlstand führen, der sich dann zwangsläufig durch das Platzen der Vermögenspreisblasen selbst korrigiert. Die Kombination aus ungedeckter Geldmengenexpansion und entsprechenden Niedrigzinsen erklärt somit auch die übermäßig starken Konjunkturschwankungen von Investitionsübertreibung (Boom) und Abstürzen (Bust). Denn eine ungedeckte Geldmengenexpansion zerstört den Grundpfeiler der freien

Wirtschaft: die Wirtschaftsrechnung. Da die Preise nicht mehr die realwirtschaftlichen Knappheitsverhältnisse anzeigen, wird es für die Unternehmen zum Beispiel immer schwieriger, Bleibendes von Vorübergehendem zu unterscheiden und ihre Betriebskosten oder die Nachfrage der Verbraucher richtig zu beurteilen. Zum Beispiel werden die Kosten eines Gutes vom betrieblichen Rechnungswesen in Höhe seiner Anschaffungskosten verbucht. Doch durch die Geldmengenexpansion werden die Wiederbeschaffungskosten weit höher sein, als es in den Büchern steht. Daher wird das Rechnungswesen viel zu hohe Gewinne ausweisen – und es kommt zum Kapitalverzehr, gleichwohl man im Boom glaubt, die Investitionen erhöhen zu sollen. Indem die (ungedeckte) Geldmengenexpansion illusionäre Gewinne erzeugt und die Wirtschaftsrechnung verzerrt, hält sie den Markt davon ab, ineffiziente Unternehmen zu bestrafen und effiziente zu belohnen. Beinahe alle Unternehmen werden scheinbar profitieren.

▶ Die (ungedeckte) Geldmengenexpansion bestraft Sparsamkeit und ermuntert zum Schuldenmachen – auch in Bereiche, die ohne die Geldmengenexpansion längst als unrentabel identifiziert wären. Zwangsläufig sinkt dadurch die Gesamtproduktivität der Volkswirtschaft.

Und diese Entwicklung verursacht darüber hinaus eine immer größere Schere zwischen Arm und Reich: Die Niedrigzinspolitik verbilligt künstlich den Kapitaleinsatz gegenüber dem Faktor Arbeit. Dies geht zulasten der Geringverdiener. Die Kaufkraftminderung (zurzeit vor allem durch die permanente Erhöhung der Vermögensgüterpreise) trifft vor allem Geringverdiener (sowie Rentner), während sich die Vermögenden durch entsprechende Kapitaldispositionen vor Inflation schützen können. Die staatlichen Zentralbanken reagieren auf zu hohe Staatsschulden fatalerweise mit noch mehr billigem Geld, was zwar der Politik die Bedienung der Schulden erleichtert, aber noch größere Blasen verursacht und zudem die kalte Enteignung der Anleger und Sparer antreibt, da diese kaum noch Zinsen erhalten und somit ihre Altersversorgung zusammenbricht. Viele Rentner haben in der Vergangenheit Staatsanleihen gezeichnet, doch sie können nur so lange mit Verzinsung und Rückzahlung rechnen, wie sie und ihre Kinder dem Staat als Steuerzahler genügend Mittel dafür zur Verfügung stellen, sie ihre Forderungen an den Staat also indirekt selbst bezahlen. Außerdem ist darauf hinzuweisen, dass die an den Staat fließenden Gelder von besseren (produktiveren) Verwendungen in der Privatwirtschaft abgezogen werden. Wird die Schuldenlast dann eines Tages für den Staat zu groß, erklärt er sich einfach zahlungsunfähig. Die Gläubiger und Geldvermögensbesitzer verlieren alles oder fast alles.

Praktisch alle Ökonomen sind sich darüber einig, dass Monopole schlecht sind. Warum ist dann kaum ein Ökonom gegen die Einrichtung einer Zentralbank? Stattdessen wird allenthalben behauptet, dass das Geld kein normales Gut darstelle und deshalb nur vom Staat verwaltet werden könne. Aus übergeordneten Gründen würden für gewisse Güter und Institutionen die ökonomischen Marktgesetze nicht gelten. Diese unsinnige Behauptung kümmert die ökonomischen Gesetzmäßigkeiten allerdings herzlich wenig.

▶   In Wahrheit kann man die ökonomischen Gesetzmäßigkeiten genauso wenig beeinflussen und steuern wie die Erdumdrehung.

Staatliche Systeme können in einer Welt, die sich der Wirkung ökonomischer Gesetzmäßigkeiten nun mal nicht entziehen kann, nur denkbar ungeeignete Systeme sein. Der Staat als Unternehmer und Befehlshaber über wirtschaftliche Prozesse ist immer und überall ein Bankrotteur. Dies gilt, wie die Geschichte eindrucksvoll beweist, insbesondere hinsichtlich des Geldes. Ausgerechnet das Management des Geldes ist dem Staat, dem unfähigsten Unternehmer überhaupt, anvertraut. Während die reale Güterwirtschaft aus guten Gründen privatwirtschaftlich organisiert ist, ist das spiegelbildlich zu sehende Geldsystem mit einer staatlichen Zentralbank „gesegnet".

Realwirtschaft und Finanzwirtschaft können deshalb nicht reibungslos miteinander verzahnt werden, sie sind in dieser Verschiedenheit einfach nicht kompatibel. Aus dieser Diskrepanz resultieren letztlich die immer wiederkehrenden Probleme: Überschuldung, Rezession, Depression, Inflation, Deflation und übertriebene Konjunkturschwankungen. In Wahrheit bedarf das Geldangebot einer Volkswirtschaft weder einer Herrschaftsmacht (Staat) noch eines hoheitlichen Regulators. Der freie Markt sorgt automatisch für die Menge des umlaufenden Geldes, geradeso wie er die Mengen der Konsum- und Kapitalgüter erzeugt, nämlich nach den Gesetzmäßigkeiten von Angebot und Nachfrage und nach Maßgabe des Preises. Ludwig von Mises betonte, dass es überhaupt keinen sinnvollen Grund gibt, die Geldmenge von außen (von außerhalb des Marktes) zu vermehren; jede vorhandene Geldmenge, die eine freie Wirtschaft selbst erzeugt, ist „optimal", und jede vom Staat angestoßene Geldmengensteuerung kann nur Unheil anrichten. Das Geldangebot bedarf weder eines machtbewussten Schöpfers noch eines hoheitlichen Regulators der Geldmenge.

Geld ist im Übrigen weder ein Konsumgut noch ein Kapitalgut. Deshalb kann man bei einer Vermehrung oder Verminderung seiner Menge auch nicht von einem Zuwachs oder einer Minderung von Wohlstand und Reichtum sprechen. Wohlstand ist eine Frage der vorhandenen Menge an Konsum- und Kapitalgütern, nicht jedoch der vorhandenen Geldmenge. Und was die keynesianische Politik im Rahmen der Konjunkturbelebung (Deficit-Spending) anrichtet, ist am Beispiel Japans ablesbar: Seit über 20 Jahren versucht die japanische Regierung, die Wirtschaft des Landes mit gigantischen, schuldenfinanzierten „Wachstumspaketen" aus dem Sumpf zu holen, in dem es nach dem Platzen der Immobilienblase versunken ist. Das Ergebnis ist ebenso schockierend wie charakteristisch für die keynesianische Politik: Noch immer ist die japanische Wirtschaft in einem komatösen Zustand – und die Staatsschuldenquote ist dabei auf Weltrekordhöhe gestiegen. Analysen in den USA haben ergeben, dass ein Dollar Schuldenzuwachs nur noch 15 Cent Sozialproduktzuwachs erbringt, was übrigens nicht bedeutet, dass dieses Sozialproduktwachstum nicht auch ohne Schuldenwachstum stattgefunden hätte.

Immer mehr Menschen werden aus ihrem Eigennutzkalkül heraus zu Befürwortern staatlicher Zwangsmaßnahmen zum Erhalt des staatlichen Geldsystems. Um Staats- und Bankenpleiten infolge der systemimmanenten Schuldenmacherei des Wohlfahrtsstaates möglichst lange hinauszuzögern, erfolgen sogar weitreichende Einschnitte in die Eigentums- und Freiheitsrechte. Es sind genau die Krisen, die vom staatlichen Zwangsgeld aufgrund des staatlichen Gesetzgebungsmonopols (nicht des fälschlicherweise oft behaupteten staatlichen Geldmonopols!) verursacht werden, die der Marktwirtschaft angelastet werden, obwohl sie auf deren mutwilliger Missachtung und Pervertierung beruhen.

▶   Die staatliche Schuldenmacherei auf der Grundlage ungedeckter Kredite ist der Dämon unserer Zeit, denn sie ist der finanzielle Treibstoff für die schamlose Wählerbestechungsdemokratie unseres schuldeninduzierten Wohlfahrtsstaates, der ständig umverteilt und nivelliert, seine Bürger entmündigt, überwacht und kujoniert.

Nach Friedrich A. von Hayek gibt es keinen wirksameren Schutz gegen den inflationistischen Missbrauch des Geldes durch die Regierungen und gegen eine allzu nachgiebige Schuldenfinanzierung durch die nationalen Zentralbanken, als wenn die Bürger jeden Landes jenes Geld, dem sie kein Vertrauen (mehr) entgegenbringen, zurückweisen und sich stattdessen jener Währungen uneingeschränkt bedienen dürfen, zu denen sie Vertrauen haben. Da Staaten und Geschäftsbanken dann nicht mehr davon ausgehen können, dass die EZB ihnen zu niedrigen Zinsen unbegrenzt Geld zur Verfügung stellt, würde der Druck auf die nationalen Regierungen massiv steigen, endlich ihre Haushalte zu sanieren, und die Banken würden freiwillig ihre Geschäftsrisiken begrenzen (müssen).

Warum Deficit-Spending nicht hilft   17

„Am langen Ende sind wir alle tot", antwortete John Maynard Keynes auf die berechtigte Kritik an seiner Lehre der bewussten Inkaufnahme von Haushaltsdefiziten (Deficit-Spending). Er wusste – im Gegensatz zu seinen Epigonen – selbst sehr wohl, dass die (einseitige) Auslegung seiner Theorie durch die Politik (und die mit ihr verbandelte Finanzindustrie) letztlich in Geldentwertung und Währungsreform enden muss.

Die Vertreter der „Österreichischen Schule der Nationalökonomie" haben zu Recht stets vor dieser keynesianisch geprägten Politik gewarnt und daher auch die Finanzkrise richtig vorausgesehen. Die ganze Wirtschaftsrechnung einer Volkswirtschaft wird durch die keynesianische Stimulierungspolitik zwangsläufig gestört, und zwar wegen der Absenz von freien Preisen als Knappheitsanzeiger im Sinne der Ressourcenallokation. Denn es kommt auch in der Rezession nur auf die relativen Preise an (das Verhältnis der Preise zueinander, Preisspannen) bzw. auf die strukturelle Relation von Konsum- und Produktionssektor.

Die Vernachlässigung des Problems, die Produktionsstruktur der Volkswirtschaft durch relative Preise zu ordnen, ist – wie schon angeführt – die entscheidende Ursache für das Versagen der herkömmlichen makroökonomischen Theorie:

▶   Denn die Produktionsstruktur und ihre Veränderung im Konjunkturverlauf werden von den relativen Preisen gesteuert, nicht jedoch, wie von den Keynesianern behauptet, vom allgemeinen Preisniveau. Die Rezession stellt also

© Springer Fachmedien Wiesbaden GmbH, ein Teil von Springer Nature 2021   97
C. Braunschweig, B. Pichler, *Die Kreditgeldwirtschaft*,
https://doi.org/10.1007/978-3-658-31277-0_17

ein Strukturproblem dar, die absolute Höhe der (gesamten) Nachfrage ist
nicht entscheidend.

Die Zeit ist das zentrale Element, um den Produktionsprozess einer Volkswirtschaft zu verstehen. Gerade die Zeit, die von der Investition bis zur Produktion
vergeht, bedeutet, dass der Konsument bis dahin mit seinem Konsum wartet; ansonsten steigen die Preise. Je unwichtiger den Konsumenten der Gegenwartskon-
sum im Vergleich zum Konsum in der Zukunft ist, desto höher ist ihre Sparneigung
und desto niedriger ist der natürliche Zins. Veränderungen des natürlichen Zinssatzes korrelieren demnach mit einer entsprechenden Veränderung der Wirtschaftsstruktur (Verhältnis von Produktions- zu Konsumsektor).

Um die drückende Zinslast überbordender Staatsschulden erträglicher zu gestalten und/oder die Konjunktur im keynesianischen Sinne (vermeintlich) anzukurbeln, wird seitens Regierung und Zentralbank der Zins unter den marktmäßigen,
natürlichen Zins gedrückt. Abgesehen davon, dass die Sparer dadurch einen Vermögensverlust erleiden, ergeben sich dadurch folgende Konsequenzen für die
Konjunkturentwicklung:

Ein von der Regierung bzw. der staatlichen Zentralbank künstlich gedrückter
Zins bewirkt eine relativ zu den freiwillig aufgebrachten Sparmitteln zu kapitalintensive Produktion, weil die Finanzierungskosten für die Unternehmen entsprechend sinken. Der Zins regelt die Umverteilung von der Produktion für heutige
Konsumgüter zum (größeren) Konsum von morgen. Sinkt der natürliche Zins, so
zeigt dies an, dass die Konsumenten bereit sind, auf Konsum heute zu verzichten,
ihre Sparneigung also verstärken, um eine höhere Produktion für die zukünftige
Menge an Konsumgütern zu ermöglichen. Veränderungen des natürlichen Zinses
zeigen demnach die jeweilige Veränderung zwischen Produktions- und Konsumsektor an und führen zu gleitenden Anpassungsmaßnahmen, aber nicht zu den aus-
geprägten und ruckartigen Konjunkturschwankungen, wie sie durch manipulierte
Zinsänderungen im Rahmen der keynesianischen Deficit-Spending-Politik erzeugt
werden.

▶   In der Realität beruht die Produktionsstruktur auf einem Netzwerk von Tau-
      senden von Unternehmen, die mit und nebeneinander agieren. Ohne eine
      Vorstellung davon zu haben, wie dieser Produktionsprozess abläuft, ist es
      unmöglich, sinnvolle Aussagen über die Wirkung wirtschaftspolitischer
      Maßnahmen zu treffen. Bei Keynes laufen diese Prozesse synchron und
      ohne Zeitverzögerung, was aber eben nicht der Realität entspricht.

Man kann es nicht oft genug wiederholen: Die keynesianische Deficit-Spending-Politik führt zu falschen Preis-Signalen, d. h., ein durch ungedeckte Geldvermehrung künstlich gedrückter Zins führt zwangsläufig zu verfälschten Spar- und Investitionsentscheidungen. Da die Preise sich nicht alle gleichmäßig und mit gleicher Geschwindigkeit verändern, wird es für Unternehmen immer schwieriger, Bleibendes von Vorübergehendem zu unterscheiden und ihre Betriebskosten oder die Nachfrage der Konsumenten zu beurteilen. Indem inflationär aufgeblähte Gewinne erzeugt werden und die Wirtschaftsrechnung verzerrt wird, wird der Markt davon abgehalten, ineffiziente Investitionen zu verhindern und effiziente zu belohnen. Das führt wiederum zu Vermögenspreisblasen und verstärkten Konjunkturausschlägen. Wenn Kapital durch künstlich niedrige Zinsen keinen (richtigen) Preis mehr hat, sind Fehlinvestitionen und Kapitalverschwendung die logische Folge. Früher oder später muss deshalb das Deficit-Spending aufhören, sich der Geldzins wieder normalisieren und das natürliche Gleichgewicht zwischen Sparen, Investieren und Konsumieren wieder hergestellt werden. Nach der (künstlichen) Verlängerung der Produktionsperiode im Aufschwung muss es dann zu einer scharfen Rezession kommen, damit sich die Produktionsstruktur wieder an das Ausmaß der freiwillig verfügbaren Sparmittel anpassen kann. Je länger dieser Bereinigungsprozess herausgezögert wird, desto stärker fällt die Rezession aus. Denn der „keynesianisch erzeugte Boom" ist ein rein monetäres Phänomen, die sich zwangsläufig anschließende Rezession die notwendige Strukturanpassung. Deshalb ist es unsinnig, strukturelle Verwerfungen in der Wirtschaftsstruktur monetär bekämpfen zu wollen. Die Krise ist also nicht das Problem, sondern die Folge des Problems (Unterbindung des gleitenden Anpassungsprozesses der Wirtschaftsstruktur – zwischen Produktions- und Konsumsektor). Ebenso ist ein Börsencrash nicht das Problem, er zeigt vielmehr, dass die Marktakteure von der inflationären Scheinwelt Abschied nehmen und sich wieder auf die Realität besinnen.

Die Vorstellung, auf der die gesamte Keynes'sche Analyse beruht, wonach die Beziehung zwischen Endnachfrage und Beschäftigung sich so darstellt, als sei sie dem Verhältnis zwischen dem am Ende einer Röhre ausgeübten Sog und dem am anderen Ende angesaugten Zugstrom analog, ist falsch und irreführend. Zwischen den beiden Enden liegt vielmehr ein elastisches und veränderbares Reservoir, dessen Größe von einer ganzen Reihe von Umständen abhängt, die in der Analyse von Keynes weitgehend vernachlässigt werden. Das fortwährende Einpumpen zusätzlichen Geldes an Punkten des ökonomischen Systems, an denen es vorübergehend künstlich Nachfrage erzeugt, die allerdings aufhören muss, wenn das Deficit-Spending endet oder sich verlangsamt, dazu die Erwartung ständiger Preissteigerungen, zieht den Faktor Arbeit und andere Produktionsmittel in Beschäftigungen, die nur so lange dauern können, wie das Deficit-Spending in demselben Ausmaß andauert – oder vielleicht nur so lange, wie sich das Einpumpen mit einer bestimmten Rate weiter beschleunigt. Was diese Politik hervorbringt, ist nicht so sehr ein Beschäftigungsniveau, das auf andere Art und Weise nicht hätte zustande gebracht werden können, sondern vielmehr eine Verteilung der Beschäftigung, die nicht unbegrenzt aufrechterhalten werden kann, die bald zu einer rezessiven Anpassung zwingt. Arbeitslosigkeit zeigt an, dass die Struktur der relativen Preise und Löhne verzerrt worden ist und dass zur Wiederherstellung der Übereinstimmung von Angebot und Nachfrage vom Faktor Arbeit in allen Sektoren entsprechende Änderungen der relativen Preise sowie eine Umlenkung der Arbeit in effizientere Verwendung notwendig sind.

Die schlimmste Wirkung vom keynesianischen Deficit-Spending ist also die von ihr erzeugte Verzerrung der relativen Preise, d. h. die Verfälschung der Preissignale für die Knappheitsrelationen der verschiedenen Güter untereinander, insbesondere beim Verhältnis von Investitionsgüterpreisen zu Konsumgüterpreisen.

Neben dem Unverständnis der Wirkung relativer Preise auf den Konjunkturverlauf können die „Keynesianer" auch die Herkunft von Bankeinlagen der Anleger nicht erklären, sie setzen diese einfach als gegeben voraus und behaupten fälschlicherweise, dass zu viele Ersparnisse und zu wenig Investitionsmöglichkeiten den realen Zins unter die Nulllinie drücken würden. Doch jeder Bankauszubildende weiß natürlich, woher die Einlagen im heutigen *Kreditsystem* kommen: Es ist der Kredit, der Einlagen schafft, und es sind nicht Einlagen, die als Kredite verliehen werden. Und die Kreditnachfrage ist folglich dann gering und der Zins niedriger, wenn zuvor zu viel und falsch investiert wurde (eben durch „deficit-spending"-Politik), somit also zunächst eine rezessive Bereinigungsphase erfolgen muss (Thomas Mayer).

Wären in der Konjunkturhochphase tatsächlich nur Kredite aufgrund strenger Bonitätsprüfungen der Geschäftsbanken vergeben worden (und nicht in erster Linie wegen günstiger Finanzierungsmöglichkeiten, sprich: künstlich niedriger Zinsen), so würden die gleitenden Anpassungsprozesse der Wirtschaftsstruktur (durch die nicht manipulierte Signalfunktion der relativen Preise) eine starke Rezession vermeiden.

Im Gegensatz zu den *Keynesianern* betrachten die „Austrians" die Arbeitslosigkeit nicht als eine dem Kapitalismus systemimmanente Erscheinung und nicht als Symptom seiner Krisenanfälligkeit. Denn in Wahrheit ist Arbeitslosigkeit als gesellschaftlicher Notstand eine Erscheinung des industriellen Zeitalters und kann überall auftreten, wo die industrielle Produktionsweise vorherrschend ist, welche Ideologie auch immer dominieren mag. Nur in der vorindustriellen Epoche hat es keine Arbeitslosigkeit gegeben. Wenn eine Bevölkerung zu 90 % in der Landwirtschaft arbeitet, dann kommt es zwar vor, dass man bei Missernten oder im Winter nichts zu tun hat. Doch es wird keine Arbeitslosigkeit sichtbar. Der Bauer bleibt auf seinem Hof samt mithelfenden Familienangehörigen und dem Gesinde, dem er in Treue verpflichtet ist und dem er auch Verpflegung und Unterkunft schuldet. Überdies war in feudaler Zeit der Bevölkerungsanteil viel größer, der nichts durch Arbeit zum Sozialprodukt beisteuerte – siehe den Adel und den Welt- und Ordensklerus. In Zeiten der Krise mochte die Zahl der Bettler steigen und ein Handwerksbursche mochte länger auf Wanderschaft verweilen – aber Arbeitslosigkeit wurde nicht erkennbar. Keine Statistik berichtete davon, kein Sozialprotest richtete sich dagegen.

Im modernen Industriestaat ist Arbeitslosigkeit nicht durch staatliche Interventionen zu beseitigen. Es gibt kein historisches Beispiel für ein erfolgreiches Arbeitslosenprogramm, das unter Bedingungen von Freiheit und Frieden realisiert wurde. Selbst den sozialistischen Zentralplanwirtschaften, die doch die Nachfrage lenken und Investitionen befehlen können, ist die Beseitigung von Arbeitslosigkeit nicht gelungen. Aber da es Arbeitslosigkeit bei ihnen aus ideologischen Gründen nicht geben darf, wird sie nicht registriert, sondern verborgen: Man zieht mehr junge Leute ein zum Militär, besetzt Arbeitsplätze doppelt und dreifach und so weiter. Hitler und Stalin bauten Arbeitslosigkeit ab durch Zwangsarbeit und Kriegswirtschaft. Franklin D. Roosevelt, der die ganze Rezeptur staatlicher Konjunkturprogramme durchprobierte, hatte damit (entgegen der landläufigen Meinung) überhaupt keinen Erfolg, bis auch die USA die Rüstungsindustrie ankurbelten. Es war also gerade nicht der „New Deal", der den Aufschwung brachte, es war in Wahrheit der Kriegseintritt der USA.

In einer nichtsozialistischen Wirtschaft tritt Arbeitslosigkeit offen zutage, gerade weil sie als Problem gesehen wird und die Arbeitslosen abgesichert werden sollen.

Ein Konjunkturabschwung ist entgegen keynesianischer Ansicht keineswegs die Folge von mangelnder Kaufkraft. Jede Produktion schafft sich nämlich ihr eigenes Einkommen. Wenn ein zusätzliches Paar Schuhe produziert wird, dann sind die Kosten des Herstellers automatisch die Einkommen der Arbeitnehmer, Kreditgeber, Vorlieferanten und des Staates. Es ist also immer auf den Cent genau genügend Kaufkraft vorhanden, um das Angebot aufzunehmen. Ein Teil dieses Einkommens wird allerdings gespart. Den Sparern müssen andere Leute gegenüberstehen, die mehr ausgeben, als sie verdienen, die also Kredit aufnehmen. Das sind die Investoren: Unternehmer, Bauherren usw. Eine Konjunkturkrise entsteht, wenn die Bereitschaft zur Bildung von Geldvermögen größer ist als die zur Bildung von Sachvermögen. In der Regel führen zu hohe Löhne zu diesem Ungleichgewicht. Werden die Löhne über das Maß hinaus erhöht, das der Markt hergegeben hätte, dann nutzt das keineswegs den Arbeitnehmern und ihrer Kaufkraft, sondern fällt in

Form von Arbeitslosigkeit auf die Arbeitnehmer zurück. Wenn die Löhne steigen, dann bleibt nach Abzug aller Abgaben zusätzliche Kaufkraft beim Arbeitnehmer übrig. Davon wird ein Teil gespart; der verbleibende Rest wird zur Konsumnachfrage. Während der Aufwand für Löhne bei den Unternehmen sofort zu 100 % zu Buche schlägt, wird davon im weiteren Verlauf höchstens ein Teil tatsächliche zusätzliche Konsumnachfrage. Der Saldo bleibt in jedem Fall negativ. Und die höheren Reallöhne fallen ja auch nicht wie Manna vom Himmel. Soweit sie nicht durch zusätzliche Produktivität abgedeckt sind, verringern sie zwangsläufig die Gewinne der Unternehmen. Der zusätzlichen Kaufkraft der Arbeitnehmer steht eine geringere Kaufkraft der Unternehmen gegenüber. Die Nachfragewirksamkeit hängt also ganz davon ab, ob die Unternehmen oder die Arbeitnehmer von ihrem Einkommen einen größeren Teil ausgeben.

Unternehmer sind Leute, die normalerweise mehr ausgeben, als sie einnehmen. Sie investieren und nehmen dafür Kredite auf. Umgekehrt legen Arbeitnehmer einen Teil ihres Einkommens auf die hohe Kante. Sie geben weniger aus, als sie einnehmen. Verschiebt man also einen Euro Kaufkraft von den Unternehmen zu den Arbeitnehmern, dann verschiebt man sie aus einem Bereich hoher Ausgabenneigung in einen Bereich niedrigerer Ausgabenneigung. Die Gesamtnachfrage nimmt nicht zu, sie geht sogar zurück. Deshalb beobachtet man immer, dass bei hoher Lohnquote die Wirtschaft in einer Krise steckt, während umgekehrt im Boom die Lohnquote niedrig ist. Die Verteidigung hoher Löhne und ehrgeiziger Verteilungsziele hilft zwar zunächst noch den Arbeitnehmern, aber im Laufe der Zeit gelingt es immer weniger Leuten (vor allem geringer Qualifizierten), einen Arbeitsplatz zu finden, und schließlich sinkt das Sozialprodukt, der Kuchen, der für alle zusammen zur Verteilung vorhanden ist.

Arbeitslosigkeit bedeutet nicht nur, dass die Betroffenen keine Einkommen erwirtschaften. Es bedeutet auch, dass die Wertschöpfung insgesamt fällt und dass auch die Einkommen anderer Menschen sinken, die mit den Arbeitslosen zusammenarbeiten könnten. Die wirtschaftliche Aktivität des gesamten Gemeinwesens sinkt, und letztlich zählen alle zu den Verlierern, auch diejenigen, die zunächst von der Hochlohnpolitik profitiert haben. Nicht nur ökonomisch wäre es deshalb wesentlich sinnvoller, wenn man den Marktkräften bei der Festlegung der Löhne freien Lauf ließe.

▶   Auch John Maynard Keynes wusste sehr wohl, dass freie und flexible Löhne Arbeitslosigkeit und starke Konjunkturschwankungen weitgehend ausschließen würden. Doch er hielt dies von vornherein für politisch nicht durchsetzbar, deshalb lieferte er der Politik mit seiner verhängnisvollen „deficit-spending"-Politik eine opportunistische Rechtfertigung für deren schuldeninduzierte Sozialstaatspolitik, wie sie für alle großen Wohlfahrtsstaaten charakteristisch ist.

Nur mit flexiblen Löhnen bleibt die Arbeit wettbewerbsfähig. Sinkt der marktmäßige Lohn für gering qualifizierte Arbeit dann unter ein sozial vertretbares Maß, muss der Staat den Geringverdiener bezuschussen. Wichtig ist, dass man bei dem Lohnniveau einer Volkswirtschaft nicht auf die Lohnkosten pro Stück, sondern auf die Lohnkosten pro Arbeitsstunde achtet. Man darf also nicht die Stundenlöhne durch die Arbeitsproduktivität dividieren, um ein korrektes Bild von der Wettbewerbsfähigkeit zu erhalten. Die Betrachtung der Lohnkosten pro Stück übersieht nämlich das Problem der durch die Lohnerhöhung selbst verursachten Freisetzung von Arbeitskräften und die dadurch wiederum verursachte (rein rechnerische) Produktivitätssteigerung, welche wiederum zu neuen Lohnforderungen führt. Wenn die Löhne steigen, werden viele minder produktive Betriebe aus dem Markt ausscheiden. Die Arbeitnehmer werden entlassen, und die Zahl der Erwerbstätigen sinkt. Die Produktivität der Wirtschaft steigt dadurch rein rechnerisch, weil die weniger produktiven Betriebe mitsamt ihren Beschäftigten aus der Statistik verschwinden. Es ist also immer die Höhe der Arbeitslosigkeit selbst, die ein sicheres Urteil über die Wettbewerbsfähigkeit der Arbeitskräfte ermöglicht. Ähnliche Effekte gibt es, wenn die Hochlohnpolitik Unternehmen veranlasst, in kapitalintensive Produktionsprozesse auszuweichen und Arbeitskräfte freizusetzen. Auch diese lohngetriebenen Rationalisierungsmaßnahmen bedeuten einen Produktivitätszuwachs, der aber nur scheinbar Verteilungsspielräume (sprich: Lohnerhöhungen) zulässt, weil ihm gar kein volkswirtschaftlicher Produktivitätsgewinn gegenübersteht. Daher darf sich das Lohnwachstum nicht einfach an der rechnerischen Steigerung der Produktivität orientieren, es muss unter dem Produktivitätszuwachs der Betriebe liegen.

Auch in diesem Zusammenhang wird der Unterschied zwischen Konjunktur- und Strukturproblemen oft nicht erkannt, obwohl es für das Verständnis volkswirtschaftlicher Zusammenhänge von entscheidender Bedeutung ist. Bei der Konjunktur geht es um den Auslastungsgrad des Produktionspotenzials, der durch die Nachfrage mitbestimmt wird. Bei Strukturproblemen geht es um dieses Potenzial selbst. Es wird unter anderem durch den sogenannten Kapitalstock der Volkswirtschaft bestimmt, wie er durch frühere langfristige Investitionen in Gebäude, Maschinen und Anlagen entstanden ist. Deutschlands Kapitalstock hat sich in den vergangenen Jahren zu langsam entwickelt, und vor allem hat er wegen der hohen Löhne eine zu geringe Arbeitsintensität. Ein Nachfrageschub kann eine Mehrproduktion und einen Beschäftigungsstand immer nur bis zur Vollauslastung der vorhandenen Anlagen bewirken, nicht aber darüber hinaus. Weitere Produktions- und Beschäftigungseffekte kommen nur durch den Kapazitätseffekt neuer, langfristiger Investitionen zustande. Doch ob solche Investitionen vorgenommen werden, hängt weniger von der Nachfrage als von den Standortbedingungen ab, unter denen die Löhne kostenseitig die wichtigsten sind. Die deutsche Nachfrage kann man auch von einem slowakischen Standort bedienen.

▶   Die unsinnige keynesianische Kaufkrafttheorie führt im Endeffekt immer
     nur zu einer weiter ansteigenden Staatsverschuldung und hat keinen nach-
     haltigen Beschäftigungseffekt.

Es zeigt sich immer wieder, dass Verschuldung zur Aufrechterhaltung bzw. Anregung des Massenkonsums nichts weiter als vorgezogener Konsum ist, der in der Zukunft ausfällt. Dieses Wort des ehemaligen Reichsbankpräsidenten Hjalmar Schacht hat nichts von seiner Gültigkeit verloren.

Auf jeden Fall ist die Produktion von Gütern und Dienstleistungen der Anfang und der Motor des Prozesses von Beschäftigung, Wachstum und Wohlstand – und nicht (!) der Konsum! Die keynesianischen „Mainstream-Ökonomen" mögen dies noch so oft bestreiten. Wenn die *Keynesianer* Recht hätten, bräuchte der Staat ja nur astronomisch hohe Schulden aufzunehmen und das Schuldengeld in den Konsum hineinzujagen – und schon würden paradiesische Zustände herrschen. Und genau dazu raten die „Mainstream-Ökonomen" zur Freude der politischen Klasse, die genau das dann durchführt – nur leider mit der steten Folge, dass sie damit im Endeffekt das Gegenteil dessen erreicht, was sie eigentlich wollte. Wer dafür plädiert, den Konsum durch Lohnerhöhungen anzuregen, fordert in Wirklichkeit eine Erhöhung der Produktionskosten und schüttet damit Sand in das Getriebe, das Beschäftigung und Einkommen überhaupt erst entstehen lassen kann – und mit dessen Kraftentfaltung die Voraussetzungen für den vermehrten Konsum erst geschaffen werden. Außerdem heizt eine solche Lohnsteigerungspolitik die Inflation an und verringert somit die reale Kaufkraft der Konsumenten-Einkommen. Zwar wirken Lohnsteigerungen eo ipso noch nicht inflationär, haben aber dennoch regelmäßig Inflation zur Folge, weil die Zentralbanken das Geschehen mit einer Politik des leichten Geldes begleiten, um die Wirkung des Lohnkostenschubs in Richtung Arbeitslosigkeit zu dämpfen. Wer den Lohnempfängern wirklich etwas Gutes tun will, der sollte gegen die staatliche Abzocke via Steuern und Sozialabgaben kämpfen. Nicht zuletzt fließen bei Nominallohnerhöhungen immer größere Summen über Steuern und Sozialabgaben an den Staat – und somit heraus aus den Taschen der Verbraucher. Was dann von den Lohnerhöhungen übrig bleibt, reicht nicht aus, um den Kaufkraftverlust zu kompensieren. Für die Unternehmen wirken sich solche Lohnsteigerungen zu 100 % als Kostenerhöhung aus, aber nur ein Teil davon kann seitens der Lohnempfänger überhaupt nachfragewirksam werden, sodass sich die Wettbewerbsfähigkeit der Unternehmen verschlechtert. Im Übrigen ist dabei noch zusätzlich zu beachten, dass mit Lohnsteigerungen grundsätzlich Kapital vom produktiven Produktionssektor mit seiner Kapitalbildung in den nichtproduktiven Konsumsektor verschoben wird. Dies bedeutet logischerweise, dass auf zukünftiges Wachstum in dieser Höhe verzichtet wird. Denn es ist einzig das Investieren der Unternehmen, was mittels neuer Kapitalbildung zu neuem (verteilbaren) Sozialprodukt führt. Nur mit Sparen und Investieren wird eine Volkswirtschaft reich. Der Glaubenssatz der *Keynesianer*, wonach man sich reich konsumieren könne und arm spart, ist reinste „Voodoo-Ökonomie".

Die keynesianische Staatsverschuldungsmanie und die Interventionsgläubigkeit der Mainstream-Ökonomen haben zwar langfristig fatale Folgen, aber sie leuchten (leider) dem Kioskbetreiber um die Ecke scheinbar ein, der glaubt, sein Wohlstand hänge vom Gesamtnachfragevolumen ab. Der Erfolg von Keynes beruht einerseits auf dem ökonomischen Unverständnis der allermeisten Menschen, andererseits beruht sein Erfolg vor allem darauf, dass er (wenn auch unfreiwillig, weil nicht richtig verstanden) der Politik eine vermeintlich wissenschaftliche Rechtfertigung für ihre Machtstrategie der schamlosen Schuldenmacherei im Rahmen unserer zynischen *Wählerbestechungsdemokratie* liefert. Für die Politiker ist das Verteilen auf Pump, die Verschuldung zulasten kommender Generationen (nur auf der Grundlage der staatlichen „Sozialpolitik" möglich!), wegen der sofort wählerwirksamen Auswirkungen über die Maßen verführerisch.

Seit Keynes ist die Ökonomie laut Roland Baader (2010) regelrecht versumpft, weil das eigentliche Wesen des Geldes nicht reflektiert wird.

Dass so viele Ökonomen fatalerweise der Mainstream-Ökonomie nach keynesianischem Muster anhängen, liegt auch daran, dass fast alle Ökonomen entweder Staatsdiener sind oder Angestellte bzw. Berater im Bereich der Bank- und Finanzindustrie. In den USA dominiert z. B. die Fed mit einem riesigen Netzwerk von Beratern, Dozenten, Schülern und angestellten Ökonomen das Gebiet der Ökonomie so vollständig, dass eine echte Kritik an der keynesianischen Zentralbankpolitik ein Karriererisiko darstellt.

Die *staatsfrommen* Mainstream-Ökonomen wollen laut Murray N. Rothbard nicht wahrhaben, dass fast alle drückenden Probleme unserer Gesellschaft mit Tätigkeiten der Sozialstaatsbürokratie zusammenhängen. Der Großteil der keynesianisch geprägten Lehrstuhl-Ökonomie der vergangenen Jahrzehnte war deshalb im besten Fall nutzlos und im schlimmsten Fall sogar sehr schädlich. In gewisser Weise haben die keynesianischen Mainstream-Ökonomen die Wirtschaftswissenschaften ideologisch funktionalisiert und in den Dienst ihrer eigenen, keynesianischen Irrtümer gestellt. Diesbezügliches *Stromliniendenken* findet nicht zufällig vor allem im Schlagschatten der Politik statt. Ein angestrebter Bekanntheitsgrad in der Ökonomie und auch in der Öffentlichkeit geht nicht selten mit der Angepasstheit der Lehren an den interventionistischen und sozialstaatlichen Zeitgeist einher. Die Lehrstuhl-Ökonomie ist zum Ideenlieferanten der staatlichen Schuldenfinanzierung verkommen. Die „Krakenarme des Zeitgeistes" greifen laut Roland Baader tief in die wissenschaftliche Ökonomie hinein.

Die *Austrians* brauchen hingegen weder vollständig rationale noch irrationale Menschen für die Erklärung des wirtschaftlichen Geschehens; ihr Denkansatz arbeitet mit Menschen, die nach den ewigen ökonomischen Gesetzmäßigkeiten der Knappheit, der Knappheitsüberwindung und des Strebens nach Gewinn handeln, mit Menschen, wie sie nun einmal sind.

Roland Baader: „Sie benötigen dafür keine hochgestochenen mathematisierten Theoriemodelle, weder Globalgrößen noch Durchschnittsgrößen (die sowieso nicht aufeinander wirken), sondern vielmehr ihren ökonomisch geschulten und geschärften Verstand."

Die Vertreter der „Österreichischen Schule" haben sich nie die autistische Ökonomie ihrer Gegner aufzwingen lassen, in der mathematische Formalisierung zum Selbstzweck verkommen ist und imaginäre Welten modelliert werden, die mit der Realität nichts gemeinsam haben. Die „Österreichische Schule" erstrebt stattdessen, ausgehend von der subjektiven Wertlehre, das Ziel, alle wirtschaftlichen Erscheinungen in einer geschlossenen Kausalkette auf entsprechende Vorgänge im Innersten der Menschen zurückzuführen. Ihre Methode wird deshalb auch als kausalgenetische Methode bzw. psychologische Methode bezeichnet. Sie bedient sich des Verfahrens der isolierenden Abstraktion und bevorzugt verbale Darstellungen. Zentral für die „Austrians" sind die Idee der Schöpfung von Wissen durch den Markt und die Betrachtung der dynamischen Unsicherheit wirtschaftlicher Abläufe.

Die „Österreichische Schule" bekennt sich vorbehaltlos zum Kapitalismus, meint damit aber etwas gänzlich anderes als den Status quo des maßlosen Scheinwachstums; sie meint vielmehr eine Ordnung, die den Kapitalaufbau für produktive Investitionen begünstigt, statt mittels Geld- und Kreditausweitung unsinnige Konjunkturprogramme zu initiieren. Für die „Austrians" ist klar, dass das Geld in den Händen der Bürger besser angelegt ist als in der Hand des Staates.

Die menschliche Leidenschaft für materielle Gleichheit reizt die Schwachen, die Starken auf ihre Stufe herabzuziehen. Ludwig Erhard:

> Die Blindheit und intellektuelle Fahrlässigkeit, mit der wir dem Versorgungs- und Wohlfahrtsstaat zusteuern, kann nur zu unserem Unheil ausschlagen. Dieser Drang und Hang ist mehr als alles andere geeignet, die echten menschlichen Tugenden: Verantwortungsfreudigkeit, Nächsten- und Menschenliebe, die Bereitschaft zur

Selbstvorsorge und noch vieles Gute mehr, allmählich aber sich absterben zu lassen – und am Ende steht nicht die klassenlose, wohl aber die seelenlos mechanisierte Gesellschaft. … Nichts ist darum in der Regel unsozialer als der sog. „Wohlfahrtsstaat", der die menschliche Verantwortung erschlaffen und die individuelle Leistung absinken lässt, denn kein Staat kann seinen Bürgern mehr geben als er ihnen vorher abgenommen hat – und das, noch abzüglich der Kosten einer zwangsläufig immer mehr zum Selbstzweck ausartenden Sozialbürokratie.

Die Wirtschaftsgeschichte lehrt überdies, dass die Ökonomie in Wechselwirkungen mit anderen gesellschaftlichen Phänomenen steht. Für die Vertreter der „Österreichischen Schule" gilt deshalb die Erkenntnis von Friedrich A. von Hayek, wonach derjenige, der nur Ökonom ist, kein guter Ökonom sein kann. Max Weber war zuerst Nationalökonom, dann wurde er Soziologe und schließlich ist er der größte deutsche Philosoph des frühen 20. Jahrhunderts geworden. Das machte die Fächerverbindung: Psychologie, Soziologie und Sozialpsychologie.

Der französische Wirtschaftsprofessor Gilles Saint-Paul gehört zu denjenigen Ökonomen, die philosophisch gebildet sind und darüber hinaus auch noch die dogmengeschichtlichen Grundlagen ihres Faches kennen und ernst nehmen. Eine seiner Kernthesen lautet, dass das paternalistische Denken mehr und mehr zu einer Gefahr für die freiheitliche Gesellschaft wird. Am Ende droht dieser Paternalismus in eine regelrechte Wohlfahrtsdiktatur umzukippen, in der der Bürger als unmündiges Kind bzw. als Triebmensch angesehen wird, der von *Vater Staat* erzogen und durch Schubser („Nudges") zu *besserem Verhalten* geleitet wird (Philip Plickert).

Die „Austrians" machen sich auch Gedanken jenseits von Angebot und Nachfrage (Wilhelm Röpke, 1961) und sie teilen die Grundüberzeugung von Ludwig Erhard, wonach die beste Sozial- und Gesellschaftspolitik eine freie Marktwirtschaft, ein ausgeglichener Haushalt und eine stabile Währung sind – nicht aber ständiges staatliches Intervenieren, Umverteilen und Schuldenmachen.

Selbst John M. Keynes, der mit seiner Verteidigung der Haushaltsdefizite (die bis dahin als gesellschaftliches Übel galten) den heutigen Defiziten Tür und Tor öffnete, war nie der Meinung, dass ein Defizit eine permanente Einrichtung sein sollte! Auch bei Keynes gilt ein Defizit nur als „Medizin" in besonderen Krisenzeiten, wenn die vorhandenen Produktionskapazitäten nicht ausgelastet sind. Ob es überhaupt eine geeignete Medizin in Krisenzeiten ist, wird unter Wirtschaftswissenschaftlern seit Jahrzehnten kontrovers diskutiert. Die Autoren vertreten die Meinung, dass es nicht einmal als Medizin angewendet werden sollte, wie sich übrigens in der Krise der dreißiger Jahre, in der japanischen Dekade der Stagnation in den neunziger Jahren und im völligen Versagen der amerikanischen Bemühungen, die Krise Ende des vergangenen Jahrzehnts durch Defizite zu überwinden, zeigte. Der berühmte Keynes'sche Multiplikator ist von geringem Wert. Keynes ging davon aus, dass das Defizit bei einem Wirtschaftsaufschwung durch den Haushaltsüberschuss ausgeglichen wird. Man könnte an dieser Stelle die heikle Überlegung anstellen, ob im heutigen westlichen Demokratiemodell („Wählerbestechungsdemokratie") ausgeglichene Haushalte überhaupt realistisch sind, zumal die EU den Kurs unterstützt, wonach zu hohe Defizite (Schulden) mit noch höheren Schulden bekämpft werden sollen.

Václav Klaus hat diese Grundgedanken im Rahmen seiner Dankesrede anlässlich der Verleihung des internationalen Preises der Friedrich-August-von-Hayek-Stiftung in Freiburg (Br.) am 10. Mai 2009 wie folgt formuliert:

In seinen früheren, strikt ökonomischen Werken, insbesondere in seiner *Geldtheorie und Konjunkturtheorie* (1929) und in *Preise und Produktion* (1931), die namentlich zitiert waren, als ihm im Jahre 1974 der Nobelpreis für Wirtschaftswissenschaften verliehen wurde, hat Hayek eine ganz klare These akzentuiert: Die Ursache des Wirtschaftszyklus ist falsche Geld- und Kreditpolitik, die sogenannte „easy-money-Politik" (Politik des billigen Geldes).

Die künstliche Senkung des Zinssatzes generiert einen Investitionsboom, und die Lösung seiner Folgen braucht eine schmerzhafte Restrukturalisierung der ganzen Wirtschaft. Alle existierenden Firmen und Banken braucht die Wirtschaft nicht. Die Manipulierung der Fiskalpolitik kann die notwendige Restrukturalisierung nicht ersetzen.

Ein Zitat aus der zweiten Ausgabe seines *Prices and Production* aus dem Jahre 1935, wo er unter anderem diskutierte, warum die USA am Ende der Zwanzigerjahre in eine tiefe Rezession geraten sind, ist ganz klar: Den Autoritäten ist es gelungen, mithilfe von Politik des billigen Geldes die Konjunktur um zwei Jahre zu verlängern. Als es schließlich zu der Krise kam, waren fast zwei Jahre andauernde Bestrebungen unternommen worden, den normalen Liquidationsprozess in jeder denkbaren Weise zu verhindern.

Das sind ganz verständliche Sätze, die vor den heutigen Maßnahmen der Fiskalpolitik warnen, die in vielen Ländern eingeführt wurden. Noch gefährlicher ist, dass die gegenwärtigen Versuche viel größer sind als diejenigen, die die Regierungen in den Dreißigerjahren gemacht haben. Die Politik des billigen Geldes wurde von Hayek als *Pseudomedizin* bezeichnet. Der Grund des damaligen und auch heutigen Problems sind falsche Relativpreise – nicht die Absenz der Gesamtnachfrage.

Im Mittelpunkt des Problems der Relativpreise ist vor allem ein Preis: der Zinssatz. Die heutige Weltwirtschaftskrise ist am meisten die Folge des politischen Spielens mit den Zinssätzen. Der Wirtschaftszyklus wurde auch heute durch mikroökonomische Folgen der falschen Geld- und Kreditpolitik in Gang gesetzt. Nicht einmal von eingeschworenen Keynesianern wurde jetzt die Absenz der Gesamtnachfrage als Ursache der heutigen Krise erwähnt. Sie wurde nicht durch Geldmangel, sondern durch Geldüberschuss hervorgerufen.

In *The Use of Knowledge in Society* (1945) hat Hayek ganz klar gesagt, wohin der richtige Weg führt. Dieser Weg ist Freiheit, Markt, spontane Evolution, nicht Rekordverschuldung der Länder, wöchentliche Wochenend-Gipfeltreffen der führenden Politiker, *global governance* und mehr Regulation. Ganz umgekehrt.

Entscheidend ist heute und auch künftig nicht die Weisheit einer Regierung, sondern die Freiheit des Individuums.

Teil IV

Aktuelle Problemstellungen des Finanzsystems

Immobilien als Inflationsschutz?

Der emeritierte Wirtschaftsprofessor Walter Wittmann aus der Schweiz schreibt in seinem Buch „Superkrise", dass sich der Trend zu immer mehr Schulden, der zurzeit in praktisch allen westlichen Demokratien festzustellen ist, ungebremst fortsetzen werde, dass Staatsbankrotte in dichter Folge nicht mehr auszuschließen seien und dass ein neuer Börsencrash jederzeit möglich sei.

Bevor Regierungen Bankrott machen, lassen sie in aller Regel die Notenpresse auf Hochdruck heiß laufen. Daher stellt sich für die Sparer und Anleger die Frage nach einem Schutz vor dem Platzen großer Preisblasen bzw. Inflation. Kann man sein Vermögen überhaupt gegen Inflation schützen? Eine wirklich seriöse Antwort kann es schon deshalb nicht geben, weil völlig unklar ist, welche politischen Kräfte zum kritischen Zeitpunkt regieren und welche Regeln dann für einen Vermögensschnitt, eine Währungsreform oder Umstellung und Neubewertung festgelegt werden. Klar ist nur, dass sich der überschuldete Wohlfahrtsstaat nur zulasten seiner Bürger entschulden kann.

Wer auf Immobilien als Inflationsschutz setzt, sollte sicherheitshalber davon ausgehen, dass er durch einen wie auch immer gearteten „Lastenausgleich" mit herangezogen wird. Immobilieneigentümer entkommen der Inflation nicht, wie das Beispiel von 1923 zeigt. Entgegen weit verbreiteter Meinung gelang es den Immobilieneigentümern nicht, sich durch Inflation zu entschulden. Um die Mieten wegen der Geldentwertung entsprechend anheben zu können, hätten die Löhne in gleicher Höhe mit der Geldentwertung steigen müssen. Doch die Löhne hinkten der Inflationsrate weit hinterher. Zudem wurden viele Beschäftigte arbeitslos, sodass sie die Mieten nicht mehr zahlen konnten. Außerdem entschied das Reichsgericht 1923, dass Schulden nicht mehr mit der wertlosen Papiermark, sondern mit der von der Inflation nicht betroffenen Goldmark bezahlt werden mussten. Die aber

© Springer Fachmedien Wiesbaden GmbH, ein Teil von Springer Nature 2021
C. Braunschweig, B. Pichler, *Die Kreditgeldwirtschaft*,
https://doi.org/10.1007/978-3-658-31277-0_18

hatten die meisten Hauseigentümer nicht und mussten deshalb ihre Immobilien zwangsversteigern lassen. Dass das Märchen von der Schuldentilgung der Hauseigentümer via Inflation überhaupt entstanden ist, lag an einem Trick des in der Krise ins Amt gekommenen Reichskanzlers Gustav Stresemann. Nach der Einführung der neuen Reichsmark Ende 1923 erhob die Regierung die „Hauszinssteuer" auf Wohneigentum mit der (falschen) Begründung, die Immobilieneigentümer hätten sich durch die Inflation ihrer Schulden entledigt und müssten nun einen Lastenausgleich gegenüber den Nicht-Immobilieneigentümern zahlen. Dass die Grundeigentümer vom Staat zur Kasse gebeten wurden, hatte einen einfachen Grund: Immobilien können nicht außer Landes gebracht werden, sie sind eben immobil. Die Hauszinssteuer war so hoch, dass viele Eigentümer ihre Häuser nicht halten konnten. Sie mussten an die Städte verkaufen, die damit den Grundstock für ihre kommunalen Wohnungsunternehmen legten.

Im Einzelfall kann eine Immobilie selbstverständlich als Inflationsschutz wirksam sein. Man kann aber nicht generell behaupten, dass die Immobilienanlage per se ein guter Inflationsschutz ist. Das ist jedenfalls das Ergebnis einer Studie des *Instituts der Deutschen Wirtschaft,* bei der die Entwicklung der Immobilienmärkte in zehn Industrieländern seit 1970 untersucht wurde. In acht von zehn Ländern führte ein Anstieg des Preisniveaus zu sinkenden Preisen auf dem Immobilienmarkt. In Deutschland ergab sich zwar ein Wertzuwachs, doch lag dieser deutlich unter der (tatsächlichen!) Inflationsrate.

Umgekehrt führt die zurzeit allenthalben festzustellende „Flucht in Immobilien" zur Gefahr einer Immobilienblase. In sehr guten Lagen in den deutschen Metropolen steigen die Immobilienpreise seit geraumer Zeit exorbitant, wodurch sich die Rendite aus Mieterträgen entsprechend verringert. Die durchschnittliche Rendite in Deutschland ist auf drei Prozent gefallen. Betriebswirtschaftlich muss der Ertrag aus Mieteinnahmen aber die Inflationsrate deutlich übersteigen, denn Eigentümer müssen Geld für Reparaturen und Instandhaltungsmaßnahmen zurücklegen und sich auch auf das Risiko von Mietausfällen vorbereiten. Solche notwendigen Sicherheitskalkulationen werden auf dem derzeitigen Preisniveau meistens missachtet. Die Illusion einer langfristig garantierten wertstabilen Anlage in Immobilien – außer in wirklichen Spitzenlagen – sollte sich niemand machen. Der Wert einer Immobilie sinkt langfristig. Bei einem größeren Investment in Immobilien sollte wegen der zu erwartenden Turbulenzen in der Eurozone und möglichem „Lastenausgleich" (zum Beispiel in Form staatlicher Zwangshypotheken), der übrigens vom Grundgesetz abgedeckt ist, vorsichtig sein. Ein Investment außerhalb der Eurozone könnte sinnvoller sein.

Auch der verständliche Wunsch vieler Menschen, statt Miete an Dritte zu zahlen lieber das eigene Dach über dem Kopf zu finanzieren, muss genau kalkuliert werden. Dabei wird nämlich oft die notwendige Kapitalisierung von Einnahmen und Ausgaben (sogenannte *Barwerte*) fälschlicherweise außer Acht gelassen: Wer zum Beispiel 30 Jahre lang monatlich 1000 EUR Miete zahlt, muss bei einem Anstieg in Höhe von 2 % pro Jahr insgesamt 486.817 EUR bezahlen. Die Zahl ist insofern richtig, weil die Raten richtig addiert sind. Trotzdem ist diese Rechnung nicht aussagefähig. Erstens bekommt der Mieter für diesen Betrag sehr wohl einen Gegenwert, und man muss fragen, wie viel Kredit mit 360 Raten zu 1000 EUR getilgt werden könnte. Hierfür ist der *Barwert* heranzuziehen: Hypotheken mit einer Laufzeit von 30 Jahren kosten in normalen Zinsphasen rund 5 % pro Jahr. Folglich liegt der Multiplikator bei 239, und das bedeutet, dass mit den 30 Raten ein Kredit in Höhe von 239.000 EUR verzinst und getilgt werden könnte. In der Praxis ist es weniger, weil von den Raten mindestens 20 % für Instandhaltung und Reparaturen abzuziehen sind. Werden auch noch die Nebenkosten für den Immobilienkauf eingerechnet, wird das zulässige Darlehen etwa 182.000 EUR betragen. Nun stellt sich die Frage, ob man für 182.000 EUR beispielsweise in Karlsruhe oder Münster ein Dach über den Kopf bekommt, das der eigenen Mietwohnung ebenbürtig ist. In der Regel dürfte das eher nicht der Fall sein.

Sparen und Anlegen 19

Die Einführung des Euro hatte u. a. auch den Hintergrund, dass man dadurch weitere, neue Staatsschulden-Pyramiden aufbauen konnte. Dieser exorbitanten Staatsschuldenberge muss sich jeder Staat irgendwann auf die eine oder andere Art und Weise entledigen, nämlich auf Kosten der Bürger.

Zunächst trifft es die Sparer. Das westliche Wohlfahrtsstaatsmodell kennt eine Reihe von Mitteln und Wegen, um sich seiner überbordenden Schulden auf Kosten seiner Bürger zu entledigen. Sind die Schulden irgendwann nicht mehr tragbar, führt der Staat einen Währungsschnitt oder gar eine Währungsreform durch. Dann werden die Staatsschulden mit den Privatvermögen der Bürger „verrechnet". Dies ist der Moment, in dem die Bürger merken, dass Staatsschulden ihre eigenen Schulden sind. Doch nicht immer benötigt der Staat gleich die großen „Folterinstrumente". Es geht auch subtiler, zum Beispiel durch Finanzrepression:

Der englische Begriff *„financial repression"* (deutsch sinngemäß: schleichender Sparverlust) beschreibt ein Bündel von Maßnahmen, mit denen der Staat in den Markt eingreift und seine Finanzierungskosten (sprich Zinsen) künstlich niedrig hält. Sparer und Anleger erleiden dadurch negative Realzinsen, weil die Zinsen unter der Inflationsrate liegen. Die Differenz zwischen der Höhe der Habenzinsen für Sparer und der Inflationsrate stellt den Vermögensverlust dar. In dieser Höhe werden die Sparer und Anleger zwangsweise am Entschuldungsprozess des Staates beteiligt. Normalerweise würden steigende Staatsschulden die Zinssätze steigen lassen. Doch durch die marktwidrig niedrig gehaltenen Zinsen reicht dem Staat ein etwas höheres Nominalwachstum, um die Schulden nach und nach abzubauen – eben zulasten der Sparer und Anleger. Es kommt also durch die Finanzrepression zu einer verdeckten Umverteilung von den Sparern und Anlegern hin zum Staat. Die negativen Realzinsen haben ihre Ursache unter anderem in der politisch be-

© Springer Fachmedien Wiesbaden GmbH, ein Teil von Springer Nature 2021
C. Braunschweig, B. Pichler, *Die Kreditgeldwirtschaft*,
https://doi.org/10.1007/978-3-658-31277-0_19

dingten Niedrigzinspolitik der Notenbanken seit der Staatsschuldenkrise sowie im Zuge der Euro-Rettungsmaßnahmen. Zugleich strömt viel Anlegergeld aus den Krisenländern in diejenigen Staaten, die (noch) als sicher gelten, was dort die Zinsen für Geldanlagen zusätzlich sinken lässt.

Die oftmals aufgestellte Behauptung, dass die niedrigen Zinsen die Konjunktur und das Wachstum beflügeln würden, hat sich in der Realität als unzutreffend erwiesen.

Sparer und Anleger verlieren zurzeit weltweit pro Jahr mehr als hundert Milliarden Euro, weil die Zinsen in vielen Ländern unter der Inflationsrate liegen. 23 Länder sind derzeit von negativen Realzinsen betroffen. Alleine deutsche Sparer verlieren dadurch pro Jahr rd. 14 Mrd. EUR bei Tagesgeld, Girokonten und Sparkonten. Das geht aus Berechnungen der Frankfurter *Dekabank* und des *Instituts der Deutschen Wirtschaft* hervor. Übrigens spielt im umgekehrten Fall, wenn also der Bürger dem Staat (Steuer-)Geld schuldet, das aktuell niedrige Zinsniveau keine Rolle. Der Fiskus berechnet nach wie vor 6 % pro Jahr – und das bei einem vergleichsweise beschränkten Risiko, denn anders als private Gläubiger kann der Staat sofort zuschlagen und das Eigentum des Schuldners verwerten, sprich: in der Regel zwangsversteigern.

Die Finanzrepression oder auch „Sparbuchsteuer zur Krisenbewältigung" genannt, trifft derzeit den Mittelstand deutlich härter als wirklich Reiche, weil die klassische Altersvorsorge des Mittelstandes (Lebensversicherungen, Sparverträge) besonders leidet. Denn die kapitalgedeckte Altersvorsorge wird unattraktiv, weil Sparer keine Anlageformen mehr finden, die eine substanzielle Realverzinsung erbringen. Das Problem, das mit der umlagefinanzierten Altersvorsorge heute schon besteht, kann also nicht mehr durch private Vorsorge ausgeglichen werden. Zinsen und Zinseszinsen sind so niedrig, dass sie nicht mehr in dem Maße zur Kapitalbildung beitragen, wie man es sich zum Beispiel bei der Einführung der „Riester-Rente" in Deutschland vorgestellt hatte. Da nutzen dann auch die fiskalischen Zuschüsse zur „Riester-Rente" nichts. Deshalb entsteht jetzt eine massive Vorsorge-Lücke. Hält die Niedrigzinsphase noch lange an, werden manche Versicherungsunternehmen Liquiditätsprobleme bekommen, da sie über 60 % ihrer Anlagen in festverzinslichen Papieren anlegen (müssen). Das heißt, die Überschussbeteiligung wird geringer. Betroffen von sinkenden Gutschriften wären dann rund 40 Mio. Haushalte in Deutschland. Die Kunden müssen weiterhin mit niedrigeren Gewinnbeteiligungen und sogar noch weiter sinkenden Renditen rechnen. Die Differenz zwischen dem, was die Lebensversicherer an Rendite erwirtschaften, und dem, was sie als Zins garantieren, liegt im Durchschnitt nur bei etwa 0,4 %. Die Frage ist, wie viele Lebensversicherer verfügen über ausreichend Puffer, um die Zeit der niedrigen Nettoverzinsung ihrer Kapitalanlagen zu überstehen? Betroffen sind aber in diesem Zusammenhang nicht nur die Lebensversicherungsbranche, sondern auch die Pensionsfonds. Das Risikokapital der Lebensversicherer, das zur Überbrückung von Ergebnisschwankungen benötigt wird, ist in den letzten Jahren um bis zu 60 % geschrumpft. Im Prinzip haben die Lebensversicherungsgesellschaften ihre Geschäftsgrundlage verloren. Sobald die Altverträge ausgelaufen sind, ist ihr Ende abzusehen.

Die Versicherungsgesellschaften und ihre Kunden leiden also unter einer Kapitalmarktsituation, die von „politischen Zinsen" geprägt ist. Die Zinsen werden künstlich niedrig gehalten, da ansonsten die ersten Staaten innerhalb der europäischen Währungsunion die Zinslast ihrer Staatsschulden nicht mehr tragen könnten, also den Staatsbankrott anmelden müssten. Insofern dienen die marktwidrig niedrigen Zinsen der staatlichen „Konkursverschleppung".

Inzwischen verlangt die EZB (Europäische Zentralbank) sogar Zinsen von den Banken, die Geldkonten bei ihr unterhalten. Die Märkte erwarten, dass bald auch die Geschäftsbanken von ihren Kunden (Privatkunden und Unternehmen) ebenfalls Zinsen für Geldanlagen verlangen, also sog. Negativzinsen erhoben werden!

Damit die Bankkunden diese Maßnahmen nicht unterlaufen können, indem sie ihre Gelder von den Bankkonten abheben und zu Hause aufbewahren, werden gleichzeitig vom Staat Maßnahmen der Bargeldbeschränkung – und sogar des Bargeldverbotes – geplant. So sollen in einem ersten Schritt zum Beispiel Bargeldgeschäfte nur noch bis zu einer Höhe von 4000 EUR erlaubt sein. Offiziell werden die Maßnahmen zur Bargeldbeschränkung mit dem Argument des angeblichen Kampfes gegen Schwarzgeldkriminalität und dem Kampf gegen die Terrorismusfinanzierung verteidigt. Doch die wahren Gründe sind nur allzu offensichtlich.

Aus volkswirtschaftlicher Sicht führen die künstlich niedrigen Zinsen zwangsläufig zu einer Fehlallokation von Geldmitteln für Investitionen, die sich bei marktgerechter Zinshöhe nicht rechnen würden, sodass sich schleichend eine umso stärkere, zukünftige Rezession aufbaut. Außerdem können Zinshöhen, die niedriger als das Wachstum des Bruttoinlandprodukts (BIP) sind, nicht über viele Jahre hinweg durchgehalten werden. Am langen Ende wird es deshalb trotz Finanzrepression doch zu einem „Vermögensschnitt" kommen. Laut dem *Fiscal-Monitoring-Bericht* des IWF vom Oktober 2013 wird demnach für Deutschland ein pauschaler „Vermögensschnitt" in Höhe von 11 % kalkuliert. Gedacht wird in dieser Blaupause nicht nur an eine einmalige Sonderabgabe auf Wertpapiere, sondern auch auf andere Anlage- und Vermögensformen, darunter Immobilien. Die internationale Beratungsgesellschaft „*Boston Consulting Group*" geht sogar von einem notwendigen „Vermögensschnitt" in Höhe von 25 % aus. Da die Staatsschulden inzwischen weiter drastisch angestiegen sind, gehen Fachleute inzwischen von einem „Vermögensschnitt" von mindestens 35 % aus. Damit würde aber zum Beispiel in

Deutschland, dem finanziell relativ stabilsten Land in der europäischen Währungsunion, lediglich der Schuldenstand von Anfang der 90er-Jahre erreicht werden!

▶   Langsam, aber sicher erdrückt die enorme staatliche Schuldenlast die euro-
     päischen Wohlfahrtsstaaten regelrecht.

Entweder man beendet das völlig missratene „Euro-Abenteuer", oder man
wählt die *französische Variante* über kollektivistische Haftung und Fiskalunion zur
subventionsgeplagten und wachstumsschwachen Transferunion. Es ist nicht
schwer zu erraten, für welche Variante sich die *EU-Zentralisten* entscheiden werden. Damit ist der Weg in eine *„EUdSSR"* vorgezeichnet.

Die Bundesregierung hat inzwischen denn auch die deutschen Sparguthaben
zur „Euro-Sicherung" freigegeben. Seit der Erklärung des deutschen Bundesfi-
nanzministers, dass die gemeinsame europäische Einlagensicherung komme, können die EU-Banken seit Anfang 2016 geschätzte 2000 Mrd. EUR deutsche Sparer-
Vermögen als Sicherheit betrachten. Die deutschen Sparer wurden, ohne gefragt zu
werden und ohne es überhaupt zu wissen, in Haftung genommen. In den *Deutschen
Wirtschaftsnachrichten* hieß es dazu:

> Die Folgen sind gravierend und bedeuten, dass es weder eines EU- oder Bundestags-
> beschlusses bedarf, um den EU-Banken schon heute die Möglichkeit zu geben, 2000
> Milliarden Euro der deutschen Sparer als Kredit-Sicherheit zu verwenden. … Die
> EU-Kommission verfolgt derzeit den Plan, die Vergemeinschaftung der Sparer-
> Mithaftung in der Währungsunion einzuführen. Sie soll bis 2024 in drei Schritten re-
> alisiert werden. … Die überschuldeten Staaten drängen seit Monaten auf die Verge-
> meinschaftung der Sparer-Haftung.

Die schrumpfende und alternde Bevölkerung Deutschlands müsste eigentlich
ihr Geld geschickt anlegen, damit die Rentner der Zukunft von ihrem erarbeiteten
Kapitalstock zehren können. Norwegen investiert deshalb über seine Staatsfonds
Milliarden in ausländische – darunter auch viele deutsche – Vermögenswerte. Auch
China, Singapur oder die Schweiz erwirtschaften über Aktien und solide Anlagen
gute Renditen. Inder vertrauen auf physisches Gold.

▶   Die Deutschen arbeiten zwar fleißig und verkaufen ihre Produkte weltweit –
     allerdings ohne dabei reich zu werden, wie internationale Vermögensvergl ei-
     che zeigen.

Laut der EZB liegt das Median-Nettovermögen der deutschen Privathaushalte
nicht einmal bei der Hälfte des französischen Vermögens und ist niedriger als in

Spanien oder in Italien. Ein Grund dafür ist, dass die Deutschen besonders schlechte Kapitalanleger sind. Sie vertrauen ihr Geld den falschen Institutionen und Leuten an und lassen sich dabei in Anlageformen treiben, die nur Vermittlern, Beratern, Finanzdienstleistern und Versicherungskonzernen Nutzen stiften.

▶ Das Deutsche Institut für Wirtschaftsforschung hat in einer Studie ausgerechnet, dass sich die globalen Vermögensverluste Deutschlands jährlich auf rd. 100 Mrd. EUR summieren. Hiermit ist die Differenz zwischen den Leistungsbilanzüberschüssen und den Veränderungen in der Kapitalbilanz gemeint. Das gleichwohl inzwischen auf über 5 Billionen EUR gestiegene Geldvermögen erklärt sich vor allem aus der Bildung neuer Ersparnisse und nicht aus der Rendite von Erspartem.

Nur etwa 15 % der Deutschen halten Aktien. Oft ist ein Finanzdienstleister dazwischengeschaltet, der über Ausgabenaufschlag und Gebühren an der Rendite ordentlich knabbert. Mehr als die Hälfte der Dax-Aktien liegen in ausländischer Hand. Seit 2005 ist der Anteil ausländischer Investoren um rd. 15 Prozentpunkte gestiegen. Deutsche Anleger scheuen dagegen eher ihren Heimatmarkt. Sie investieren lieber in verlustträchtige Finanzprodukte und verschwenden so einen Teil der deutschen Exporterlöse. Amerikanische Investmentgesellschaften hatten in der Vergangenheit mit Freuden das Geld der deutschen Sparer entgegengenommen und im Gegenzug zum Beispiel den deutschen Landesbanken hübsch verpackte Schrottpapiere vom US-Immobilienmarkt angedreht. Bauträger in Spanien und Irland hatten vor der Finanzkrise überteuerte Häuser mit deutschem Geld hochgezogen, die dann unverkäuflich wurden.

Das Ausland lacht über „*Dumb German Money*", dummes deutsches Geld. Am Ende heißt es für den deutschen Anleger oft: Der andere hat das Geld, er ist um eine Erfahrung reicher. Deutschland hat inzwischen schätzungsweise einen Wertverlust von mehr als einem Fünftel der jährlichen Wirtschaftsleistung auf sein Nettoauslandsvermögen erlitten.

Die ausländischen Anleger haben dagegen vor allem in deutsche Aktien oder Immobilien investiert und dabei profitiert. Hätten die Deutschen ihr Geld in Deutschland investiert, hätten sie Verluste vermieden und Gewinne gemacht. Ihr Kapital hätte helfen können, die hiesige Investitionslücke (zum Beispiel im Bereich der Infrastruktur) zu schließen. Dieser Rückstand kostet Deutschland künftig Produktivität, Wachstum und Wohlstand.

Als sich die einstige „Deutschland AG" unter dem damaligen Bundeskanzler Gerhard Schröder auflöste und ihre Aktien auf den Markt kamen, griffen vor allem ausländische Investoren beherzt zu. Nicht nur die Deutsche Börse, selbst Firmen wie *Adidas, Bayer, Linde, Heidelberger Cement* oder die früher staatliche *Deutsche Post* sind mehrheitlich in ausländischer Hand. Diese Anleger vertrauen darauf, dass das, was für die vergangenen hundert Jahre galt, weiter gilt – die Aktienrenditen liegen im Schnitt um 4 Prozentpunkte über den Anlagezinsen.

Während die Deutschen damit beschäftigt sind, das Weltklima zu retten, einen großen Teil der nach Europa strömenden Migranten aufzunehmen und ihr Vermögen zur „Rettung" des Euro zu verpfänden, lösen sich ihre Exporterlöse zum Teil in Luft auf – und die hochproduktiven deutschen Industrieunternehmen gehen in ausländischen Besitz über.

Hans-Werner Sinn brachte das Investitionsdilemma schon vor Jahren auf den Punkt: „Die Hälfte der Amerikaner hat mehr konsumiert, als sie an Einnahmen hatten. Sie haben sich beispielsweise deutsche Autos gekauft, und zurück kamen *Lehman-Brothers-Papiere,* die heute wertlos sind."

Die staatlichen deutschen Landesbanken, denen ein eigenes, tragfähiges Geschäftskonzept fehlte, glaubten Traumrenditen erzielen zu können, indem sie jede Menge hochverzinsliche „Schrottpapiere" (mit Top-Rating!) kauften. Das traurige Ende ist bekannt.

Für die Alterssicherung der Deutschen wäre es entscheidend, dass Unternehmen und Anleger keine Verluste auf das Auslandsvermögen erleiden. Nur so könnten zukünftige Generationen an den gegenwärtigen Leistungsbilanzüberschüssen Deutschlands teilhaben. Doch ist genau das Gegenteil der Fall.

Target-Salden

20

Der „Target-2-Saldo" sind die Forderungen bzw. Verbindlichkeiten einer nationalen Zentralbank gegenüber der EZB, die im Zuge der Abwicklung grenzüberschreitender Zahlungen über das Zahlungsverkehrssystem „Target-2" entstehen. Im Zuge der Eurokrise sind die Target-Salden zu einem öffentlich diskutierten Streitpunkt geworden. Denn es geht um überbordende Geldüberweisungen vom Süden in den Norden der Eurozone. Diese entstehen dadurch, dass die EZB den Banken der Krisenländer und ihren Kunden ermöglicht, sich unter Verwendung immer schlechterer Sicherheiten immer mehr Geldmittel von ihren jeweiligen Zentralbanken zu leihen – um damit im Norden Güter zu kaufen oder Geldanlagen zu tätigen.

Bis zur Krise floss billiges privates Geld (z. B. von Banken oder Versicherungen) in die Peripherie-Länder der Eurozone und finanzierte den Geldabfluss aus diesen Ländern nach Deutschland, mit dem hier Güter gekauft wurden. Nach dem Ausbruch der Finanzkrise versiegte der private Kreditstrom aus Deutschland heraus. Die Länder der Peripherie holten sich dann das fehlende Kreditgeld aus der (elektronischen) Notenpresse der eigenen Zentralbanken. So konnten sie weiter Güter aus Deutschland kaufen. Zunehmend haben sie auch Fluchtgeld mit der Notenpresse kompensiert.

► Die deutschen Target-Salden ergeben sich vor allem aus dem Nettoexport von Gütern, der mit frischem Kreditgeld aus den ausländischen Notenbankpressen bezahlt wird.

Die deutschen Geschäftsbanken versuchten das sich wegen der Rückflüsse aufstauende Geld an die Bauherren und die Wirtschaft zu verleihen, was den Investiti-

© Springer Fachmedien Wiesbaden GmbH, ein Teil von Springer Nature 2021
C. Braunschweig, B. Pichler, *Die Kreditgeldwirtschaft*,
https://doi.org/10.1007/978-3-658-31277-0_20

onsboom erklärt. Aber durch den Verleih verschwand das Geld ja nicht, sondern wechselte nur die Konten. Deshalb haben die deutschen Banken das überschüssige Geld bei der Bundesbank angelegt. Geld wurde also im Süden über das Maß hinaus gedruckt, als für die eigene Geldversorgung benötigt wurde. Die deutsche Bundesbank verschuldete sich dadurch immer mehr bei den Geschäftsbanken, um das Geld, das aus den Krisenländern hereinströmte, einzuziehen.

Die Höhe der Target-Salden zeigt somit an, in welchem Umfang das Zentralbankensystem der Eurozone den Krisenländern das Nachdrucken des aus der Peripherie abfließenden Geldes erlaubte. Entsprechend wurde dort mehr und in Deutschland weniger Kredit angeboten, als es ohne diese Politik der Fall gewesen wäre. Der Ersatz der privaten internationalen Kredite durch öffentliche Kredite aus der Notenpresse hat die Friktionen des EU-Kapitalmarktes beschleunigt.

▶   Die Target-Ungleichgewichte sind also Ausdruck des schlechten Funktionierens der Eurozone und ein Zeichen zugrunde liegender makroökonomischer Spannungen in der Eurozone. Sie beruhen darauf, dass die EU-Währungsunion viel zu unterschiedlich strukturierte Volkswirtschaften umfasst.

Die deutschen Geschäftsbanken haben in der Spitze bis über 900 Mrd. EUR zur Deutschen Bundesbank getragen. Dies entsprach dem Volumen, das die Bundesbank den anderen Notenbanken als Kredit gab. Aber statt marktfähiger, gut verzinster Forderungen erhielt Deutschland für seine Exportüberschüsse damit bloß Target-Forderungen. Forderungen, die sich in Luft auflösen, sollte der Euro zerbrechen, und durch die Inflation auch dann teilweise verdampfen, wenn die Dinge weiterlaufen wie bisher. Selbst wenn der Zusammenbruch ausbleibt, macht die EZB-Politik den Sparern, Geschäftsbanken und Lebensversicherern die Zinsen kaputt.

▶   Deutschland als größter Kapitalexporteur der Welt ist zwangsläufig der große Verlierer der Niedrigzinsen.

Die fortgesetzte Kreditierung und die marktunüblich niedrigen Zinsen führen in den Schuldenländern dazu, dass sich die mangelnde Wettbewerbsfähigkeit weiter verfestigen wird. Die fehlende Möglichkeit einer Währungsabwertung zwingt zur sog. inneren Abwertung, die wiederum aus politischen Gründen nicht durchzuhalten ist, sodass die notwendigen Reformmaßnahmen unterbleiben. Die Target-Kredite haben demnach eine Kreditpyramide in den Krisenländern in Gang gesetzt, die sich politisch nicht mehr stoppen lässt, zumal die Krisenländer Deutschland im EZB-Rat leicht überstimmen können.

Es liegt in der Logik des Target-Systems, dass Deutschland gewissermaßen froh sein kann, wenn die Bundesbank ihre Target-Kredite durch Staatspapierkäufe ersetzen kann. Denn diese hoch umstrittenen Käufe lassen die Staatspapiere aus den Krisenländern wieder in die nördlichen Staaten wandern und transportieren somit Geld in den Süden. Dadurch fallen die Target-Salden wieder. Der Target-Kredit wird durch einen offenen Kredit der Notenbanken ersetzt und die Buchforderung der Bundesbank in einen fungiblen Vermögenstitel umgetauscht, der im Gegensatz zur Target-Forderung auch im Falle des Zusammenbruchs der Eurosystems seinen Wert behält. Genau dies war vermutlich das Argument, mit dem die deutsche Bundesregierung von der EZB überzeugt wurde, die Staatspapierkäufe durch die Mitgliedsnotenbanken der Eurozone zu tolerieren – obwohl es sich hierbei ganz eindeutig um eine verdeckte Staatsfinanzierung handelt, die sich eigentlich von selbst verbietet. Noch besser als Staatspapierkäufe durch die EZB ist aus deutscher Sicht ein Staatspapiererwerb durch den dauerhaften Stabilitätsmechanismus ESM. Denn im Gegensatz zum EZB-Rat ist Deutschland im Gouverneursrat des ESM mit einem Stimmenanteil vertreten, der seinem Haftungsanteil in Höhe von 27 % entspricht. Doch nach Lage der Dinge ist davon auszugehen, dass der ökonomisch fatale Rettungsaktionismus der Politik beim ESM nicht haltmacht. Irgendwann wird trotz Hebelung die Kapazität des neuen Rettungsschirmes nicht mehr ausreichen.

Die deutsche Methode, Maschinen und Anlagen gegen Wertpapiere zweifelhafter Bonität zu verkaufen, hat sich nicht bewährt. Deutschland exportiert seine Ersparnisse, um den Krisenländern einen möglichst hohen Konsumstandard zu ermöglichen.

Von Deutschland wird jetzt obendrein sogar gefordert, seinerseits Importe zu stimulieren und den Exportüberschuss schrumpfen zu lassen. Dafür seien deutliche Lohnerhöhungen erforderlich und die Bundesregierung solle ein „Konjunkturpaket" schnüren, um den Konsum der deutschen Verbraucher anzukurbeln. Die zwangsläufige Folge wäre allerdings lediglich eine weitere Erhöhung der bereits zu hohen Staatsverschuldung. Da staatliche Schuldenmacherei letztlich die Ursache der Schulden- und Finanzkrise darstellt, kämen diese geforderten Maßnahmen dem Versuch gleich, dass man Feuer mit Benzin löscht.

Da ein Handelsbilanzüberschuss stets mit einem entsprechenden Kapitalexport verbunden ist, erübrigt sich im Übrigen der Vorwurf, Länder mit Überschüssen lebten auf Kosten der Defizitländer. Die Kritiker der Leistungsbilanzüberschüsse verkennen zwei zentrale Gründe, weshalb manche Staaten mehr exportieren als importieren: zum einen den Aufholprozess der Schwellenländer, die vor allem viele Investitionsgüter nachfragen, zum anderen historisch gewachsene Strukturen einer Volkswirtschaft, die Länder typischerweise zu Anbietern (Deutschland) oder Nachfragern von Investitionsgütern machen. Der Stockfehler der keynesianisch geprägten Mainstream-Ökonomen liegt diesbezüglich darin, dass ihre Erklärung eines Leistungsbilanzdefizits bzw. eines Leistungsbilanzüberschusses einseitig nur auf der Nachfrageseite ansetzt.

▶ Denn es gibt auch angebotsseitige Erklärungen für Leistungsbilanzungleichgewichte. Volkswirtschaften mit einem relativ hohen Investitionsgüteranteil sind prädestiniert dafür, Leistungsbilanzüberschüsse zu erwirtschaften. Dies gilt zum Beispiel für die historisch geprägte Wirtschaftsstruktur Deutschlands mit ihrem hohen Produktionsanteil von Investitionsgütern (Maschinen- und Anlagenbau).

Die Wirtschaftsgeschichte zeigt allerdings, dass eine bestimmte Leistungsbilanzkonstellation (ob nun Überschuss oder Defizit) nicht von Dauer sein muss. In der zweiten Hälfte der neunziger Jahre stagnierten die Investitionstätigkeiten weltweit, die deutsche Leistungsbilanz war sogar im Minus. Doch der asiatische Investitionsboom drehte dann diese Entwicklung.

Der Versuch, die deutschen Leistungsbilanzüberschüsse durch politische Maßnahmen zu „bekämpfen", würde die Effizienz der internationalen Arbeitsteilung beeinträchtigen und darüber hinaus die weltweite Wirtschaftsentwicklung bremsen.

▶ Die ständige Finanzierung von Zahlungsbilanzdefiziten der Krisenländer mit von der EZB geschöpftem Geld vergrößert die Schwemme ungedeckten Geldes und erhöht dadurch das Inflationspotenzial in den Überschussländern. Durch das System der Target-Kredite wird die Schulden- und Transferunion quasi durch die Hintertür, d. h. unter Umgehung der Länderparlamente, eingeführt. Damit setzt sich die Fehlallokation des europäischen Sparkapitals fort, die bereits zur niedrigsten Wachstumsrate der Eurozone im internationalen Vergleich geführt hat.

Der Euro 21

Wilhelm Hankel, Deutschlands wohl bekanntester Währungsökonom, hatte frühzeitig vor der überstürzten Einführung des Euro gewarnt und immer wieder auf die fatalen Folgen hingewiesen. In seinem letzten Buch „Die Eurobombe" heißt es:

> Über tausend Jahre lang versuchte der alte Kontinent vergebens und blutig, sich mit militärischen Mitteln zu vereinigen. Seit dem Ende des Zweiten Weltkrieges versucht er es zum ersten Mal friedlich: kommerziell über das Zusammenwachsen seiner Volkswirtschaften und Märkte. „Gekrönt" werden sollte dieser Integrationsprozess monetär: durch ein gemeinsames Geld – den Euro. Doch was so gut gemeint war, entwickelt sich zum Fiasko. Das gemeinsame Geld der 17 Euro-Staaten, ein Währungsanzug, der für keine der beteiligten Volkswirtschaften in Europa passt – denn für die einen ist er zu eng geschnitten, für die anderen zu weit und locker –, entpuppt sich für beide Seiten der in dieselbe Gelduniform gesteckten Vereinigungskandidaten zum Albtraum. Die einen haben sich mit dem gemeinsamen Geld in den Staatsbankrott gewirtschaftet, denn es war für sie zu leicht und zu billig zu bekommen. Den anderen droht der Verlust ihrer hart und mühsam erarbeiteten Ersparnisse, denn diese werden jetzt gebraucht, um den Euro zu retten: In Wahrheit jedoch, um das in den Bankrottstaaten der Euro-Zone falsch investierte Kapital – vornehmlich eines Finanzsektors, der sich dort mit seinen Euros gründlich verspekuliert hat, zu retten. Die Bürger des vorläufig noch besser dastehenden Nordens der Euro-Zone haben nur noch die Wahl, wie und an wen sie ihr Geld verlieren: an die ihnen früher oder später drohende Inflation samt nachfolgender Währungsreform oder als Steuerzahler über die frisch aus der Taufe gehobenen Euro-„Rettungsfonds", einen „Fiskalpakt" und eine „Bankenunion", die beide nur schlecht kaschierte Umschreibungen für den Griff der EU in die Steuerkasse der Nord-Euro-Staaten und ihre zum Schutz der Spareinlagen gebildeten Bankrückstellungen sind. Den Süd-Staaten der Euro-Zone aber ist auferlegt worden, den Staatsbankrott – finanztechnisch ist er längst eingetreten – dadurch abzuwehren, dass sie trotz Krise (rückläufige Wirtschaftsleistung, sinkende Einkommen) vermehrt sparen. Doch wie und woraus?

© Springer Fachmedien Wiesbaden GmbH, ein Teil von Springer Nature 2021
C. Braunschweig, B. Pichler, *Die Kreditgeldwirtschaft*,
https://doi.org/10.1007/978-3-658-31277-0_21

▶ Als „Stabilitätsunion" wurde die EU-Währungsunion einst von den Politikern der Bevölkerung angepriesen. Inzwischen wurde sie de facto über eine Haftungs- und Schuldengemeinschaft zu einer Transferunion: Deutschland wird so zum Kreditgeber der letzten Instanz für ein Europa, das chronisch auf Pump finanziert ist. Diese Transferunion wird durch die Umfunktionierung der Ersparnisse der Deutschen, Österreicher und Niederländer künstlich am Leben gehalten – sozusagen mit allen nur erdenklichen Tricks und Kniffen, mit Adrenalinspritzen und Elektroschocks. Recht und Gesetz spielen längst keine Rolle mehr. Die „Euro-Rettungspakete" sind nur Konkursverschleppung.

Leidtragende sind die deutschen Steuerzahler, die dauerhaft Transferzahlungen leisten müssen, ohne dass sich dadurch die Lage ändert – sowie die Sparer, die durch die Nullzins-Politik still enteignet werden – und so ihre Altersvorsorge verlieren.

Regierung und Bundestag gehen monströse Verpflichtungen ein, ohne über die letztendlichen Kosten überhaupt nachzudenken. Der ESM (Europäischer Stabilitätsmechanismus) ermöglicht am Ende den unbegrenzten Zugriff auf die nationalen Haushalte. Der letzte verbliebene Bereich nationaler Souveränität, das Haushaltsrecht (und im Ergebnis auch das Grundgesetz), wird damit ausgehebelt. Über die Politik in den einzelnen Ländern der EU-Währungsunion entscheiden willkürlich EU-Funktionäre, die demokratisch nicht kontrollierbar und rechtlich nicht belangbar sind.

▶ Wir befinden uns mitten im Prozess, dass der Euro-Raum gewaltsam zu einer zentral gelenkten und verwalteten Wirtschaft zusammengeschweißt wird. In den Euro-Krisenländern kommt es zwangsläufig zu Rezession, Verarmung und politischen Krisen, während Deutschland Euro-Rettungsmaßnahmen befürwortet, die es sich auf Dauer gar nicht leisten kann. Es drohen enorme Forderungsausfälle und die Gelddruckorgien der EZB sind das Vorspiel der kommenden Geldentwertung.

Thomas Hoof, Inhaber vom *manuscriptum*-Verlag kommentiert treffend:

Was derzeit kurz vor dem Showdown, von den Akteuren des Schauspiels Rettung der Finanzmärkte dargeboten wird, folgt noch dem Strickmuster einer klassischen Gaunerkomödie und hat auch deren Unterhaltungswert: Da gibt der größte Bankrotteur (die schuldtilgungsunfähige Staaten) mit nobler Geste Patronatserklärungen für die gleichfalls völlig bankrotten Banken ab und verteilt dazu Mittel, die er sich von eben diesen Banken leihen wird. Die dabei zur Sprache kommenden Summen reichen in

Zahlenräume, in denen bis vor kurzem allein die Astronomen heimisch waren. In der monetären Alchemistenküche haben offenbar neben den bekannten auch besonders innovative Transmutationen stattgefunden: Aus Gold wurde Papiergeld, aus Papiergeld Buchgeld das, einen nigromantischen Kunstgriff später, Schaumgeld wurde und sich wundersam vermehrte zu Derivaten und Derivaten-Derivaten. Die Rollenverteilung in der Gaunerkomödie – mit dem Staat als tadelnden Retter, die Banken als reuige Sünder, dem Markt als entsprungene Bestie, das ist schon eine dreiste Camouflage: Denn es waren die Staaten, die in Kumpanei mit der Finanzindustrie diesen Schneeball ins Rollen brachten, die Scheingeldmassen sauber wuschen und umlauffähig machten.

Der Autor Marc Friedrich sagte in einem Interview:

Es ist klar, dass die EZB in purer Verzweiflung sehr teuer Zeit erkauft, um das Geldkarussell weiter am Laufen zu halten – alles auf Kosten der Bürger. … Der Wahnsinn der EZB geht weiter, es ist eine Insolvenzverschleppung par excellence, um vor allem die südlichen Staaten Europas und Draghis Heimatland Italien zu retten. … Durch die Fortsetzung des Nullzinses enteignet sie die Bürger. Die Altersvorsorge schwindet weiter – Altersarmut. Die weiteren 30 Milliarden, mit denen Draghi 2018 Staatsanleihen kaufen will, kommen tatsächlich aus dem Nichts, werden ganz einfach gedruckt. Da wird irgendwann ein Tsunami auf uns zukommen. Dann sind die Notenbanken definitiv ohne Waffen. Der Euro hat Krebs im Endstadium.

Ein Blick nach Japan zeigt, dass durch die nicht enden wollenden keynesianischen Gelddruckorgien und Bail-outs im Endeffekt nur „Zombie-Banken" künstlich am Leben gehalten werden und die gesamte Unternehmensstruktur des Landes nach und nach infiziert wird. Das Ergebnis ist die ökonomische und politische Versumpfung einer führenden Industrienation. Schuldenfinanzierte Bail-outs, Missallokation von Ressourcen und Finanzmitteln wegen permanenter Geldschöpfung sowie künstlich niedrige Zinsen haben inzwischen große Teile der japanischen Wirtschaft in eine Sklerose bzw. fast an den Rand des Ruins geführt. Das Ergebnis dieser keynesianisch vergifteten Politik ist das Absinken in eine permanente Stagflation, die dazu führt, dass man inzwischen von einem verlorenen Jahrzehnt Japans spricht. Genau wie in Japan fördert auch die EU-Rettungspolitik eine Art Negativ-Selektion: Finanzielle Ressourcen werden aus politischen Gründen an die Banken und in die Krisenländer gepumpt, also weg von den Effizienz steigernden Investitionsmöglichkeiten im produktiven Kern Europas. Die dadurch verzerrte Anreizstruktur wird auf Dauer auch in der Eurozone zu einer Infizierung des bisher noch gesunden Kerns führen.

Für Griechenland wäre alles andere als ein Austritt aus der EU-Währungsunion letztlich absolut selbstschädigend: Bislang hat das Land etwa sechs Prozent innere Abwertung zu verzeichnen, laut Expertenmeinung müsste es aber noch um mindestens 20 % abwerten, um innerhalb der Eurozone wettbewerbsfähig zu sein. So liegt der Stundenlohn in Rumänien und Bulgarien zwischen drei und vier, in der Türkei bei fünf bis sechs Euro, in Griechenland aber bei 14 bis 15 EUR pro Stunde. Deshalb liegt der einzige Ausweg Griechenlands im Austritt aus der Eurozone. Selbst Frankreich gehört eigentlich nicht in die Eurozone, weil es aufgrund seiner enorm hohen Staatsquote von 57 % indirekt zu den gestützten Staaten gehört. Daher suchen die Franzosen ihr Heil in der Fiskal- und Schuldenunion – vor allem zulasten des deutschen Steuerzahlers.

▶ Scheitert der Euro, dann scheitert nicht Europa, sondern nur ein unverantwortliches Experiment. Rund 60 % der Bürger Europas bezahlen nicht mit dem Euro, und gerade jene Länder haben sich, gemessen an Wirtschaftswachstum und Beschäftigung, seit Beginn der EU-Währungsunion besser entwickelt als die Eurozone.

Während der deutsche Lebensstandard seit Einführung des Euros kaum noch wuchs, der erzielte Produktivitätsfortschritt also nicht mehr in Form steigender Realeinkommen als „Sozialdividende" (Wilhelm Hankel) der Bevölkerung zugutekam, ist im gleichen Zeitraum der Wohlstand pro Kopf in der Schweiz um mehr als das Doppelte gestiegen – bei ähnlicher Produktivität.

Wilhelm Hankel:

Doch die bei Weitem schlimmste und explosivste aller Euro-Lügen lautet: Wir retten den Euro inflationsfrei über die Notenpresse, obwohl es sich nur um das vom Finanzsektor in den Krisenländern falsch und spekulativ investierte Kapital handelt – die Vermeidung von längst fälligen Bankpleiten und Staatsbankrotten! Den Euro-Rettern ist es gelungen, den alten Kontinent in seine größte Katastrophe seit dem Zweiten Weltkrieg zu stürzen.

Lösungsmodelle für die Schulden- und Eurokrise

Begrifflich ist es Unsinn, von „Eurokrise" zu sprechen. Selbstverständlich kann der Wertmaßstab Euro genauso wenig in eine Krise geraten wie zum Beispiel das Entfernungsmaß „Kilometer". Ein Kilometer ist immer ein Kilometer, genauso ist ein Euro immer ein Euro. Gemeint ist selbstverständlich etwas anderes: So unterschiedliche Volkswirtschaften wie Deutschland und Griechenland unter die gleiche Währung zu pressen, wird am langen Ende zum Scheitern der Währung führen. Vorher droht jedoch die konkrete Gefahr, dass im gesamten Euro-Währungsgebiet ein enormer volkswirtschaftlicher und auch politischer Schaden angerichtet wird.

Der Euro droht Europa zu sprengen, statt es zu integrieren. Deshalb sind Lösungen dringend gefragt. Realistisch kann die Euro-Krise nur durch die Einführung eines *Parallelwährungssystems* gelöst werden. Gleichzeitig muss wegen der Schuldenproblematik ein geregeltes, transparentes *Staatsinsolvenzverfahren* eingeführt werden, das über die bisherigen Regelungen hinausgeht.

Parallelwährungssysteme

Von Wilhelm Hankel stammt das Parallelwährungssystem „Euro-plus":

Die Regierungen legen dem Euro, einer nach wie vor fortbestehenden Umlaufwährung, die Funktionen des früheren ECU bei: Er ist als Währung zugleich Recheneinheit und Wechselkursbezugsbasis der neben ihm wieder eingeführten und umlaufenden nationalen Währungen. In diesem Modell „Euro-plus" (des parallelen oder föderativen Euro) ist die Veränderung der Wechselkurse ein eingebauter und quasi automatisch funktionierender Bestandteil. Die Inflationspolitik eines Landes führt zur nominalen Abwertung seiner Währung – über den Euro zu den anderen Währungen. Bereits wenn der Markt diese Abwertung im Voraus anzeigt, stellt die

© Springer Fachmedien Wiesbaden GmbH, ein Teil von Springer Nature 2021
C. Braunschweig, B. Pichler, *Die Kreditgeldwirtschaft*,
https://doi.org/10.1007/978-3-658-31277-0_22

EZB ihre Ankäufe in dieser Währung ein. Ein Übergreifen derartiger Abwertungs-
tendenzen auf den Euro ist nicht zu befürchten – denn er wertet durch diese markt-
technisch auf, nicht ab.

Eine Verletzung dieser Regel durch die EZB ist auch nicht zu befürchten. Denn
sie würde eine abwertungsbedrohte Währung stützen und so ihr Euro-Geldangebot
über Gebühr ausweiten; damit würde sie ihre systembeherrschende Stellung aufs
Spiel setzen. Bildet sich neben *ihrem* Euro eine noch stärkere Währung, wie im
ECU-Standard des früheren EWS die D-Mark, würde der Euro früher oder später
seine Leit- und Sparwährungsfunktion verlieren. Sein Wertverlust würde zum
Funktionsverlust für die EZB. Die EZB steht also sowohl unter Marktdruck wie
unter Systemzwang.

In Europa entstünde ein Währungssystem der Gleichen ohne Herrschaftsansprü-
che einer Währung, einer Zentralbank oder eines Landes.

Ein parallel zu den nationalen Währungen umlaufender Euro würde nämlich
beides, Währungsstabilität und Währungsdemokratie, in Europa zusätzlich veran-
kern und festigen. Inflationsgefahren werden, wenn sie von nationalen Zentralbanken ausgehen, mit der Abwertung der entsprechenden Landeswährung *bestraft:*
rasch und effektiv. Die Möglichkeit, dass diese Inflationsgefahr von der EZB ausgeht, würde im Euro-Parallelwährungsstandard wegfallen, denn dessen Stabilitäts-
bremsen an der Gelddruckmaschine greifen, wie gesagt, doppelt: bei der Geld- und
bei der Wechselkurspolitik.

Grundsätzlich kann die EZB nur Euros in Umlauf bringen, wenn sie bereits
vorhandenes nationales Geld ankauft und mit ihren neuen Euros bezahlt. Im Normalfall, wenn die EZB nicht intervenieren muss, bleibt die im Euro-Raum zirkulie-
rende Geldmenge also gleich. Erst wenn die EZB – im Zusammenwirken mit und
auf Antrag der jeweiligen nationalen Zentralbank – aktive Stabilitäts- oder Konjunkturpolitik betreibt, weicht sie von dieser Regel ab. Bei Inflationsgefahr zieht
sie nationales Geld ein, bei konjunktureller Flaute kann sie ggf. ihr Euro-
Geldangebot ausweiten.

Die neue EZB gerät automatisch, wie eine nationale Zentralbank, im neuen
Euro-Parallelgeldstandard unter doppelten Handlungsdruck und -zwang: Sowohl
der Währungswettbewerb zwingt sie zum Handeln als auch die Funktion des Euro
als Europas Wechselkursbezugsbasis und Recheneinheit. Letzteres schreibt ihr
wechselkurspolitisches Handeln vor.

Und ganz wichtig:

▸   Europa erhält durch den föderalen Euro („Euro-plus") das monetäre Pendant
      zu seiner föderalen politischen Struktur – und (!) es erhält einen goldstandar-

dähnlichen Stabilitätsautomatismus: Weicht eine nationale Währung auf, wird der Euro zum attraktiven und sicheren Anlagehafen. Die Flucht aus dieser Währung in den sicheren Euro zwingt die Politik des Landes früher oder später zur Rückkehr auf den Stabilitätspfad – mit oder ohne eine vorgeschaltete Wechselkurskorrektur. Die EZB trägt nicht mehr dazu bei, eine verfehlte, Schuldenlöcher aufreißende und vergrößernde Politik zu ermuntern und mit Geldschöpfung zu alimentieren.

Unter diesen Bedingungen hält kein Euro-Land seine Abkehr von der (systemimmanent angelegten) Währungsstabilität durch. Zugleich stellt dieses Modell jedem Euro-Land mit dem stets offenen Währungskursventil sowohl die Warnlampe als auch ein starkes Instrument zur Verfügung, mit dem es sich auftuende Ungleichgewichte, sei es im Staatshaushalt, in der Leistungsbilanz oder beidem, rechtzeitig erkennen und bekämpfen kann.

Das „Fluchtgeld" bleibt in Europa und geht Europas wirtschaftlichen Realsektoren weder in *totem* Kapital noch im Ausland verloren.

Und gerät der Euro selbst durch die Härte anderer Währungen in einen Abwärtssog, zwingt ihn der Währungswettbewerb zur Selbsthärtung. Die EZB kann gar nicht anders handeln; sie hat keine andere Wahl, als mit den anderen Hartwährungen gleichzuziehen.

Die EZB erhält somit eine neue und ihr weitaus besser stehende Rolle: Sie wird zur exklusiven Bank der europäischen Zentralbanken, zur *BIZ Europas,* und gibt ihre alte Funktion als Bank der Banken für ganz Europa wieder an die nationalen Zentralbanken zurück.

Mit dieser „föderalen Währungsverfassung" stellt Europa nicht nur die Einheit mit seiner politischen Verfassung und Realität wieder her. Europa gewinnt ein monetäres Instrumentarium, das aufgabengerecht und effizient ist.

Das „Hart-Euro-Lösungsmodell" von Ulrich van Suntum:

Im Unterschied zum „Euro-plus-Lösungsmodell" sieht das „Hart-Euro-Lösungsmodell" von Ulrich van Suntum vor, dass – angelehnt an das damalige System der Goldmark – eine wertstabile Parallelwährung als reine Buchwährung zusätzlich zum normalen Euro geschaffen wird, die nationalen Währungen also nicht „wiederauferstehen".

Die Überschuss-Länder (Deutschland, Österreich, Niederlande) könnten autonom eine wertstabile Parallelwährung („Hart-Euro") einführen, indem sie ihre neue Währung an die nationalen Inflationsraten koppeln. Der Umtauschkurs gegenüber dem Euro würde zu Beginn 1:1 betragen, im Zeitverlauf allerdings mit der jeweiligen Inflationsrate ansteigen. Der nationale „Hart-Euro" wäre eine absolut wertstabile Index-Währung, die als Wertaufbewahrungsmittel und zunehmend auch als Recheneinheit z. B. für Tarifverträge und andere langfristige Geschäfte dienen würde. Indem in Deutschland, Österreich und den Niederlanden die nationalen Zentralbanken den jederzeitigen An- und Verkauf des „Hart-Euro" zu diesem Kurs garantieren, legen sie auch die Kurse ihrer Hartwährungen untereinander faktisch fest. Die Kurse der Hartwährungen würden automatisch den Inflationsdifferenzen (in Euro berechnet) entsprechen, ohne dass es diesbezüglich weiterer Absprachen bedürfte. Auch wäre ein starker Anstieg des Wechselkurses des „Hart-Euro" mit entsprechenden Exporteinbrüchen, wie es im Falle der Einführung einer frei floatenden D-Mark bzw. eines frei floatenden Schillings befürchtet wird, kaum möglich. Im Notfall könnten die nationalen Zentralbanken gegen solche Übertreibungen am Devisenmarkt intervenieren, so wie sie es im europäischen Währungssystem vor Einführung des Euro getan haben.

Ein weiterer Vorteil würde darin bestehen, dass niemand zum Währungsumtausch oder zur Verwendung der neuen Währung gezwungen würde. Deshalb käme es auch nicht zur Kapitalflucht oder ungewollten Bilanzverlusten. Weil der Euro alleiniges Barzahlungsmittel in der gesamten Währungsunion bliebe, würden auch kurzfristige Liquiditätsanlagen (Giro- und Termingelder) weiterhin auf Euro lauten. Längerfristige Spareinlagen könnten und würden jedoch überwiegend in nationale „Hart-Euro" umgetauscht werden, um sich so vor Inflation und finanzieller Repression (Guthabenzinsen unterhalb der Inflationsrate) zu schützen. Der Hauptvorteil solcher nationaler „Hart-Euro-Parallelwährungen" wäre, dass die Defizit-Länder im normalen Euro bleiben und diesen *inflationieren* könnten. Mit dieser Entwertung des Euro verbessert sich ihre Wettbewerbsfähigkeit, ohne dass sie den harten Weg der inneren Abwertung gehen müssen, der für die normale Bevölkerung unzumutbare soziale Härten mit sich bringt, wie sich z. B. in Griechenland deutlich zeigt.

Zugleich steigt der Kurs der nationalen „Hart-Euro-Währungen" entsprechend, sodass die darin angelegten Ersparnisse der Bürger wertstabil bleiben. Nach und nach würden die Gehälter und Löhne sowie längerfristige Verträge wie Mieten, Pachten und dergleichen in „Hart-Euro" festgelegt werden, da sonst Einbußen im Realeinkommen entstehen würden. Der nationale „Hart-Euro" würde sich also dann auch als Vertragswährung durchsetzen. Das wäre hinsichtlich der Wettbewerbsfähigkeit der Exportwirtschaft nicht problematisch, weil ja die neue Währung immer nur im Ausmaß der Inflationsrate gegenüber dem normalen Euro aufwertet. Wenn die Krisenländer Nutzen aus der Inflationierung des normalen Euros ziehen wollen, dann dürfen sie keinesfalls ihre Löhne auf „Hart-Euro" umstellen. Das ist immerhin leichter als im Falle einer – derzeit stattfindenden – inneren Abwertung, wie die katastrophale Situation der Arbeitsmärkte der Krisenländer zeigt.

Die Sparer in Deutschland und Österreich müssten sich keine Sorgen mehr über die Wertstabilität ihrer Ersparnisse bzw. Geldanlagen machen. Umgekehrt müssten sie allerdings Verluste ihrer nationalen Zentralbank akzeptieren. Denn diese tauscht ja wertstabile „Hart-Euro" gegen wertinstabile Euro ein und muss daher im Laufe der Zeit entsprechende Abschreibungen in ihrer Bilanz vornehmen. Dennoch bliebe ein Nettovorteil, denn die Notenbankverluste werden nach dem Kapitalanteilsschlüssel der EZB auf alle Euroländer verteilt. Den Krisenländern wird aber die Möglichkeit einer *De-facto*-Währungsabwertung geboten.

Eine Ausweitung der Geldmenge findet auch bei diesem Lösungsmodell nicht statt, denn die „Hart-Euros" werden ja nur im Austausch gegen normale Euros herausgegeben. Im Prinzip könnte ein solches Parallelwährungssystem dauerhaft bestehen bleiben. Es ist aber davon auszugehen, dass auf Dauer der Wunsch nach einem einheitlichen Landesgeld zunehmen wird. Im Laufe der Zeit würde sich der „Hart-Euro" auch bei den Barzahlungen durchsetzen und somit den normalen Euro verdrängen. Die Krisenländer behielten dagegen den normalen Euro als schwächere Währung. Auch Frankreich könnte selbst entscheiden, ob es einen nationalen „Hart-Euro" einführen will. Eine gemeinsame Zentralbank der „Hartwährungsländer" (ähnlich der EZB) würde es nicht geben, ebenso wenig eine Eintritts- oder Austrittsproblematik. Vielmehr funktioniert der Wechselkursmechanismus in einem System inflationsindexierter Währungen automatisch – ähnlich wie im früheren Goldstandard. Die EZB verlöre wiederum ihren Einfluss auf die Hartwährungsländer, während diese untereinander als Währungsblock zusammenarbeiten würden. Dadurch würden sich auch die künstlich gedrückten Zinsen wieder marktgerecht bewegen und differenzieren können. Das Vertrauen der Anleger und Investoren würde wieder wachsen und somit die Investitionstätigkeit ansteigen.

► Der politische Vorteil dieses Lösungsmodells liegt vor allem darin, dass es auch gegen den Willen der Krisenländer durchgesetzt werden kann. Denn für die Einführung einer inflationsgeschützten Geldanlage etwa durch die Deutsche Bundesbank braucht diese nicht die Zustimmung der EZB oder der europäischen Finanzminister, ja nicht einmal der Bundesregierung. Es wäre damit die ökonomisch und politisch „niedrigschwelligste Möglichkeit", der Eurozone die dringend benötigte Flexibilität wiederzugeben, die sie durch die EU-Währungsunion verloren hat.

Geregeltes Staatsinsolvenzverfahren

Zumindest im Fall Griechenland ist davon auszugehen, dass jegliche Lösung der Schulden- und Eurokrise einer vorgeschalteten Staatsinsolvenz bedarf. Die längst überfällige Einführung eines geregelten Insolvenzverfahrens innerhalb der EU-Währungsunion, das eine Perspektive für die Zahlungsfähigkeit auch eines größeren Eurolandes aufzeigt (ohne dass eine Kernschmelze des Finanzsystems droht), ist die Grundlage eines Neuanfangs, der sinnvollerweise mit der Einführung eines Parallelwährungssystems kombiniert werden sollte.

Das künftige Insolvenzverfahren für Eurostaaten wird zwar heute schon in allen Einzelheiten definiert und im ESM-Vertrag festgeschrieben. Es fehlt aber eine vertragliche Übergangsbestimmung, die das Inkrafttreten des Verfahrens sinnvollerweise auf einen zukünftigen Zeitpunkt verschiebt, also einen zeitlichen Puffer einbaut. Damit wird einerseits ein Schock für die Märkte in der Gegenwart vermieden, andererseits aber eine gangbare Brücke in die Zukunft errichtet.

Der Aufbau eines transparenten Insolvenzverfahrens, wie es Clemens Fuest, Friedrich Heinemann und Christoph Schröder beschrieben haben, soll einerseits den privaten Gläubigern die wesentliche Last des notwendigen Schuldenschnitts auferlegen (statt den Steuerzahlern), andererseits die Investoren risikobewusst und wachsam in Bezug auf die Bonität von Eurostaaten machen. Gemäß einer Übergangsklausel sollte ein Insolvenzverfahren dann automatisch in Kraft treten, wenn der durchschnittliche Schuldenstand der Eurozone eine bestimmte kritische Marke – zum Beispiel 80 % vom BIP – unterschreitet. Zurzeit beträgt der durchschnittliche Schuldenstand etwa 92 %. Diese Regel hat den Sinn, die Insolvenzordnung in einem freundlichen Marktumfeld wirksam werden zu lassen, nämlich wenn die Schuldenstände sinken. In einem solchen Umfeld ist eine Destabilisierung durch das neue System unwahrscheinlich. Selbstverständlich muss die Übergangsregelung mit einer Frist für den spätesten Zeitpunkt des Übergangs kombiniert werden. Ansonsten bestände die Gefahr, dass das Inkrafttreten durch einen bewussten Nichtabbau der Schulden unmöglich gemacht wird.

Mit sofortiger Wirksamkeit sind den Euroländern verbindliche Vorgaben für längere Laufzeiten ihrer neu begebenen Staatsanleihen zu machen. Längere Laufzeiten machen ein Land robuster gegen spekulative Angriffe und vermindern darüber hinaus den Bedarf zukünftiger Hilfskredite.

Weiterhin sollten ab sofort neu emittierte Anleihen mit verbesserten „Collective-Action-Klauseln" versehen werden. Diese Klauseln sollen die Verhandlungen mit den Gläubigern im Fall einer Umschuldung erleichtern und sind mit dem ESM-Vertrag schon Pflicht geworden. Allerdings geben sie den Gläubigern einer einzelnen Anleihe noch zu viel Macht und Erpressungspotenzial bei Umschuldungsverhandlungen.

Zu den sofort durchzuführenden Maßnahmen gehört aber vor allem ein allmähliches Auslaufen aller Privilegien für staatliche Kreditnehmer in der Finanzregulierung. Dass Kredite an Euroländer bei der Berechnung des (notwendigen) Eigenkapitals der Banken als risikolos gelten, muss aufhören. Vorschriften für Großkredite, die Klumpen-Risiken vermeiden sollen, müssen auch für Forderungen gegen Staaten gelten.

Die Banken müssen deutlich mehr haftendes Eigenkapital als bisher vorhalten. Ganz wichtig ist auch, dass die Banken nur noch wenig Mittel in Staatsanleihen ihrer Länder investieren dürfen.

Grundsätzlich sollten ESM-Hilfen weiterhin verfügbar bleiben, aber nur um vorübergehende Liquiditätsprobleme zu überbrücken. Versagt sich ein Euroland der Insolvenzordnung, verliert es automatisch den Zugang zu den Hilfskrediten. Ein Schuldenschnitt darf die Schuldenquote nicht unter die 60-Prozent-Grenze bringen. Diese Vorschrift dient als Anker für die Verlusterwartungen der Investoren. Im Fall der Insolvenz ist damit der maximale Verlust auf den Abstand der Schuldenquote zur 60-Prozent-Marke begrenzt. Dies beschränkt einerseits das Risiko, dass die Zahlungsprobleme eines Landes zur Flucht aus den Anleihen führen; andererseits zeigt diese Vorgabe potenziellen Investoren, bei Euroländern mit einer Schuldenquote über 60 % sehr genau die Bonität zu prüfen.

Weil der Eintritt der Staatsüberschuldung anhand jeglicher Kennziffern und sonstiger Indikatoren kaum zweifelsfrei definiert werden kann, käme auch folgende Variante der Vorgehensweise infrage:

Im Fall der Insolvenz hat jedes Land das Recht auf eine zeitlich streng begrenzte Schutzperiode durch ESM-Kredite. Im Unterschied zur heutigen Situation ist der Zugang zur Finanzierung des Krisenfonds somit zeitlich streng limitiert. Nach Ablauf der Schutzperiode kann das Land entweder an den Kapitalmarkt zurückkehren und zu akzeptablen Konditionen Kapital aufnehmen, oder es greift das Insolvenzverfahren. Die Sorge, dass ein Land dadurch einen leichten Weg aus seinen Schulden finden will, ist nicht begründet. Denn der Weg in das geordnete Insolvenzverfahren ist nur offen im Rahmen einer ESM-Kreditperiode mit all ihren Auflagen und Autonomieverlusten. Weiterhin ist davon auszugehen, dass der ESM-Krisenfonds die Moderation der Verhandlungen zwischen Gläubiger und Schuldnern übernimmt und ein eigenes Vetorecht hat. Mit Beginn der Umschuldungsverhandlungen gilt zunächst ein Zahlungsmoratorium für Verbindlichkeiten des betreffenden Landes, um die Gleichbehandlung der Gläubiger sicherzustellen. Außerdem stellt der ESM dem überschuldeten Staat eine Zwischenfinanzierung zur Verfügung, um die staatlichen Funktionen aufrechtzuerhalten. Diese Zwischenfinanzierung stellt eine bevorrechtigte Forderung dar. Der Krisenfonds übernimmt darüber hinaus eine Aufsichtsratsfunktion.

Ein derart geregeltes und transparentes Staatsinsolvenzverfahren ist auf jeden Fall ein demokratischeres Verfahren als die verdeckte Haftung und Inanspruchnahme des Steuerzahlers.

Die politische Chance zur Durchsetzung eines solchen Verfahrens ist wegen der Vermeidung von Schockwirkungen aufgrund der zeitlich verzögerten Wirksamkeit durchaus positiv einzuschätzen.

Der Risikomanager und Buchautor Markus Krall schlägt zur Lösung der Überschuldungsproblematik die Wiederherstellung der Kreditwürdigkeit der Euro-Staaten durch einen Debt-for-Equity-Swap vor:

> Eine noch nicht betrachtete Option ist die besicherte Übernahme von staatlichen Verbindlichkeiten durch eine gemeinsame europäische Schulden- und Privatisierungstreuhand, die gleichzeitig mit der Übernahme der Schulden oberhalb der Maastricht-Grenze von 60 % des Bruttosozialprodukts Eigentümerin aller privatisierbaren Vermögenswerte der betroffenen Mitgliedsstaaten wird. Diese Treuhandgesellschaft sollte privatwirtschaftlich organisiert und auch so geführt werden. ... Erfolg wird nur gemessen am erzielten Privatisierungswert.

Diese vorgeschlagene Art von „Treuhand-Lösung" müsste allerdings im Detail noch konkreter ausgearbeitet werden, um sie überhaupt beurteilen zu können.

Fed und IWF

1910 trafen sich sieben Banker unter absoluter Geheimhaltung auf einer Insel vor der Küste Georgias (USA). Sie bereiteten einen Gesetzentwurf vor, der einer privaten Bank das nationale Monopol zur Emission des gesetzlichen Geldes (Dollars) in den USA übertragen sollte. Der republikanische Präsident William Howard Taft hätte ein solches Gesetz nie unterschrieben. Die Banker unterstützten deshalb den demokratischen Präsidentschaftskandidaten Woodrow Wilson mit gewaltigen Geldsummen. Die Rechnung ging auf. 1912 wurde Wilson gewählt. Einige Tage vor Weihnachten mussten die Abgeordneten mit ihren Kutschen und Pferden in ihrer Heimat aufbrechen. Zwei Tage vor Heiligabend wurde der Gesetzentwurf in einer fast leeren Sitzung verabschiedet und nur wenige Stunden später von Präsident Wilson unterschrieben. Die amerikanische Nationalbank war errichtet. Diese Bank nennt sich heute „Federal Reserve" (kurz Fed).

Mit seiner Unterschrift unter den *Federal Reserve Act* übergab Präsident Wilson die Geldversorgung in den Vereinigten Staaten einer Gruppe von privaten Bankern. Die Fed setzt sich aus 12 regionalen „Federal Reserve Banks" zusammen. Anteilseigner dieser 12 regionalen Notenbanken sind private Geschäftsbanken, die sogenannten *Mitgliedsbanken*. Diese *Mitgliedsbanken* sind dem Wert ihrer Anteile nach Eigentümer der Fed. Die Namen der Eigentümer dieser *Mitgliedsbanken* sind offiziell nicht bekannt. Dem Vernehmen nach soll es sich um ein Kartell von acht Finanzdynastien handeln, die einen hohen Grad an wirtschaftlicher und finanzieller Konzentration widerspiegeln. Gary Kah nennt folgende Namen: Rothschilds Banks of London and Berlin, Lazard Brothers Bank of Paris, Israel Moses Seif Banks of Italy, Warburg Bank of Hamburg and Amsterdam, Lehman Brothers of New York, Kuhn Loeb Bank of New York, Chase Manhattan Bank, Goldman Sachs of New York.

© Springer Fachmedien Wiesbaden GmbH, ein Teil von Springer Nature 2021
C. Braunschweig, B. Pichler, *Die Kreditgeldwirtschaft*,
https://doi.org/10.1007/978-3-658-31277-0_23

Die Fed druckt für die US-Regierung das Geld und erhält dafür vom Staat nicht nur Kosten und Gebühren, sondern vor allem Zinsen. Außerdem bewahrt sie die Goldreserven auf – vermutlich als Pfand für den Druck der Banknoten.

Die Fed entstand ursprünglich nicht, um leere Staatskassen zu füllen, wie in England die Bank of England, sondern – so die offizielle Lesart – um nach der Wall-Street-Panik von 1907 weitere Finanzkrisen zu verhindern. In Wahrheit ging es wohl um etwas anderes: Der amerikanische Staat ist bei der Fed (automatisch) so hoch verschuldet, dass er eigentlich handlungsunfähig ist – es sei denn, die Fed produziert auch weiterhin das Geld, das der Staat benötigt, um seine gewaltigen Ausgaben für Rüstung und Krieg sowie Sozialprogramme zu bestreiten. Das tut die Fed immer dann, wenn die US-Regierung ihre Vorgaben erfüllt.

Die Fed ist also so mächtig, dass weder die Regierung der Vereinigten Staaten noch der Kongress oder das Repräsentantenhaus ein Recht haben, in ihre Bücher zu schauen. Abraham Lincoln wollte sich nicht bei dem Bankenkartell verschulden und keine Schuldzinsen an diese zahlen. Den Bürgerkrieg 1862–1865 finanzierte er mit „Scrips", die er „Greenbacks" nannte. Der Historiker William F. Engdahl berichtet, dass alle Beweise, die über die Ermordung von Lincoln vorliegen, auf die Banker der Londoner City und das Haus Rothschild hindeuten: Der Mordanschlag von John Wilkes Booth sei von Judah Benjamin finanziert worden. Dieser flüchtete nach Großbritannien, erhielt dort Asyl und lebte bis zu seinem Tod unbehelligt und in Wohlstand in London.

Der letzte US-Präsident, der die Fed entmachten wollte, war John F. Kennedy. Am 4. Juni 1963 hatte er den Executive Order No. 11110 unterzeichnet – eine Verordnung, die es der US-Regierung ermöglichte, eigenes, durch Silber gedecktes Geld (United State Notes) herauszugeben, statt Zinsen an die Fed zu zahlen. Kennedys Nachfolger, Lyndon B. Johnson, hatte dann in seiner ersten Amtshandlung diese Executive Order No. 11110 ausgesetzt. Und seither hat kein US-Präsident mehr die Macht der Fed angetastet.

Die heutige „Rettungspolitik" der Notenbanken im Rahmen der Schulden- und Finanzkrise ähnelt mehr einer fiskalischen Kreditbeschaffung für die Regierungen als einer Geldpolitik – ganz zu schweigen vom Ankauf von Staatsanleihen in Billionenhöhe. Mit dieser faktischen Monetarisierung der exorbitanten Staatsschulden kuriert die Fed nur an Symptomen und „hilft" der Politik, die notwendigen, aber schmerzhaften Lösungsmaßnahmen weiter hinauszuschieben. So hat die Fed zuerst die politisch induzierte Immobilienblase angefeuert und dann während der Finanzkrise die großen Geldhäuser (mit Ausnahme von *Lehman Brothers*) herausgepaukt. Durch diesen „Raubzug" wanderten zig Milliarden Dollar von den Bürgern in die Hände der Hochfinanz.

Laurence White hat die „Leistungen" der Fed rein auf dem Gebiet der Geldpolitik in vier Punkten zusammengefasst:

- Erstens habe die Fed die Inflation dramatisch gesteigert – verglichen mit der Vor-Fed-Zeit. Ein Warenkorb, der 1879 für 100 US zu haben war, kostete 1914 nur 99,95 US. Der gleiche Warenkorb, 1963 für 100 US gekauft, kostet heute über 800 US.
- Zweitens habe die Fed die Unsicherheit über das künftige Preisniveau erhöht. Daher seien sehr langfristige Unternehmensanleihen fast völlig vom Markt verschwunden.
- Drittens habe die Fed die Konjunktur-Schwankungen verstärkt. Die Schwankungen der gesamtwirtschaftlichen Produktion waren mit der Fed viel ausgeprägter als in der Vor-Fed-Zeit – und dies, obwohl die stärker diversifizierte Wirtschaft kleinere Schwankungen erwarten ließ.
- Viertens habe die Fed die Arbeitslosigkeit keinesfalls verringert, sondern eher erhöht.

Der frühere Harvard-Professor Terry Burnham: Die Politik der Fed hat zwei negative Konsequenzen: Zum einen verzerrt die Fed den Markt und verursacht dadurch Fehlinvestitionen. Zum anderen ist die Fed ein „umgekehrter Robin Hood": Sie nimmt von den Armen und gibt den Reichen sowie denen, die gute Beziehungen haben.

Milton Friedman formulierte: „Keine größere Institution in den Vereinigten Staaten hat für eine so schlechte Leistung für eine so lange Zeit, aber zugleich eine so große öffentliche Reputation."

Doch in den USA dominiert die Fed mit ihrem riesigen Netzwerk von Beratern, Dozenten, Schülern und angestellten Ökonomen das Gebiet der Ökonomie so vollständig, dass echte Kritik an der Fed und der von ihr vertretenen Finanz- und Geldpolitik ein echtes Karriererisiko darstellt. Seit fast vier Jahrzehnten hat die Fed die gesamte Berufssparte der Geldtheorie- und Geldpolitik-Ökonomen auf die eine oder andere Art und Weise auf ihrer Gehaltsliste. Wenn man zu den auf der Gehaltsliste stehenden Ökonomen diejenigen hinzuzählt, die in der Vergangenheit dort gelistet waren, dazu die Wirtschaftswissenschaftler, die Subventionen erhalten haben – und diejenigen, die auf zukünftige Subventionen hoffen –, dann wird deutlich, dass es sich um die Mehrheit der amerikanischen Ökonomen-Zunft handelt. Hunderte Millionen Dollar gibt die Fed jedes Jahr für Aufträge an Ökonomen in Sachen Geld- und Wirtschaftspolitik aus.

Da der US-Dollar als *Weltleitwährung* fungiert, beeinflusst die Geld- und Zins-
politik der Fed praktisch alle anderen Finanzmärkte maßgeblich – sie befinden sich
quasi in Abhängigkeit der Fed. Das „unverschämte Privileg" der *Weltleitwährung*
(Charles de Gaulle) ermöglicht den USA eine nahezu unbegrenzte Möglichkeit zur
Verschuldung bzw. zur Finanzierung von Ausgaben. „Der Dollar ist unsere Währung, aber euer Problem", war und ist ein häufig durchaus zu Recht gehörter Aus-
spruch von US-Finanzministern. Das Privileg der Weltleitwährung hängt also davon ab, dass weltweit in US-Dollar fakturiert wird – vor allem auf dem Ölmarkt
mit seinem riesigen Volumen.

Viele geopolitische und militärische Maßnahmen der USA lassen sich vor allem
vor diesem Hintergrund verstehen.

Dass der Internationale Währungsfonds (IWF) bei vielen Betrachtern des Wirt-
schafts- und Finanzgeschehens keinen besonders guten Ruf hat, daran ist die Was-
hingtoner Weltorganisation selber schuld. Immer wieder werden schwachbrüstige
Staaten zunächst von der globalen Finanzindustrie mit Krediten aufgeblasen, dann
lassen die Institute die Luft wieder raus, und die Länder sacken ökonomisch in sich
zusammen. In diesem Moment tritt dann der IWF auf und fordert von den dortigen
Regierungen massive „Reformen", „Liberalisierung" und „Privatisierung". Dafür
sollen die im Sumpf steckenden Länder vor allem staatliches Eigentum privatisie-
ren: die Bahn, Häfen und Airports, Strom- und Wassererzeuger, andere staatliche
Unternehmen und einiges mehr.

Hinter dem IWF hat sich in diesem Moment jeweils schon ein ganzes Rudel
globaler Konzerne und Trusts versammelt, um sich die besten Stücke für wenig
Geld herauszuschneiden. Oft ist im Prinzip gar nichts einzuwenden gegen die Privatisierung. Nur dass die Konzerne diese Filetstücke ansonsten niemals zu so einem günstigen Preis bekommen hätten, wenn man diese Länder nicht in die Kredit-
und Schuldenfalle gelockt hätte.

Roland Baader (2010): „Da man allgemein die weltweit agierenden Brandstif-
ter (Regierungen) und ihre Brandsätze (gesetzliches Geld) sowie ihre Pyromanie
(Verschuldungswahn) für legal, notwendig und richtig hält, bedarf es einer vollbe-
setzten Feuerwehr (IWF), obwohl es offensichtlich ist, dass sich beide, die Brand-
stifter und die Feuerwehr, wechselseitig zum Zündeln und zum hochdotierten Lö-
schen hochschaukeln."

Zurzeit erhöht der IWF den Druck auf orientalische Länder, wie das Beispiel
Ägypten zeigt: Kairo erhält nur gegen „Reformen" neue IWF-Gelder. So soll die
Subvention des niedrigen Brotpreises, auf den viele Millionen Menschen dort an-
gewiesen sind, gekürzt werden. Der Massenzustrom nach Europa (insbesondere
Deutschland) wird dadurch weiter angeheizt. Die Fed, der IWF und die BIZ sind

krakenhafte Gebilde, die im Dienste der internationalen Hochfinanz eine mehr als fragwürdige Rolle spielen und sich im Übrigen jeglicher demokratischen Kontrolle und Transparenz entziehen.

Für die Bürger der meisten Länder gilt: Vom organisierten Geld regiert zu werden ist genauso gefährlich, wie von der Mafia regiert zu werden.

Kryptogeld als Zukunftsmodell?

Eine der interessantesten zeitaktuellen Entwicklungen im Geld- und Währungsbereich sind die sogenannten Krypto-Währungen. Sie sind eine neue Entwicklung, von Staaten unabhängig und dezentral strukturiert. Manche Ökonomen und Analysten sehen darin durchaus die Währung(en) der Zukunft, die unabhängig vom staatlichen Gesetzgebungsmonopol sind und in letzter Konsequenz sogar den Staat als Organisationsstruktur einer Gesellschaft überflüssig machen könnten.

Am 31. Oktober 2008 veröffentlichte eine unbekannte Person unter dem Pseudonym Satoshi Nakamoto das Konzept eines dezentralen Zahlungssystems mit dem Namen *Bitcoin.* Kurz darauf stellte er den Quellcode der Software öffentlich zur Verfügung, sodass auch andere Entwickler daran arbeiten können. Es ist nicht bekannt, wer sich hinter diesem japanischen Allerweltsnamen verbirgt, ob es eine Einzelperson oder ein Team ist. Am 3. Januar 2009 erzeugt Satoshi die ersten 50 *Bitcoins,* den sogenannten „Genesis Block". Am 9. Januar 2009 veröffentlicht er die erste Version der Bitcoin-Software. Jeder, der diese Software herunterlädt, kann am Bitcoin-Netzwerk teilnehmen, Transaktionen überprüfen und dafür mit neuen *Bitcoins* belohnt werden. Diesen Vorgang nennt man *Mining* („Schürfen"). Drei Tage später findet die erste Transaktion statt: Satoshi überweist 10 *Bitcoins* an den Software-Entwickler Hal Finney, der den Bitcoin-Source-Code bereits nutzt und verbessert. Was Satoshi entwickelt hat, ist ein Protokoll. So werden in der Informatik Regelwerke genannt, die festlegen, wie Computer miteinander kommunizieren. Im Unterschied zum Internet, in dem es einen deutlichen Unterschied zwischen den Servern der Anbieter und den Computern der normalen Nutzer gibt, hat sich Satoshi dafür entschieden, streng nach dem Peer-to-Peer-Prinzip vorzugehen: Jeder Computer ist gleichzeitig Sender und Empfänger, alle Peers sind gleichberechtigt. Der Vorteil einer solchen dezentralen Struktur: Sie ist viel robuster. Gibt es

© Springer Fachmedien Wiesbaden GmbH, ein Teil von Springer Nature 2021
C. Braunschweig, B. Pichler, *Die Kreditgeldwirtschaft,*
https://doi.org/10.1007/978-3-658-31277-0_24

einen zentralen Server, so ist es relativ leicht, ihn auszuschalten und damit den ganzen Service lahmzulegen. Bei einem Peer-to-Peer-System ist das nicht möglich.

▶ Bitcoin ist eine unabhängige, dezentrale digitale Währung, die staatlich kaum manipulierbar ist. Sie ist frei von Staaten, Zentralbanken oder anderen Finanzinstituten, wie zum Beispiel Banken. Bitcoin ist gedacht als Währung, die international für jede Person frei zugänglich und verwendbar ist.

Zunächst wurden *Bitcoin* und andere staatenlose digitale Währungen nicht besonders ernst genommen. Doch der deutliche Hinweis, dass sich das geändert hat, sind die stark gestiegenen Marktpreise. War ein Bitcoin im Januar 2017 noch für unter 1000 EUR zu haben, muss man mittlerweile ein Vielfaches dafür ausgeben. Andere digitale Währungen haben sogar noch stärkere Wachstumsraten zu verzeichnen: *Dash* ist zum Beispiel im gleichen Zeitraum von rund zehn Euro auf fast 500 EUR gestiegen, hat also seinen Preis verfünfzigfacht.

Waren Kryptowährungen bisher eher ein Thema für libertäre Computerfreaks, so interessieren sich mittlerweile auch institutionelle Anleger und die sogenannten „Family Offices", also Vermögensverwalter der Superreichen, für dieses neuartige Geld, das ohne jede zentrale Autorität auskommt. Banken, Kreditkartenfirmen oder sonstige Mittelsmänner werden nicht mehr benötigt. Alles, was man braucht, sind ein Internetzugang und eine kostenlose, frei verfügbare Software für Computer oder Handy.

Das ist besonders interessant für die vielen Milliarden Menschen in Entwicklungsländern, die kein Bankkonto besitzen und daher bisher von der Weltwirtschaft ausgeschlossen waren. Doch Smartphones mit Internetzugang sind mittlerweile auch in afrikanischen oder indischen Dörfern verbreitet. Wer programmieren, gestalten, lehren oder sonst eine Dienstleistung erbringen kann, die sich über das Internet weltweit anbieten lässt, ist jetzt in der Lage, sich mit digitalem Bargeld bezahlen zu lassen. Das wird die Lebensumstände vieler Menschen in der Dritten Welt drastisch verändern.

Wer im Zeichen der weltweiten Schulden- und Finanzkrise sowie des Nichtfunktionierens der EU-Währungsunion darauf hoffen muss, dass „Vater Staat" schon für seine Ersparnisse sorgen wird, könnte eine böse Überraschung erleben. Bevor die Deutschen wie im Juni 2015 die Griechen und Zyprioten vor geschlossenen Banken stehen und nur kleckerweise an ihr eigenes Geld herankommen, sollte man in *Bitcoin, Litecoin, Monero, Dash* oder eine der vielen anderen digitalen Währungen investieren. Sie sind wirkungsvolle Werkzeuge der Selbstverteidigung gegen staatliche Willkür und Misswirtschaft.

Die Regierungen in aller Welt stehen vor einem Dilemma. Es ist absehbar, dass sie aufgrund der völlig aus dem Ruder gelaufenen Schuldenanhäufung die Kontrolle über das Geldsystem verlieren werden. Dieses Machtinstrument haben sie bisher stets zum eigenen Nutzen und zum Schaden der Bürger missbraucht. Einige Staaten haben daher versucht, Kryptowährungen zu verbieten, doch nur mit mäßigem Erfolg. *Bitcoin* und seine Nachfolger sind nämlich komplett dezentralisiert und daher fast unmöglich zu attackieren. Es gibt keine zentralen Server, die man stilllegen könnte, keine Vorstände einer „Bitcoin AG", die man verhaften könnte. Kryptowährungen sind einfach offene Software-Protokolle, die jeder nutzen und weiterentwickeln kann. Sie sind absichtlich so aufgebaut, dass sie nicht verboten und nicht kontrolliert werden können.

Die Bitcoin-Währung wie auch andere Digitalwährungen funktionieren mittels eines Verschlüsselungsverfahrens, bei dem jeder einzelne Datensatz, Block genannt, ein kryptografisches Abbild des vorhergehenden enthält. Dieses dezentrale Buchführungssystem verkettet die codierten Datensätze (daher Blockchain) und ist so prinzipiell endlos erweiterbar.

Die Schwierigkeit dieser Technologie der verteilten Buchführung ist es, dabei zwischen allen Teilnehmern einen Konsens über den „richtigen" Datensatz zu schaffen. Beim *Bitcoin* wird das Problem derart gelöst, dass jeder Teilnehmer dafür eine Kopie der Transaktionshistorie bekommt. Wird eine neue Transaktion getätigt, muss diese von allen Teilnehmern mithilfe ihrer Rechenleistung, beispielsweise am heimischen PC, bestätigt werden. Damit ist eine einmal getätigte Zahlung prinzipiell nicht mehr änderbar. Jede Bestätigung erhöht zusätzlich die Sicherheit. Ein Verkauf wäre ein neuer Schritt. Der Wert des einzelnen *Bitcoins* richtet sich nach Angebot und Nachfrage.

Doch das innovative Potenzial, das in Kryptowährungen und der ihnen zugrunde liegenden Blockchain-Technologie steckt, ist so groß, dass die Politik es nicht mehr ignorieren kann. Wer eine Anti-Bitcoin-Politik fährt, riskiert damit nur, Unternehmensgründungen in anderen Ländern zu fördern und die Entwicklungschancen des eigenen Arbeitsmarktes zu verspielen. Staaten mit einer positiven Einstellung zu *Bitcoin,* wie die Schweiz, Singapur oder Gibraltar, ziehen hingegen Firmengründer aus aller Welt an.

Eine staatliche Kryptowährung, die von Politikern vorgeschlagen wird, die einerseits die staatliche Kontrolle indirekt behalten wollen, andererseits aber nicht als Innovationsverweigerer gelten wollen, wäre allerdings ungefähr so absurd wie ein Automobil, das von Pferden gezogen werden muss. EU-Mitglied Estland etwa berät, eine eigene auf Bitcoin-Technologie basierende Währung herauszugeben. China hat jüngst sogar mit der Entwicklung begonnen. Dies läuft natürlich der Kernidee von *Bitcoin,* ohne zentrale Autorität und ohne staatliche Kontrolle auszukommen, zuwider. Zugleich hat die Volksrepublik Anfang November alle inländischen Bitcoin-Handelsplätze geschlossen.

Doch das tut dem innerchinesischen Handel keinen Abbruch, da Kauf und Verkauf genauso gut über Server im Ausland abgewickelt werden können. Diese Beispiele zeigen, dass viele Politiker aufgewacht sind und die Bedrohung ihrer hoheitlichen Macht durch Kryptowährungen allmählich begreifen. Das wird ihnen jedoch wahrscheinlich nicht viel nützen, denn das „Modell Staat", in dem eine kleine Gruppe von Menschen das Recht hat, über das Geld der anderen zu verfügen, wird der Logik des Digitalzeitalters nicht widerstehen können.

Mit Kryptowährungen kann sich jeder Bürger gegen den staatlichen Zugriff auf sein Eigentum zur Wehr setzen. Bitcoin-Konten lassen sich nicht einfrieren oder beschlagnahmen.

Der Vorteil für den Bürger liegt darin, dass nicht mehr Politiker Zugriff auf sein Eigentum haben. Finanzpolitische Fehlallokationen werden minimiert und der verantwortungslose Umgang mit Geld verhindert. Das liegt in der Natur der Sache, denn mit dem Geld anderer geht man nun einmal lockerer um als mit dem eigenen, erst recht, wenn man für den angerichteten Schaden nicht haften muss.

Von der Idee und Beschaffenheit des Bitcoins ist diese Währung vergleichbar mit einer Art von digitalem Goldstandard. Viele Anleger begreifen Krypto-Geld auch schon als realen Goldersatz, weil es sich nicht beliebig vermehren lässt, also ähnlich limitiert ist wie Gold und andere Edelmetalle. Fachleute sehen für die Zukunft sogar ein Zusammenwachsen von Krypto-Geld und Gold voraus.

Bitcoins werden ähnlich wie Gold geschürft. Hierfür stellen Personen Hardware zur Verfügung, um darauf Rechenaufgaben zu lösen. Die Person, die eine Rechenaufgabe als erste löst, erhält einen „Block", den man gegen Bitcoins einlösen kann. Pro Block werden die ausgegebenen Bitcoins jedoch alle vier Jahre halbiert. Das heißt, wenn zu Beginn noch 50 Bitcoins pro Block ausgegeben werden, so werden es in vier Jahren nur noch 25, in weiteren vier Jahren nur noch 12,5 usw. sein. Irgendwann nähert sich der Wert gegen null an. Nach dieser Vorgehensweise wird der letzte Bitcoin vermutlich im Jahre 2130 „geschürft" werden, womit die fixe Obergrenze von 21 Mio. erreicht ist.

▶   Bitcoins können also nicht durch eine beliebige (ungedeckte) Vermehrung
      inflationiert (entwertet) werden, worin sie sich fundamental von allen sonstigen Währungen unterscheiden.

Dem widerspricht auch nicht die Tatsache, dass die Krypto-Währungen zurzeit von den Anlegern in erster Linie noch als reines Spekulationsobjekt benutzt werden, was zu einer extrem volatilen Kursentwicklung führt. Nach und nach hält der

Bitcoin Einzug in die Realwirtschaft. Zahlreiche Händler akzeptieren heute schon Bitcoins als Zahlungsmittel, so zum Beispiel Amazon, Edeka-online oder Kodak. In Japan sind Bitcoins bereits als offizielle Parallelwährung anerkannt, in einem Kanton in der Schweiz kann man seine Steuern bereits in Bitcoins bezahlen. Mit Bitcoins kann man innerhalb weniger Sekunden weltweit jeden beliebigen Betrag überweisen, ohne dass man dafür eine Bank benötigt. Mittlerweile ist die Blockchain-Technologie auch in der Lage, sogenannte *Smart Contracts* auszuführen. Dadurch können vertragliche Überweisungen völlig automatisiert ausgeführt werden. Zur Bezahlung wird meist die eigene Wallet, also Brieftasche, verwendet. Ein Wallet ist genau genommen ein elektronisches Konto für Bitcoins, ähnlich einem Bankkonto. Damit kann man nachweisen, dass man über eine ausreichende Menge von Bitcoins verfügt und den vereinbarten Betrag zu zahlen in der Lage ist. Zugriff auf die Bitcoins hat man jedoch ausschließlich über seinen persönlichen Codeschlüssel.

▶   Die Blockchain-Technologie kann viele der Dinge revolutionieren, von denen man bisher glaubte, eine zentrale Behörde zu benötigen – seien es Grundbücher, Firmenregister oder Familienstammbücher. Immer dann, wenn Informationen öffentlich einsehbar, aber nicht manipulierbar sein sollen, müsste man zukünftig keinem ineffizienten und potenziell korrupten Staatsbeamten mehr trauen, sondern nur noch der unkorrumpierbaren Mathematik (Aaron Koenig).

Diese Technologie hat das Potenzial, das Zusammenleben der Menschen auf eine neue Basis zu stellen. Das aus dem Industriezeitalter stammende Konzept des Zentralstaates, der Zwang auf seine Bürger ausübt, dürfte dann der Vergangenheit angehören. Es wird neue, auf Freiwilligkeit beruhende Modelle geben, wie etwa freie Privatstädte, die sich zu Handels- und Verteidigungsbündnissen zusammenschließen. Der erste Schritt dazu, nämlich die Befreiung des Geldsystems vom staatlichen Gesetzgebungsmonopol bzw. von staatlich betriebener Manipulation zulasten seiner Bürger, ist bereits getan. Friedrich A. von Hayek wäre begeistert.
Eine ganz andere Frage ist, inwieweit Krypto-Währungen eines Tages auch in der Kreditgeldwirtschaft vollständig die Rolle des bisherigen Geldsystems übernehmen können. Immerhin hat sich dieses feingliedrige, komplexe Kreditgeldsystem über so viele Jahrzehnte nach und nach systematisch entwickelt und es zu einer gewissen Perfektion gebracht. Das alles entscheidende Problem der zuverlässigen Bonitätsprüfungen im Rahmen von Krediten seitens der Kreditgeber bleibt durch den Wechsel vom bisherigen Geldsystem auf Krypto-Geld ja unberührt. Eher im Gegenteil: Kreditausfälle, die sich prinzipiell nie ganz ausschließen lassen, hätten

im Krypto-Währungsmodell ungleich andere Folgen als bisher. Das fein austarierte Gleichgewicht zwischen Geldschöpfung und Geldvernichtung käme irgendwann zwangsläufig in eine Schieflage, weil ja kein neues Geld mehr geschöpft werden kann. Es droht also in gewissem Maße automatisch eine rechnerische Veränderung des Geld-Wertmaßstabes, die rein „kryptowährungsbedingt" ist.

Die Beschränkung der Bitcoin-Währung auf maximal 21 Mio. Stück bedeutet natürlich zwangsläufig die Problematik einer systemimmanenten deflationären Entwicklung. Daraus erwächst der Verdacht, dass die Kryptowährung in Wirklichkeit eine Entwicklung des angestammten Zentralbankbereichs ist. Es wurde offenbar ein Experimentierfeld geschaffen, um die Entwicklung der (bargeldlosen!) Kryptowährung in der Praxis studieren zu können. Letztlich soll dann vermutlich tatsächlich irgendeine Kryptowährung (nicht Bitcoin!) als neue Leitwährung fungieren, die die Nutzung von Bargeld endgültig obsolet macht. Dies dürfte das eigentliche Ziel der Finanzinstitutionen sein, die vermutlich hinter der neuen Entwicklung stehen. Selbstverständlich werden sich im Endeffekt zwei entscheidende Unterschiede der neuen Krypto-Leitwährung gegenüber dem „Bitcoin-Modell" ergeben: Einerseits wird es keine mengenmäßige Beschränkung der Währung geben, andererseits werden alle Zahlungsbewegungen staatlich total überwacht sein.

Zukunftsszenarien für das Weltwährungssystem

25

Finanzkrisen sind in erster Linie stets Schuldenkrisen. Sie sind ein Zeichen dafür, dass im Vorfeld Dinge völlig aus dem Ruder gelaufen sind, und zwar die hemmungslose Anhäufung von Schulden, unterstützt von niedrigen Zinsen und lascher Regulierung. Ab einer gewissen Höhe bekommen Schulden dann eine Eigendynamik und türmen sich von selbst auf wie eine Gewitterwolke.

Jede Kreditlinie ist jedoch irgendwann zu Ende; wenn dann aber zur Tilgung von Schulden neu gemachte Schulden die bestehenden Schulden nicht mehr bedienen können, kommen sozusagen Blitz und Donner. Es kommt somit der Punkt, an dem der Staat seine Schulden gegen das Vermögen der Bürger ausbuchen muss, d. h. seine Bürger entsprechend enteignen muss. Erst dann erkennen die meisten Leute, dass die Staatsschulden ihre eigenen Schulden sind. Für den Staat gilt eben der gleiche Grundsatz wie für den einzelnen Bürger: wer permanent mehr ausgibt als er einnimmt, ist irgendwann pleite. Karl Marx hätte es gewusst.

In einer Publikation zur Lage des Finanzsystems kommt Sven Wagenknecht (BTC-Echo vom 20.03.2020) zu folgender Analyse: Ohne den Aufbau weiterer gigantischer Schulden und aufgeblähte Notenbankbilanzen ist das System nicht mehr weiter aufrechtzuerhalten – eine weitere Wirtschaftskrise steht bevor. Die Notenbanken können nichts mehr machen, außer ihre Bilanzen für (Staats-)Anleihen und Aktien bereitzustellen, um die Wirtschaftskrise 2020 abzufedern. Die Möglichkeiten der Zinssenkung hat man in den letzten 12 Jahren seit der *Lehman-Pleite* bereits umfassend ausgeschöpft. Das Pulver ist verschossen, wie der EZB-Leitzins von null Prozent zeigt. Sowohl für den Einzelhändler als auch für den DAX-Konzern muss der Staat durch weitere Schulden das Einkommen gewährleisten – bei gleichzeitigem erliegen der Produktivität. Da die Banken nicht mehr ihrer eigentlichen Aufgabe nachkommen, nämlich die Kreditvergabe an die

© Springer Fachmedien Wiesbaden GmbH, ein Teil von Springer Nature 2021
C. Braunschweig, B. Pichler, *Die Kreditgeldwirtschaft*,
https://doi.org/10.1007/978-3-658-31277-0_25

151

Realwirtschaft, übernimmt jetzt der Staat die Aufgabe de Geschäftsbanken. Längst müssen die monetären Stimuli der Notenbanken (höhere Strafzinsen für Geldanlagen der Geschäftsbanken) nun der realwirtschaftlichen und unmittelbaren Finanzierung der Realwirtschaft durch die Kreditanstalt für Wiederaufbau (KfW) weichen. Das ist das letzte und einzige Mittel, um das System noch etwas weiter aufrecht zu erhalten und eine große Wirtschaftskrise noch weiter hinauszuschieben.

Die Konsequenz dieser Notmaßname ist das Außerkraftsetzen der Marktkräfte und des wichtigsten Informationsträgers im Finanzsystem: dem Zins. Da der Staat sowohl für das Kreditwesen als auch für ein massives Investitionsprogramm aufkommt -da aus Angst vor einer zunächst eintretenden deflationären Entwicklung keine privaten Investitionen stattfinden-, werden auch die wichtigen Lenkungsfunktionen des Zinses außer Kraft gesetzt.

Angebot und Nachfrage werden jetzt zentralistisch gesteuert und verwaltet, da das dezentrale privatwirtschaftliche System immer stärker zum Stillstand kommt. Das große Problem ist dabei die sich daraus ergebende Fehlallokation aller Ressourcen, da die Informationsgrundlage, eben eine Zinsbildung durch Angebot und Nachfrage, fehlt. Dieser marktinkonforme Eingriff führt also zur Verzerrung der fundamentalen ökonomischen Realität. Für einen gewissen Zeitraum mag das auszuhalten sein, aber auf Dauer zerstört es ein System. Das zeigt auch die expansive Notenbankpolitik der letzten Jahre, die ebenfalls allmählich die entsprechenden Marktkräfte ausgeschaltet hat. Die Konsequenz ist hinlänglich bekannt: Vermögensinflation und Zombieunternehmen. Ebenjene Verzerrung wird nun noch weiter verstärkt und dringt noch tiefer in die Realwirtschaft ein.

Der Schaden für die Wirtschaft wird nachhaltig sein. Die Kosten für Deutschland und andere Länder dürften höher sein als die zur Finanzkrise 2007/2008. Die aktuelle durchschnittliche Verschuldung der Eurozone von 86 Prozent dürfte 2021 daher deutlich über 100 Prozent liegen.

Die Corona-Krise ist keine Ursache für die Schulden- und Finanzkrise, sie hat sich aber wie ein Katalysator ausgewirkt und die schon seit vielen Jahren bestehende Schulden- und Finanzkrise weiter verschärft. Die Staaten sehen sich zu bisher noch nie dagewesenen Rettungsaktionen genötigt. Die Krise stellt die Hegemonie und sogar den Bestand des US-Dollars in Frage und wird wohl im Endeffekt das Weltwährungssystem nachhaltig verändern.

Die Frage, wie gesunde Finanzinfrastrukturen oder zumindest alternative Infrastrukturen aussehen können, wird, genau wie 2007/2008 zur *Lehman-Krise*, wiederholt gestellt.

Ein Team des Instituts für transformative Nachhaltigkeitsforschung (IASS) hat vier Zukunftsszenarien diesbezüglich entwickelt. Und zwar hat ein Team um die Forscher Steffen Murau, Joe Rini und Armin Haas im Rahmen einer Kooperation des IASS und der Boston University eine neuartige politökonomische Methodik entwickelt, die den Einfluss von globalen Wirtschafts- und Finanzkrisen auf das globale Währungs- und Finanzsystem aufzeigt. Die Ergebnisse der Studie wurden jetzt im *Journal of Institutional Economics* veröffentlicht.

Für ihre Studie haben die Forscher zunächst die Entwicklungsdynamik des globalen Währungs- und Finanzsystems der vergangenen Jahrzehnte systematisch analysiert.

Zwei Trends sind dabei aus ihrer Sicht von zentraler Bedeutung: Erstens ist das derzeitige globale Währungs- und Finanzsystem rund um den US-Dollar aufgebaut, aber ein erheblicher Teil der Verschuldung in US-Dollars findet durch private Finanzinstitutionen außerhalb der USA statt, und damit außerhalb der Kontrolle der US-Zentralbank Federal Reserve (Fed). Dies geschieht zum Beispiel wenn Banken außerhalb der USA Kredite in US-Dollar vergeben, um damit den Handel innerhalb globaler Lieferketten zu finanzieren. Hierbei geht es um sogenannte Offshore-Dollars. Zweitens sind Schattenbanken systemrelevant geworden und benutzen neuartige Formen von Kreditinstrumenten. Hierbei spricht man von „Schattengeld".

Die Weltfinanzkrise der Jahre 2007 bis 2009, die nach dem Zusammenbruch der US-Investmentbank *Lehman Brothers* eskalierte war demnach ein idealtypischer Veränderungsfaktor, der einen Wendepunkt markiert. Die „Lehman-Krise" wurde nämlich im bis dahin eher wenig beachteten Schattenbankbereich ausgelöst und war im Kern ein Bank Run auf Offshore-Dollars sowie Schattengeld. Dieser konnte unmittelbar nur durch eine institutionelle Innovation gestoppt werden: eine neuartige Zusammenarbeit der Zentralbanken der G7-Staaten mit sogenannten „Swap-Lines", durch die sich die Zentralbanken außerhalb der USA von der Fed US-Dollars leihen und so heimische Banken unterstützen können.

Die US-Dollar Swap-Lines der Fed sind laut Steffen Murau im heutigen globalen Dollar-System das ultimative Sicherheitsnetz. „Die EZB ist darin der wichtigste Partner der Fed. Sie kann sich in der Krise von der Fed US-Dollars leihen und diese dann als Kredite an Banken im Euroraum weitergeben. Die entscheidende Frage für die Zukunft des globalen US-Dollar Systems ist, als wie tragfähig sich dieses Sicherheitsnetz erweisen wird." Schließlich werden nicht die eigentlichen Ursachen, sondern nur die Symptome kuriert.

Die Corona-Krise hat nun erneut die globale Krise angefeuert, deren Dimension heute noch gar nicht abzusehen ist, worauf Armin Haas, der Leiter der Studienteams der IASS, hinweist. „Die Reaktion von politischen Entscheidungsträgern hat entscheidende Bedeutung dafür, wie sich die Weltwirtschaftsordnung weiterentwickeln wird. Covid-19 ist auch eine Krise des auf Offshore-Dollars basierenden globalen Währungs- und Finanzsystems."

In ihrer Studie spielen die IASS-Forscher vier mögliche Entwicklungspfade durch. Die ersten beiden gehen von einer kontinuierlichen Evolution aus, in der Krisen wie die von 2008 und 2020 innerhalb des bestehenden Systems gelöst werden. Die beiden weiteren skizzieren mögliche Veränderungen nach einem zwischenzeitlichen Zusammenbruch des Systems, den das Sicherheitsnetz nicht hat verhindern können.

Es ergeben sich demnach folgende vier Szenarien:

1. eine fortgesetzte Hegemonie des US-Dollars
2. zwei konkurrierende monetäre Blöcke
3. eine internationale Währungsförderation
4. oder eine internationale Währungsanarchie

Im *business-as-usual* Szenario Nr. 1 setze ich die Hegemonie des US-Dollars fort, da die USA in der Lage sind, das globale US-Dollar System über Krisen hinweg zu stabilisieren. Man könnte in diesem Fall davon ausgehen, dass es keine ernsthafte Konkurrenz für den US-Dollar geben wird, weil die Eurozone im Reformstau stecken bleibt und es China nicht gelingt, einen finanzpolitischen Gegenpol zu installieren.

„In der Covid-19 Krise steht das globale, privatisierte US-Dollar-System unter extremem Stress. Aber die Interventionen der Fed haben das System für den Moment auf dem bisherigen Entwicklungspfad stabilisiert. Dabei agiert die Fed de facto wie als globale Zentralbank", sagt Steffen Murau. „Die Eurozone dagegen steht nicht gut da. Die Frage nach Eurobonds ist einmal mehr eine Zerreißprobe. Anspruch und Wirklichkeit für eine international stärkere Rolle des Euro klaffen weit auseinander."

Hier spielen natürlich auch die systemimmanenten Konstruktionsfehler des Euros eine Rolle.

In Kontrast hierzu entwickeln sich im evolutionären Szenario Nr. 2 konkurrierende Währungsblöcke mit der EU und China als zwei Gegengewichte zu den USA. Letztere verlieren ihre Rolle als global stabilisierendes Zentrum. Während die Eurozone ihre Defizite behebt und China erfolgreich seine Währung, den Renminbi, internationalisieren kann. Dies führt zu einer stärkeren Regionalisierung des Welthandels und des Finanzsystems.

Durch den Einbruch der US-Wirtschaft werden die USA möglicherweise mittelfristig geopolitisch geschwächt. China dagegen hat einen Vorsprung, um aus der Corona-Krise herauszukommen und könnte diesen zum eigenen Vorteil nutzen.

Im Szenario Nr. 3 hält die Fed der globalen Krise nicht stand und das globale Us-Dollar-System implodiert in einer Serie von Zahlungsausfällen und Konkursen von führenden privaten Finanzinstitutionen. Allerdings haben, so die Annahme, die G20-Staaten auf dem Höhepunkt der Krise Handlungsfähigkeit bewiesen und ein alternatives globales Währungssystem geschaffen. In diesem steht nicht mehr eine nationale Währung an der Spitze, sondern eine internationale Organisation. Die nationalen Währungsräume sind auf der gleichen Hierarchieebene angesiedelt. In der EU haben die Staaten ihre alten Währungen wieder eingeführt, aber den Euro als regionale überstaatliche Verrechnungswährung beibehalten. Die Offshore-Finanzierungen wurden gänzlich abgeschafft. Während einige Staaten noch Schattenbanken erlauben, setzen andere Staaten auf eine härtere Regulierung ohne Schattengeld. Dieses System gleicht in gewisser Weise dem früheren System der Währungsschlange in der EU.

(Seinerzeit war der ECU den verschiedenen nationalen Währungen als Verrechnungseinheit übergeordnet. Während seinerzeit der damalige Premierminister Großbritanniens, John Major, die evolutionäre Weiterentwicklung des ECU in Richtung einer späteren Gemeinschaftswährung favorisierte, entschied sich die Mehrheit der Staatschefs für die schnelle Einführung des Euro – ohne die notwendige Harmonisierung der stark unterschiedlichen Volkswirtschaften innerhalb dieses Währungsraumes herzustellen. Man glaubte offenbar, dass die Einführung des Euro diese notwendige Harmonisierung automatisch erzwingen würde, ohne dass man eine Schulden- und Transferunion einführen müsse. Die Realität hat gezeigt, dass dieser Irrtum bzw. diese fehlerhafte Politik fatale Folgen gebracht hat.)

Die Frage bezüglich der Realisierungschance von Szenario Nr. 3 ist, ob die Fed ihr Engagement mittelfristig durchhalten kann. Es ist nicht auszuschließen, dass durch eine Verkettung von Umständen das Swap-Netzwerk der Fed reißt. Das wäre laut Armin Haas vom IASS vergleichbar mit der Aufkündigung des Goldstandards durch die Bank von England im Jahr 1931.

Beim Szenario Nr. 4 haben es die G20 nicht geschafft, nach dem Zusammenbruch des privaten, auf Offshore-Dollars basierenden Systems ein alternatives globales Währungs- und Finanzsystem aus dem Boden zu stampfen. Es herrscht eine internationale Währungsanarchie. Das internationale Zahlungssystem funktioniert nicht mehr zuverlässig, internationale Wertschöpfungsketten brechen dauerhaft zusammen und der internationale Handel fällt oft auf den Gütertausch zurück. Eine tiefe globale Depression ist unvermeidlich. Die Staaten experimentieren mit unterschiedlichen institutionellen Arrangements, um mit diesen Herausforderungen umzugehen. Diese Experimente sind die Grundlage für die Entwicklung eines neuen Systems in weiterer Zukunft.

Dies ist laut Joe Rini (IASS) auch das einzige Szenario, in dem Krypto-Währungen mehr als nur eine marginale Bedeutung erhalten können. Die Pfadabhängigkeit des globalen Dollar-Systems sei zu stark, um sich als echte Systemalternative zu etablieren. Es sei denn, das bestehende System bricht total zusammen. Zurzeit ist von Krypto-Währungen kaum die Rede. Sie haben sich zumindest bis jetzt nicht als Profiteure der Krise erwiesen. Im Falle eines unkontrollierten Systemzusammenbruchs könnte sich das ändern.

Bezüglich aller vier aufgezeigten Szenarien zeigt sich durchgehend die alles entscheidende Rolle der Fed als Gläubiger der letzten Instanz für das globale Dollar-System und ihre Fähigkeit, mit der Krise umzugehen.

Einschub:
   Ohne Extremmaßnahmen, wie gigantische Neuschulden und aufgeblähte Notenbankbilanzen ist das Finanzsystem nicht mehr länger aufrecht zu erhalten. Die Frage, wie ein gesundes Finanz- und Währungssystem aussehen kann, wird, genau wie schon 2007/2008 zur Lehman-Pleite, erneut gestellt werden. Der Ruf nach einem neuen, Gold gedeckten Währungs- und Finanzsystem wird immer lauter.

Die Daten- und Informationslage diesbezüglich ist allerdings derart unbestimmt, dass eine Verifizierung (zumindest zum jetzigen Zeitpunkt) nicht möglich ist. Diverse Quellen im Internet (Google-Übersetzung: „QFS Off-World Monetary System – Intro of the Qantum Financial System and Global Currency Reset") lassen sich etwa wie folgt zusammenfassen:

Dieses neue globale Finanzsystem sei bereits seit einiger Zeit gleichzeitig mit dem Zentralbanksystem aktiv. Dieses System wird als Quantenfinanzsystem (QFS) bezeichnet. QFS steht für *Quantum Financial System* und es soll sich um ein neuartiges Währungssystem handeln, das im Gegensatz zum derzeitigen Finanzsystem nicht manipuliert werden kann. Dieses System soll die Übertragung der neuen Asset-Backed-Währungen nach dem *Global Currency Reset*(globaler Neustart eines Währungssystems) ermöglichen, der das Swift-System ersetzen soll. Dieses System soll nicht über herkömmliche Computer laufen, sondern auf einem Quantencomputer, der auf einem Satelliten platziert ist und ist durch *Secret Space*-Programme geschützt. Es heißt, das es sich um ein System handeln soll, das nicht gehackt werden kann. Dieses System wird als lebendige quantenfreundliche künstliche Intelligenz angesehen, die mit einem „Erkennungssystem" ausgestattet sei, das den Menschen ersetzt und mit jeder Finanztransaktion interagieren kann, um sicherzustellen, dass es transparent, legal und inhärent ist.

Weil zwischenzeitlich der US-Präsident die private Fed dem Schatzamt unterstellt hat und somit de facto verstaatlicht hat, drängt sich die Vermutung auf, dass vielleicht die Planung und Realisierung eines neuen Weltwährungssystems ins Haus stehen könnte, welches mit Gold und mit anderen Vermögenswerten gedeckt sein soll.

Das QFS sei vom bestehenden zentralen System völlig unabhängig, so dass alle anderen bisherigen Übertragungssysteme, wie zum Beispiel auch die Blockchain-Technologie, nicht erforderlich sind. Zumindest bestehe keine Notwendigkeit zur Nutzung der Blockchain-Technologie, weil diese durch mindestens zwei andere Übertragungsnetzwerke ersetzt wurde.

Das neue Währungssystem soll einen nachhaltigen Wert gewährleisten, weil es durch Gold und andere reale Vermögenswerte gedeckt sei. Noch wenig bekannt sei, dass das neue Währungssystem bereits seit einigen Monaten parallel zum bisherigen zentralen Banksystem läuft. Es könne im Übrigen nicht gehackt oder sonstwie manipuliert werden.

Über das QFS können offenbar nur Gold- oder Asset-gestützte Währungen übertragen werden, die über ein digitales Gold- der Asset-Zertifkat verfügen. Das Zertifikat bezieht sich auf eine Seriennummer auf einem Goldstück oder einem als Reserve gehaltenen Vermögenswert, um den Wert der Währung langfristig zu gewährleisten. Der Begriff „Asset-Backed-Währungen" beziehe sich auf den Aufbau einer Währung, die sich auf reale Vermögenswerte des jeweiligen Ursprunglandes bezieht. Aktiva sind die Rechtfertigung für die Ermittlung des in einem Land verfügbaren Währungsbetrages. Allerdings müssten alle Währungsbezeichnungen innerhalb des QFS-Systems offiziell akzeptiert und mit einem Gold-/Vermögenszertifikat versehen werden, um im QFS-System aktiv sein zu können.

Die bisherigen Währungen würden in Gold unterlegte Währungen umgetauscht. Im QSF-System würde eine spezifische quantitative Formel angewendet, um den jeweils verfügbaren Währungsbetrag „in einem Land" zu bestimmen, der mit Gold hinterlegt werden soll. Die Ergebnisse der Formel würden einen fairen Wert der Vermögenswerte jedes Landes im Vergleich zu einem anderen ergeben. Es gibt angeblich weit mehr Gold als nötig, um die Golddeckung aller Weltwährungen zu erreichen.

Wenn der Goldpreis steigt, dann steigt auch der Wert aller Währungen, so dass sich der Nennwert aller Währungen netto nicht ändern würde. Die Formel umfasse das Bodenvermögen des Landes, seine Bevölkerung (wird zu den Vermögenswerten des Landes gezählt) sowie eine Reihe weiterer Parameter, die zur Bestimmung des Wertes der jeweiligen Landeswährung herangezogen werden. Diese Formel würde auf jedes Land angewendet, damit alle Währungen mit denen aller anderen Länder gleichwertig sind. Die Anwendung der Formel und des gemeinsamen Wertes des gesamten Goldes bedeute, dass die Währung eines Landes den gleichen Wert wie die Währung eines anderen Landes haben müsse. Dies wird als „Global Currency Reset" (Globale Währungsrücksetzung) bezeichnet. Hierbei handele es sich um das Zurücksetzen aller beteiligten Währungen, die dann mit den anderen

Währungen gleichwertig sind. Sie würden jeweils über ein Goldzertifikat verfügen, um die Echtheit zu bestätigen.

Für den Sparer und Anleger ergibt sich momentan angesichts der höchst unsicheren Lage die Frage, wie er sein freies Anlagevermögen möglichst sicher anlegen kann.

In der Regel sind nicht alle Leute gleichermaßen von der Finanzkrise betroffen. Das drückt das Wort „Krise" selbst schon aus. Denn im griechischen bedeutet es Trennung oder Entscheidung. In der Tat kann in der Finanzkrise zwischen Krisengewinnern und Krisenverlierern unterschieden werden. Die Gewinner profitieren in Finanzkrisen vom Geld- und Werteverfall, indem sie zum Beispiel im richtigen Moment für vergleichsweise wenig Geld enorme Besitztümer anhäufen. Dabei handelt es sich oft um ganze Unternehmen oder auch große Immobilienbestände. So wird jede Finanzkrise oft zu einem riesigen Umverteilungsvorgang, der sich oft bereits im Vorfeld schleichend entwickelt.

Diejenigen, die in Finanzkrisen in aller Regel am meisten verlieren, das sind die Inhaber von Zinsanlagen und Inhaber von Schulden (z. B. nicht abbezahlte Immobilien). Jede Geldanlage, die in irgendeiner Form Zinsen bringt, also Teil der allgemeinen Banken- und Versicherungswirtschaft ist, setzt sich hohen Risiken aus – durch Inflation sowieso und akut durch Krisen. Die liebsten Finanzprodukte, die vom Staat propagiert werden – meist als sogenannt Altersvorsorge von Banken und Versicherungen vertrieben, sind am meisten durch Krisen gefährdet. Der Staat empfiehlt indirekt diese Geldanlagen, indem er per Gesetz zulässt, dass sie „Altersvorsorge" genannt werden dürfen. So steuert er die Geldflüsse „des kleinen Mannes", der auf die mit Millionen beworbenen Begriffe hereinfällt, zahlt mit den immensen Kosten dieser Geldprodukte für vergangene Finanzkrisen und potenziell für zukünftige, wenn das in die Altersvorsorge hineingesparte Geld de facto konfisziert wird, wie es im Versicherungsanlagengesetz niedergelegt ist.

Und verschuldet Leute (meistens durch ihre Häuschen oder ihren Betrieb) merken in der Finanzkrise schnell, dass ihre Häuschen oder Betriebe plötzlich nicht mehr so viel Wert sind, wie es der Besitzer glauben wollte. Die Schulden aber werden einem nicht abgenommen, das Häuschen oder der Betrieb aber ganz schnell. Die Banken sind dafür bekannt, hier nicht zimperlich zu sein, wenn der Schuldner auf Dauer oder akut nicht mehr zahlen kann.

Welche Schlussfolgerungen ergeben sich nun in der jetzigen Krisensituation für Sparer und Anleger hinsichtlich ihrer freien Anlagemittel?

Grundsätzlich sollte man seine freien Anlagemittel außerhalb der Eurozone anlegen. Einerseits dürfte jegliche Handlungsfreiheit bei einem innerhalb der EU gehaltenen Portfolio verloren gehen, wenn die Krise akut wird. Andererseits kann der Staat nicht direkt auf ein Konto im Ausland zugreifen. Eventueller Goldbesitz ist im außereuropäischen Bereich ebenfalls vor einem unmittelbaren Zugriff relativ sicher. Dies spricht dafür, trotz höherer Komplexität und Kosten, dieses Portfolio außerhalb der EU zu halten. Dies ist allerdings inzwischen in der Praxis gar nicht mehr so einfach. So werden zum Beispiel Kunden aus Europa in Singapur wegen der erheblichen Auflagen der EU nicht mehr als Kunden akzeptiert. Ähnlich dürfte es auch in anderen als sicher geltenden anzusehenden Regionen sein, was unterstreicht, wie sehr die Politik bereits heute die Freiheit des Kapitals einschränkt. Eventuell könnte Großbritannien ein Zufluchtsort werden, was aber vom Ergebnis der Verhandlungen mit der EU abhängt. Letztlich dürfte nur eine komplette Wohnsitzverlagerung vor Vermögenswertverlusten durch Chaos, Besteuerung und Geldvernichtung schützen.

Weiterhin sollte der alte Grundsatz der Risikostreuung (Diversifikation) stets beachtet werden (Aktien, Immobilien, Anleihen, Gold, Cash). Diese Anlagen lassen sich durch Fonds, REITS etc. abbilden. Die Anlage in Gold sollt selbstverständlich nur in physischer Form erfolgen. Letztlich ist eine Inflation mit anschließender Währungsreform unvermeidlich.

Der „peinliche Schamfleck" (Jürgen Habermas) der EU-Währungsunion ist weniger das Fehlen einer politischen Union. Es ist vielmehr die Bereitschaft zivilisierten und demokratischer Staaten, sich an den Geld- und Kreditmärkten ohne jede Rücksicht auf die eigene Zahlungsfähigkeit (aber im Vertrauen auf Europa) scheinbar hemmungslos zu verschulden. In der fatalen Geringschätzung ökonomischer Gesetzmäßigkeiten übersehen allerdings sämtliche Akteure, welche politische und auch kulturelle Leitung in der Schaffung einer auf Dauer stabilen Währung liegt.

Doch der spätestens jetzt notwenige Austritt Deutschlands aus der fatalen Währungsunion ist erkennbar ein politisches *No-go*. Dirk Meyer, Professor für Volkswirtschaftslehre an der Helmut-Schmidt-Universität in Hamburg (Universität der Bundeswehr) hatte sich mit dieser Möglichkeit konkret auseinandergesetzt. Der Währungsexperte, der auch zu den Klägern gegen die *Euro-Rettungsschirme* vor dem Bundesverfassungsgericht gehört hatte, hat eine theoretisch denkbare Wiedereinführung der Neuen Deutschen Mark (NDM) wie folgt skizziert (in: Focus, 19.09.2011, S. 34 ff.): „Der Bundestag müsste die Rückübertragung der Währungssouveränität (Art. 88 Grundgesetz) und ein Gesetz zur Einführung der NDM beschließen. Die drei Lesungen, die erforderliche Abstimmung im Bundesrat, die Gegenzeichnung durch den Bundespräsidenten usw. beanspruchen mindestens fünf Tage Zeit. Dieser Zeitbedarf ist jedoch zu hoch, um antizipative Transaktionen (risikolose Spekulationsgeschäfte und Zustrom von Euros von außen) zu verhindern. Deshalb könnte die Bundesregierung Bankfeiertage festlegen, an denen die Institute die administrative Umstellung von Konten und Zahlungsverkehr vornehmen. Da das NDM-Geld kurzfristig nicht verfügbar ist, lassen sich Bargeld und

Girogeld lediglich registrieren. Dabei könnte das Buchgeld sofort zum gesetzlich festgelegten Umtauschkurs in die NDM transformiert werden. Daher könnte man die vorgelegten Euro-Banknoten mit magnetischer Tinte fälschungssicher stempeln, um nur diese dann später als zum Umtausch berechtigt auszuweisen. Der Austritt aus dem Euro müsste also schnell und überraschend kommen. Überlegenswert wäre die Einführung zeitlich begrenzter Kapitalverkehrs- und Grenzkontrollen. Der Wechselkurs der NDM gegenüber dem Euro würde sofort aufwerten, entweder frei am Markt mitgeschätzten 30 Prozent, oder aber mit einer gesetzlich festgelegten Rate von vielleicht 10 Prozent. Deshalb wird man aufgrund des unterschiedlichen inneren Wertes mit der gestempelten Euro-Banknote mehr Waren erwerben können als mit dem Euro-Original. Binnen drei Monaten müssten Bundesbank und Bundesregierung mit der EZB die Austrittskonditionen aushandeln. Dazu gehört auch die Beteiligung Deutschlands an den möglichen Verlusten der EZB durch die bisherigen Anleihekäufe und weiterer Geschäfte mit den Banken der Krisenländer. Darüber hinaus muss Deutschland aus den Rettungsaktionen aussteigen. Eine starke NDM würde exportintensive Branchen wie Maschinenbau oder Chemie zumindest kurzfristig stark treffen. Allerdings beinhalten deutsche Exporte durchschnittlich 40 Prozent Vorleistungsimporte aus dem Ausland, die sich dann entsprechend verbilligen".

Die deutschen Konsumenten könnten alle Importgüter günstiger einkaufen, ihre reale Kaufkraft würde ansteigen und den inländischen Konsum stützen. Die deutschen Exportteure zwingt der stärkere Wettbewerbsdruck, der für sie durch die Aufwertung entsteht, zur Entwicklung und Produktion innovativer und kostengünstiger Produkte. Weil die überschuldeten Krisenländer sowieso einen Teil der Forderungen Deutschlands aus den Exportüberschüssen nicht bezahlen können, sondern diese Schulden indirekt vom deutschen Steuerzahler übernommen werden müssen, kann ein Rückgang des deutschen Außenbeitrags dann für zusätzliche Investitionen im Inland genutzt werden. Wertet die NDM auf, so werden jeweils die Euroschulden Deutschlands entwertet. Den Krisenländern wird wiederum die Tilgung ihrer Euroschulden erleichtert.

Für Deutschland entsteht ein Verlust in Höhe der offenen Target-II-Salden. Dies wären Einmalkosten und in ihrer Höhe kalkulierbar. Die Alternativkosten einer fortgeführten Schulden- und Transferunion mit jährlichen Wachstumsverlusten von einem Prozentpunkt, der Übernahe von Zinssubventionen und Ausfallkosten für die Krisenländer würden diese Kosten allerdings auf Dauer übertreffen. Die NDM wäre zudem vermutlich einen Anziehungspunkt für weitere solide EU-Mitgliedsländer wie die Niederlande, Österreich, Finnland, Norwegen und Dänemark. Auch vor diesem Hintergrund wäre die Namengebung „Nord-Währung" (Nord-Euro/Nordo) besonders interessant.

Zusammenfassung

Geld ist im Wege der sozio-kulturellen Evolution entstanden – und nicht etwa vom Menschen erdacht worden. Es stellt ein gesellschaftliches Phänomen dar, das sich durch rein wissenschaftstheoretische Analyse natürlicherweise nie ganz erschließt. Der Zustand der Währung eines Landes lässt erfahrungsgemäß recht gut Rückschlüsse auf die gesellschaftspolitische Verfassung dieser Nation zu.

► Ist das Geld nicht in Ordnung, sind auch Wirtschaft und Gesellschaft nicht in Ordnung. Der Euro ist dafür ein gutes Beispiel: Diese künstliche Zwangswährung kann in dieser Form nicht funktionieren und spaltet darüber hinaus die beteiligten Länder.

Der frühere britische Außenminister William Hague brachte es auf den Punkt: „Es war der Wahnsinn, dieses System zu schaffen, Jahrhunderte lang wird darüber als eine Art historischen Monuments kollektiven Wahnsinns geschrieben werden."
Ayn Rand hat die Dimension und Bedeutung des Geldes als gesellschaftliches, ökonomisches und politisches Phänomen wohl am besten erfasst:

Geld ist das Barometer der Moral einer Gesellschaft. Wenn Sie sehen, dass Geschäfte nicht mehr freiwillig abgeschlossen werden, sondern unter Zwang, wenn Sie, dass Sie, um etwas zu produzieren, die Erlaubnis von Leuten brauchen, die nichts produzieren; wenn Sie sehen, dass Geld an die fließt, die nicht mit Gütern handeln, sondern mit Gefälligkeiten; wenn Sie sehen, dass Leute eher durch Bestechung und Beziehungen reich werden als durch Arbeit und ihre Gesetze nicht Sie vor diesen Leuten schützen, sondern diese Leute vor Ihnen; und wenn Sie sehen, dass Korruption belohnt wird und Ehrlichkeit zum Opfer wird: Dann wissen Sie, dass Ihre Gesellschaft vor dem Untergang steht.

© Springer Fachmedien Wiesbaden GmbH, ein Teil von Springer Nature 2021
C. Braunschweig, B. Pichler, *Die Kreditgeldwirtschaft*,
https://doi.org/10.1007/978-3-658-31277-0_26

▶   Das Geld unserer heutigen Kreditgeldwirtschaft ist und bleibt ein Verspre-
    chen und eine Erwartung auf künftiges Erbringen von Leistung. Das heißt,
    es ist ein Versprechen und eine Erwartung auf Realisierung von bereits jetzt
    existierendem Leistungspotenzial (= Tilgungspotenzial).

Der Kredit in diesem Sinne bedeutet, dass wirtschaftliche Dinge möglich werden, die ohne ihn undenkbar wären – zumindest nicht kurzfristig realisierbar wären. Ohne Kredit wäre es nicht möglich gewesen, Eisenbahngesellschaften, große
Hüttenwerke, große Bergwerke zu gründen, es sei denn, dass der Staat alles dieses
mit eingesparten Steuern hätte finanzieren können; denn es waren keine einzelnen
Investoren da, die diese Dinge hätten allein durchführen können.

Ein weiterer Aspekt des „Produktivkredits" ist in diesem Zusammenhang von
volkswirtschaftlicher Bedeutung: Durch den Kredit wird ein Ausgleich geschaffen,
sodass mangelhaft rentierende Kapitalverwendungsmöglichkeiten nicht mehr zur
Ausführung kommen und die Kapitaleigner es vorziehen, sich an den höheren Ge-
winnchancen anderer zu beteiligen (Allokationsprinzip).

Doch der Kredit erlaubt es nicht nur zu produktiven Zwecken, sondern auch zu
konsumtiven Zwecken fremdes Kapital zu verwenden. Insbesondere ist es der
Staat und sind es die übrigen öffentlichen Körperschaften, die von der Möglichkeit,
ihre Absichten mithilfe des Kredits durchzusetzen, in oft zu ausgiebigem Grade
Gebrauch machen. Dann entsteht – im Gegensatz zum „Produktivkredit" – de-
ckungsloses Geld.

▶   Im Rahmen des Kreditgeschäfts der Geschäftsbanken mit strenger Bonitäts-
    prüfung und entsprechenden Leistungspotenzialen der Kreditnehmer (also
    der Schöpfung von gedecktem Giralgeld) steuern sich Geldschöpfung und
    Geldvernichtung (Tilgung) auf ganz natürliche Weise von selbst.

Daraus folgt: Einer obrigkeitsstaatlichen „Geldmengenpolitik" bedarf es in einer gut funktionierenden Kreditgeldwirtschaft nicht. Dort regelt sich die Geldmenge ja nach Bedarf selbst. Die Finanzwirtschaft ist dann stabil, wenn Geld an
den Orten, wo es entsteht, auch wieder vernichtet wird (zum Beispiel durch Darlehenstilgung): bei den Kredit gewährenden Banken. Der Funktionsmechanismus
des „Giralgeldmultiplikators" im Rahmen unseres *fractional banking systems*
führt keineswegs zu einer automatischen (inflationären) Aufblähung der Geldmenge, wie einige Vertreter der „Österreichischen Schule der Nationalökonomie"
fälschlicherweise behaupten. Sie verwechseln das behauptete staatliche Geldmonopol (das nur für die vergleichsweise sehr kleine Menge an Bargeld und Münzen
gilt) mit dem staatlichen Gesetzgebungsmonopol (gesetzliches Zahlungsmittel).

▶ Inflation basiert nicht auf der Ausweitung der Geldmenge an sich, sondern
  auf der Ausweitung der Menge ungedeckten Geldes. Inflation kann dadurch
  vermieden oder klein gehalten werden, dass strenge Bonitätsprüfungen bei
  der Geldschöpfung erfolgen.

Dies spricht für die Richtigkeit der Theorie der *„Banking-School"*: Die Geldmenge solle vom Bedürfnis des Geldverkehrs bestimmt sein (das sich in einer Kreditnachfrage dokumentiert, die von der Höhe des Zinses im Wesentlichen unabhängig ist!) und nicht durch Geldmengen steuernde Maßnahmen (Geldpolitik).

Das Geldwesen gerät dann aus dem Lot, wenn Fehler beim Monetisierungsakt,
insbesondere bei der Bonitätsprüfung, gemacht werden oder auch bei der Mono-
polkontrolle. In der Kreditgeldwirtschaft sind es vor allem die Bonität der Kreditnehmer und die Güte („Bonität"!) der Bonität prüfenden Krediteure, die das Geld
stabil halten.

Eine strenge Bonitätsprüfstelle letzter Instanz zu sein, das wäre die für eine
eventuell einzurichtende Zentralbank wünschenswerte Funktion.

In seinem Buch „Der Draghi Crash" beschreibt Markus Krall in drastischen
Worten die absehbaren Folgen der völligen Abkehr von allen ordnungspolitischen
Grundsätzen der staatlichen Geld- und Finanzpolitik:

Während der Führer der geldpolitischen Kriegsmaschine [gemeint ist EZB-Chef Ma-
rio Draghi] die Schleusen des Zentralbankgeldes immer weiter öffnet, verstopft er
gleichzeitig die Schleusen der Giralgeldschöpfung [gemeint ist: Banken vergeben
trotz Zentralbankgeldschwemme aufgrund von „Basel-II" kaum Firmenkredite] und
konterkariert so die eigene Politik. Damit schafft er Deflation, nicht Inflation. Nebenbei ruiniert er das Bankensystem so gründlich, dass es in absehbarer naher Zukunft
kollabieren wird. Und zwar nicht die eine oder andere Bank, sondern ein großer Teil
aller Banken gleichzeitig. Die Banken, die es nicht in der ersten Welle erwischt, werden von den anderen dann mitgerissen. Kein Staat hat genug Geld, um das Bankensystem dann noch zu retten.

▶ Euro und EZB haben ein System geschaffen, in dem die Schuldnerländer
  selbst über ihre Zinsen bestimmen, zu denen sie Kredite bekommen. Die
  Schuldensozialisierung und Nullzinspolitik führen zur „Moral-Hazard-Poli-
  tik" und im Ergebnis wachsen die Schulden schneller als die Wirtschaftsleistung.

Und Deutschland bekommt für seine Exportüberschüsse Schuldtitel von Ländern, die keine Tilgung leisten können. Die Hälfte des durch die Exportüberschüsse

akkumulierten Auslandsvermögens besteht aus bloßen Target-Forderungen der Bundesbank, das heißt, die Bundesbank hat einen Teil der Produkte, die Deutschland ins Ausland liefert, kreditiert. Sie bekommt dafür bloße unverzinsliche Buchforderungen gegen das Eurosystem, die sie nicht fällig stellen kann. Was sollen also Exporte, für die man eine nicht realisierbare Buchforderung als Austausch erhält, fragt Hans-Werner Sinn.

Im Endeffekt verschenkt Deutschland zum Teil seine Lieferungen ins Ausland. Dies führt zu einem viel zu niedrigen Lebensstandard relativ zu dem, was Deutschland leistet. Und obendrein wird es auch noch zum Risiko dann, wenn aus dem Aufschwung immer mehr eine Blase wird, die anschließend platzt. Sobald sich eine Normalisierung ergibt, werden sich wieder hohe Arbeitslosenzahlen bei den Geringqualifizierten ergeben.

Peter Sloterdijk schrieb dazu in der FAZ:

> Die größte Gefahr für die Zukunft des Systems geht gegenwärtig von der Schuldenpolitik der keynesianisch vergifteten Staaten aus. Sie steuert so diskret wie unvermeidlich auf eine Situation zu, in der die Schuldner ihre Gläubiger wieder einmal enteignen werden – wie schon so oft in der Geschichte der Schröpfungen, von den Tagen der Pharaonen bis zu den Währungsreformen des zwanzigsten Jahrhunderts. Neu ist an den aktuellen Phänomenen vor allem die pantagruelische Dimension der öffentlichen Schulden. Ob Abschreibungen oder Insolvenz, ob Währungsreform, ob Inflation – die nächsten Großenteignungen sind unterwegs.

Der schuldeninduzierte Sozialstaat in Form einer regelrechten Wählerbestechungsdemokratie ist vor allem das leuchtende Symbol für die unaufhörliche Reinkarnation der Dummheit, sein Ornat heißt *Wohlfahrtsstaat*. Das Geschäftsgebäude des neuen Sozial-Sozialismus, der bürokratische Wohlfahrtsstaat, ist nicht nur auf Sand gebaut, er ist auch bis unter die Hohlziegel mit Hypotheken belastet. Er ist, da mit reellen Mitteln nicht finanzierbar, ein *Paradies auf Pump*. Die Größenordnungen, in denen sich dieser Aberwitz abspielt, werden oft gar nicht verstanden, weil sie das Vorstellungsvermögen des Normalbürgers übersteigen. Die Notenbanken und internationalen Institutionen, die den Sozial-Sozialismus der Wohlfahrtsstaaten durch Deficit-Spending finanzieren und den Kapitalismus deformieren und pervertieren, sind Spielkasinos. In ihnen wird unsere Zukunft verspielt. Und nebenbei auch noch die Arbeit unserer Vergangenheit. Bis zum *Nichts geht mehr* (Roland Baader 2010).

William Shakespeare im Hamlet: „Ist es auch Wahnsinn, so hat es doch Methode."

▶ Wenn eine große Staatengemeinschaft sich zum ungedeckten Gelddrucken entschließt, führt das automatisch zu Rechtsbrüchen und damit zu einem Verfall von Demokratie und Rechtsstaatlichkeit – bis die Parlamente nur noch formale Hüllen sind (Michael Maier).

Der sich abzeichnende Schuldenbankrott des überzogenen Wohlfahrtsstaates führt zu einer Krisis, die automatisch einen moralischen Werteverfall der Gesellschaft mit sich bringt. Zunächst ist es der Staat selbst, der mit permanenten Rechtsbrüchen Anstand und Moral seiner Bürger untergräbt. Der Bürger ist wiederum vollauf mit dem würdelosen Gerangel um die fettesten Brocken vom „Sozialkuchen" beschäftigt. Die Menschen kümmern sich letztlich nur noch um sich selber, zumal sie glauben, mit ihrer gewaltigen Steuerlast schon genug für andere getan zu haben (Roland Baader 1991).

Und jede Geldentwertung bzw. Finanzrepression (Vermögensverzehr, weil die Zinsen unterhalb der Inflationsrate gehalten werden) verteilt Vermögen in riesigem Stil um, nämlich weg von den privaten Sparern und hin zum verschwenderischen Staat und zur ausufernden Finanzindustrie. Der Verlust der Ersparnisse der kleinen Leute ist am Ende die traurige und unmoralische Konsequenz des überbordenden Sozialstaates mit seiner (ungedeckten) *Schuldenfinanzierung*. Die jetzige Finanz- und Wirtschaftspolitik zerstört nicht nur die eigenen ökonomischen Grundlagen, sondern auch Anstand und Moral der ganzen Gesellschaft. Es gibt keinen schmerzlosen Ausweg mehr aus der Krise, aber es gibt immerhin Lösungsmöglichkeiten, die von verschiedenen Ökonomen skizziert werden.

Zitate zum Geld

Alte Bauernregel:
„Geld ist wie Wasser, das find' immer seinen Weg."

Alte Familienweisheit auf dem Lande:
„Liebe vergeht – Hektar bleiben."

Benjamin Franklin:
„Eine Investition in Wissen bringt immer noch die besten Zinsen."

Thomas Jefferson:
„Falls das amerikanische Volk jemals die Kontrolle über die Herausgabe ihrer Währung übertragen sollte, werden diese und die Firmen, die sich um sie bilden, unter dem Einsatz von Inflation und Deflation, dem Volk solange ihr Eigentum wegnehmen, bis die Kinder obdachlos auf dem Kontinent, den ihre Väter einst in Besitz nahmen, aufwachen."

Bill Bonner:
„Wir wissen, dass Preiskontrollen nicht funktionieren, und dennoch erlauben wir Zentralbanken, den allerwichtigsten Preis in der Wirtschaft zu manipulieren: den Preis des Geldes."

© Springer Fachmedien Wiesbaden GmbH, ein Teil von Springer Nature 2021
C. Braunschweig, B. Pichler, *Die Kreditgeldwirtschaft*,
https://doi.org/10.1007/978-3-658-31277-0

Roland Baader:
„Wohlstand kann nur durch Arbeit und Sparen entstehen – und übermäßiger Konsum und Verschuldung zerstören ihn."

Alexis de Tocqueville:
„Die Menschen schreiten auf zwei verschiedenen Wegen auf die Knechtschaft zu. Der Hang zum Wohlstand hält sie davon ab, sich um die Regierung zu kümmern, und die Liebe zur Wohlfahrt macht sie von den Regierenden immer abhängiger."

Albert Einstein:
„Der Zinseszinseffekt ist das achte Weltwunder. Wer ihn versteht, verdient daran, alle anderen bezahlen ihn."

Maurice Allais:
„Jedesmal in der Geschichte hat die Anhäufung von Schulden zu Katastrophen geführt. Und heute sind die Schulden größer denn je."

Roland Baader:
Die Ausbeutung der Menschen durch die Herrschenden und der Betrug des Staates an seinen Bürgern mittels Geldfälschung sind uralt. Neu daran ist die unvorstellbare Größenordnung.

Paul Volcker:
„Wenn Sie behaupten, eine Zentralbank sei unentbehrlich für die Marktwirtschaft, dann muss ich Sie auf Hong Kong hinweisen, das als Muster freier Marktwirtschaft gilt und überhaupt keine Zentralbank hat, aber dennoch mit wirtschaftlichem Wachstum und Stabilität glänzt. Es gibt andere und effektivere Wege, die Inflation in den Griff zu bekommen, als eine Zentralbank."

Pierre Bessard:
„All die großzügigen Konjunkturprogramme werden wir durch eine niedrigere Kaufkraft und eine höhere Steuerbelastung bezahlen müssen. Am Ende des Tages ist es nicht die Politik, sondern der Bürger, der die Zeche für die Erhöhung der Staatsausgaben, eine eskalierende Ausweitung der Geldmenge und die darauf folgenden Verzerrungen im Bankensektor bezahlt."

Alan Greenspan:
„Der Euro wird kommen und er wird wieder gehen."

Der Spiegel, 36/1997:
„Die Mehrheit der US-Ökonomen hält den Euro für ein Vorhaben bar jeder ökonomischen Vernunft."

Gary North:
„Die Zerstörung von Kapital ist das Erbe von Steuer-, Geld- und Subventions-Politiken der Regierungen und ihrer Verbündeten, der Zentralbanken. Überall auf der Welt hat diese unheilige Allianz Kapital vernichtet. Diese Meister der Zahlen werden es auch jetzt nicht richtig machen. Der digitale Betrug geht weiter."

Pascal Salin:
„Es ist paradox und sogar tragisch, dass einerseits die Finanz- und Wirtschaftskrise dem Funktionieren der Märkte angelastet wird, obwohl sie von einer schlechten Geldpolitik verursacht wurde, und andererseits Lösungen von der Politik erwartet werden, obwohl gerade jetzt Vertrauen in das Funktionieren der Märkte angebracht wäre. Angesichts der ideologischen Dauerberieselung, der die öffentliche Meinung unterliegt, ist es verständlich, dass sich die Politiker nun in die Bresche werfen – sie wollen als die tapferen Ritter in der Not erscheinen. Die Opfer der Politik sind aber letztlich die Bürger selbst."

Wilhelm Röpke:
„Man soll unser Wirtschaftssystem nicht zum Prügelknaben für die Sünden der Politik machen."

Matthias Horx:
„Die Furcht vor dem Markt ist die Furcht vor dem Leben."

Friedrich A. von Hayek:
„Geld ist eines der großartigsten Werkzeuge der Freiheit."

Peter Urbansky über „Geldangelegenheiten":
„In Geldangelegenheiten gilt die Grundregel: Wenn du schon wählen musst, zwischen einem Verbrecher oder einem Idioten als Verhandlungs- oder Geschäftspartner, nimm lieber den Verbrecher. Denn es gibt einen gemeinsamen Nenner: Rendite, Gewinn oder wenn Sie so wollen, Beute. Das aber erfordert ein Mindestmaß an Wissen, Geschicklichkeit und Vernunft. Aber das Wichtigste: Solche Partner sind berechenbar. Bei Politikern oder Idioten finden sich solche Geld-Tugenden nur im Ausnahmefall."

Peter Urbansky über „Brüsseler Spitzen":
„Das*System Brüssel*ist ein historisch einmalig geldsaufendes Monster. Selbst wahnsinnige Gottkönige des Altertums hätten Hemmungen gehabt einen solchen Aufwand zu treiben. Das Schuldengebirge EURO ist hier nicht einmal berücksichtigt. Genau hier, in den Glaspalästen von Straßburg und Brüssel, urlauben abgelegte Politiker, die nicht mal mehr die kümmerlichen Ansprüche ihrer nationalen Parlamente erfüllen. Sie sollen wacker zu Felde ziehen gegen Schattenwirtschaft und Casino-Kapitalismus. Diese Figuren verstehen sich prächtig mit den bösen Buben aus der Finanzwirtschaft. Man muss noch dankbar sein, wenn die leistungslos erschwindelten Bezüge der EU-Beamtenschaft anschließend wieder in Luxusautos, Yachten, Bordell-Besuche, Fernreisen und Immobilien investiert werden."

Peter Urbansky über „Schwarzgeld":
„Es gibt kein*Schwarzgeld*. Es gibt nur Ansprüche auf Forderungen, die von*Unbefugten*realisiert werden. Private Organisationen nennen diese Forderungen mitunter*Schutzgeld*, die Finanzämter nennen sie*Schwarzgeld*."

(Der heiter-ironische Ton der*Alltagsweisheiten zum Geld*von Peter Urbansky sollte nicht darüber hinwegtäuschen, dass es sich hier um kalte Tatsachen handelt.)

Literatur

Altmiks, Peter, Hrsg. 2014. *Im Schatten der Finanzkrise*. München: Olzog.

Altmiks, Peter, und Jürgen Morlok, Hrsg. 2012. *Noch eine Chance für die Soziale Marktwirtschaft*. München: Olzog.

Baader, Roland. 1989. *Fauler Zauber*. Gräfeling: Resch.

Baader, Roland. 1991. *Kreide für den Wolf*. Böblingen: Anita Tykve.

Baader, Roland. 2002. *Totgedacht*. Gräfeling: Resch.

Baader, Roland. 2005. *Das Kapital am Pranger*. Gräfeling: Resch.

Baader, Roland. 2005. *Geld, Gott und Gottspieler*. Gräfeling: Resch.

Baader, Roland, Hrsg. 2008. *Logik der Freiheit*, In: Ludwig von Mises-Brevier. Bern: Ott-Verlag.

Baader, Roland. 2010. *Geldsozialismus*. Gräfeling: Resch.

Baader, Roland. 2012. *Freiheitsfunken*. Düsseldorf: Lichtschlag.

Bagehot, Walter. 2009. *Walter Bagehot and the open money supply approach to monetary theory*(übersetzt von Antonelle Anna Porceluzzi). Saarbrücken: VDM.

Bagus, Philipp. 2011. *Die Tragödie des Euro: Ein System zerstört sich selbst*. Frankfurt a. M. : Finanzbuchverlag.

Bandulet, Bruno. 2010. *Die letzten Jahre des Euro*. Rottenburg: Kopp-Verlag.

Bandulet, Bruno. 2012. *Vom Goldstandard zum Euro*. Rottenburg: Kopp-Verlag.

Bandulet, Bruno, Wilhelm Hankel, Bernd-Thomas Ramb, Karl Albrecht Schachtschneider, und Udo Ulfkotte. 2012. *Gebt uns unsere D-Mark zurück*. Rottenburg: Kopp-Verlag.

Bannas, Stephan, und Andreas Wellmann. 2016. *BWL, VWL und Finanzwissenschaften in der mündlichen Steuerberaterprüfung*(3. Aufl.). Stuttgart: Schäffer Poeschel.

Baring, Arnulf. 1997. *Scheitert Deutschland*. Stuttgart: DVA.

von Bethmann, Johann Philipp. 1994. *Unbezahlte Rechnungen – Die Geldmengenpolitik ist am Ende*. Frankfurt a. M. : Bankbroschüre.

Böhm, Stefan. 1993. Die Verfassung der Freiheit. In*Die grossen Ökonomen*, Hrsg. Die Zeit. Stuttgart: Schäffer Poeschel.

von Böhm-Bawerk, Eugen. 2013. *Kapital und Kapitalzins*. Paderborn: Salzwasser.

© Springer Fachmedien Wiesbaden GmbH, ein Teil von Springer Nature 2021   171
C. Braunschweig, B. Pichler, *Die Kreditgeldwirtschaft*,
https://doi.org/10.1007/978-3-658-31277-0

Bökenkamp, Gérard, Hrsg. 2012. *Markt, Freiheit und Reform – Ein Milton Friedman-Brevier*. Zürich: NZZ.

Boullion, Hardy. 2013. *Philosophie der freien Gesellschaft*. Zürich: NZZ.

Braunschweig, Christoph. 2012. *Die demokratische Krankheit*. München: Olzog.

Braunschweig, Christoph. 2013. *Wohlfahrtsstaat – leb wohl!*Münster: LIT.

Braunschweig, Christoph. 2015a. *Das deutsche Narrenschiff*. München: Finanzbuchverlag.

Braunschweig, Christoph. 2015b. *Der Freiheit verpflichtet*. Norderstedt: BoD.

Braunschweig, Christoph, und Susanne Kablitz. 2014. *Kluge Geldanlage in der Schuldenkrise – Austrian Investing*. Norderstedt: BoD.

Braunschweig, Christoph, und Thomas Geks. 2016. *Warum unsere Demokratie scheitert*. Berlin: Lit.

Braunschweig, Christoph, Bernhard Pichler, und Michael Asanger. 2017a. *Wie wir unsere Zukunft verspielen*. Wien: ZurZeit.

Braunschweig, Christoph, Bernhard Pichler, Rodion Giniyatullin, und Thomas A. Geks. 2017b. *Deutschland entgleist*. Wien: Frank & Frei.

Broder, Henryk M. 2013. *Die letzten Tage Europas*. München: Knaus.

Cantillon, Richard. 2001. *Essay on the nature of commerce in general*. Cambridge: Transaction.

Dettling, Warnfried. 1993. Wie modern ist die Antike? In*Die grossen Ökonomen*, Hrsg. Die Zeit. Stuttgart: Schäffer Poeschel.

Deutsche Bundesbank, Hrsg. 1990. *Die Deutsche Bundesbank – Geldpolitische Aufgaben und Instrumente*. Frankfurt a. M. : Druck der Deutschen Bundesbank.

Doering, Detmar. 1997. *Frédéric Bastiat*. Bonn-St. Augustin: academia Richarz.

Doering, Detmar. 2003. *Vernunft und Leidenschaft – Ein David Hume-Brevier*. Thun: Ott-Verlag.

Doering, Detmar. 2007. *Kleines Lesebuch über den Liberalismus*. Bonn-St. Augustin: academia Richarz.

Doering, Detmar. 2009. *Traktat über Freiheit*. München: Olzog.

Döpfner, Matthias. 2011. *Die Freiheitsfalle*. Berlin: Ullstein.

Dostojewski, Fjodor M. 1994. *Aufzeichnungen aus einem Totenhaus*. Berlin: Aufbau.

Eckardt, Dietrich. 2007. *Eine missratene Beziehung*. Kreuzlingen: Verlag WR Projekt.

Eckardt, Dietrich. 2015. *Die Freie Gesellschaft*. Kreuzlingen: Verlag WR Projekt.

Eckardt, Dietrich. 2016. *Was ist Geld?*Heiligenberg: Verlag WR Projekt.

Eckert, Daniel D. 2014. *Weltkrieg der Währungen*. München: Finanzbuchverlag.

Ederer, Günter. 2013. *Träum weiter Deutschland*. München: Heyne.

Engdahl, William F. 2015. *Die Denkfabriken*. Rottenburg: Kopp.

Engels, Wolfram. 1972. *Soziale Marktwirtschaft*. Stuttgart: Seewald.

Engels, Wolfram. 1996. *Der Kapitalismus und seine Krisen*. Düsseldorf: Schäffer Poeschel.

Enzensberger, Hans Magnus. 2011. *Sanftes Monster oder die Entmündigung Europas*. Berlin: Suhrkamp.

Erhard, Ludwig. 1992. *Deutsche Wirtschaftspolitik – der Weg der Sozialen Marktwirtschaft*. Berlin: Econ-Verlag.

Erhard, Ludwig. 2015. *Wohlstand für alle*. München: Finanzbuchverlag.

Eucken, Walter. 1947. *Die Grundlagen der Nationalökonomie*. Bad Godesberg: Verlag Helmut Küpper.

Eucken, Walter. 2004. *Grundsätze der Wirtschaftspolitik*. Tübingen: Mohr Siebeck.

Fest, Joachim. 1993. *Die schwierige Freiheit*. Berlin: Siedler.

Friedman, Milton. 2009. *Kapitalismus und Freiheit*. München: Piper.

Fuest, Clemens, Friedrich Heinemann, und Christoph Schröder. 2014. *Geregelt in die Staatsinsolvenz*. Frankfurt: FAZ vom 18.07.2014.

Geppert, Dominik. 2013. *Ein Europa, das es nicht gibt. Die fatale Sprengkraft des Euro*. Berlin: Europa Verlag.

Gesell, Silvio. 1931. *Die natürliche Wirtschaftsordnung*. Hochheim: Stirn.

Gladstone, William. 2009. *Gladstone*. London: Michael Russel.

Greenspan, Alan. 1966. *Gold and economic freedom*. New York: Objectivist.

Grill, Wolfgang, und Hans Perczynski. 2010. *Wirtschaftslehre des Kreditwesens*. Troisdorf: Verlag Gehlen.

Grözinger, Robert. 2012. *Jesus, der Kapitalist. Das christliche Herz der Marktwirtschaft*. München: Finanzbuchverlag.

von Haberler, Gottfried. 1948. *Prosperität und Depression*. Bern: Francke.

Habermann, Gerd, Hrsg. 2005. *Das Maß des Menschlichen – Ein Wilhelm Röpke-Brevier*. Bern: Ott-Verlag.

Habermann, Gerd, Hrsg. 2008a. *Der Weg zum Wohlstand – Ein Adam Smith-Brevier*. Bern: Ott-Verlag.

Habermann, Gerd, Hrsg. 2008b. *Philosophie der Freiheit – Friedrich A. von Hayek-Brevier*. Bern: Ott-Verlag.

Habermann, Gerd. 2012. *Freiheit oder Knechtschaft*. München: Finanzbuchverlag.

Habermann, Gerd. 2013. *Der Wohlfahrtsstaat am Ende*. München: Finanzbuchverlag.

Habermann, Gerd, und Marcel Studer, Hrsg. 2011. *Der Liberalismus-eine zeitlose Idee*. München: Olzog.

Hagenmüller, Karl, und Gerhard Diepen. 1973. *Der Bankbetrieb*. Wiesbaden: Gabler.

Hahn, Albert L. 1955. *Wirtschaftswissenschaft des gesunden Menschenverstandes*. Frankfurt a. M. : Knapp.

Hank, Rainer. 2012. *Die Pleite-Republik*. München: Blessing.

Hankel, Wilhelm. 2010. *Die Euro-Lüge*. Wien: Signum.

Hankel, Wilhelm. 2013. *Die Eurobombe wird entschärft*. Wien: Universitas Verlag.

Hankel, Wilhelm, und W. Nölling, K. A. Schachtschneider, und J. Strabatty. 2011. *Das Euro-Abenteuer geht zu Ende*. Rottenburg: Kopp.

von Hayek, Friedrich A. 1929. *Geldtheorie und Konjunkturtheorie*. Wien: W. Neugebauer Verlag.

von Hayek, Friedrich A. 1952. *Individualismus und wirtschaftliche Ordnung*. Erlenbach-Zürich: E. Rentsch Verlag.

von Hayek, Friedrich A. 1966. *Die verhängnisvolle Anmaßung*. Tübingen: Mohr Siebeck.

von Hayek, Friedrich A. 1977. *Entnationalisierung des Geldes*. Tübingen: Mohr Siebeck.

von Hayek, Friedrich A. 1990. *Denationalisation of Money*. London: Institute of Economics Affairs.

von Hayek, Friedrich A. 1991. *The fatal conceit: The errors of socialism*. Chicago: University of Chicago Press.

von Hayek, Friedrich A. 1995. *Preise und Produktion*. Stuttgart: Schäffer Poeschel.

von Hayek, Friedrich A. 2003. *Recht, Gesetz und Freiheit*, (Hrsg. : Victor J. Vanberg). Tübingen: Mohr Siebeck.

von Hayek, Friedrich A. 2005. *Die Verfassung der Freiheit*. Tübingen: Mohr Siebeck.

von Hayek, Friedrich A. 2010. *Prices and production.* Auburn: Ludwig von Mises Institute.

von Hayek, Friedrich A. 2011. *Der Weg zur Knechtschaft.* München: Finanzbuchverlag.

Henkel, Hans-Olaf. 2009. *Die Abwracker.* München: Heyne.

Henkel, Hans-Olaf. 2010. *Rettet unser Geld.* München: Heyne.

Henkel, Hans-Olaf. 2013. *Die Euro-Lügner.* München: Heyne.

Hennecke, Hans-Jörg. 2014. *Friedrich A. von Hayek zur Einleitung.* Hamburg: Junius.

Hochreiter, Gregor. 2010. *Krankes Geld-kranke Welt: Analyse und Therapie der globalen Depression.* Gräfeling: Resch.

Hochreiter, Gregor. 2013. *Geld, Gesellschaft, Zukunft-Roland Baader: Porträt eines unbequemen Freiheitsdenkers.* Gräfeling: Resch.

Homburg, Stefan. 2015. *Target-Sysem, Pleitestaaten und Zombies.* Frankfurt: FAZ vom 30.01.2015.

Hoppe, Hans-Hermann. 2003. *Demokratie – der Gott, der keiner ist.* Waltrop: Manuscriptum Verlag.

Hoppe, Hans-Hermann. 2012. *Der Wettbewerb der Gauner.* Berlin: Holzinger.

Horn, Karen I. 2004. *Die liberale Demokratie – Ein Benjamin Constant-Brevier.* Thun: Ott-Verlag.

Horn, Karen I. 2013. *Hayek für jedermann.* Frankfurt a. M. : FAZ-Buch.

Huber, Joseph, und James Robertson. 2014. *Geldschöpfung in öffentlicher Hand.* Marburg: Metropolis.

Hülsmann, Jörg Guido. 2007. *Die Ethik der Geldproduktion.* Waltrop: Manuscriptum Verlag.

Hülsmann, Jörg Guido. 2007. *Mises-Last Knight of Liberalism.* Auburn (USA): Druck Mises Institute Auburn.

Hülsmann, Jörg Guido. 2014. *Krise der Inflationskultur.* München: Finanzbuchverlag.

Issing, Otmar. 1981. *Einführung in die Geldtheorie.* München: Finanzbuchverlag.

Jevons, William Stanley. 1924. *Die Theorie der politischen Ökonomie.* Jena: Gustav Fischer.

Jouvenel, Bertrand de. 2012. *Die Ethik der Umverteilung.* München: Olzog.

Kennedy, Margit. 1994. *Geld ohne Zinsen und Inflation.* München: Goldmann.

Keynes, John Maynard. 2009. *Allgemeine Theorie der Beschäftigung, des Zinses und des Geldes.* Berlin: Duncker & Humblot.

Kielmansegg Graf, Peter. 2013. *Die Grammatik der Freiheit.* Baden-Baden: Nomos.

Klaus, Václav. 2011. *Europa?* Augsburg: Context Verlag.

Klaus, Václav. 2012. *Europa braucht Freiheit.* Berlin: LIT.

Klaus, Václav, und Jiri Weigl. 2016. *Völkerwanderung.* Waltrop: Manuscriptum Verlag.

Kleine-Hartlage, Manfred. 2013. *Die liberale Gesellschaft und ihr Ende.* Schnellroda: Antaios.

Krall, Markus. 2017. *Der Draghi Crash.* München: Finanzbuchverlag.

Leube, Kurt R. 1993. Das Ich und der Wert. In *Die grossen Ökonomen,* Hrsg. Die Zeit. Stuttgart: Schäffer Poeschel.

Lipfert, Helmut. 1969. *Einführung in die Währungspolitik,* Bd. 26. München: Beck.

Lotter, Wolf. 2011. Das Gute und die Bösen. *brand eins* 2011 (9): 42–53.

Maier, Michael. 2014. *Die Plünderung der Welt.* München: Finanzbuchverlag.

Meyer, Dirk. 2011. Die Einführung der Neuen Deutschen Mark. *Focus* vom 19.09.2011, S. 34 ff.

Mayer, Thomas. 2013. *Europas unvollendete Währung.* Weinheim: Wiley.

Mayer, Thomas. 2014a. *Die neue Ordnung des Geldes.* München: Finanzbuchverlag.

Mayer, Thomas. 2014b. *Eine Parallelwährung für Griechenland*. Frankfurt a. M. : FAS vom 05.10.2014.

Mayer, Thomas. 2014c. *Die Ökonomen im Elfenbeinturm: Eine „österreichische" Antwort auf die Finanz- und Eurokrise*. Tübingen: Mohr Siebeck.

Mayer, Thomas. 2014d. *Wir brauchen ein neues Geldsystem*. Frankfurt a. M. : FAZ vom 05.10.2014.

Mayer, Thomas, und Hans-Werner Sinn. 2011. *Eine Versicherung gegen den Weich-Euro*. Frankfurt a. M. : FAZ vom 26.09.2011.

Menger, Carl. 1968. *Grundsätze der Volkswirtschaftslehre,*(Bd. I). Tübingen: Mohr Siebeck.

Meyer, Dirk. 2012. *Euro-Krise: Austritt als Lösung?*Münster: LIT.

Mierzejewski, Alfred J. 2005. *Ludwig Erhard*. München: Pantheon Verlag.

von Mises, Ludwig. 1929. *Kritik des Interventionismus*. Jena: De Gruyter.

von Mises, Ludwig. 1932. *Die Gemeinwirtschaft*. Jena: De Gruyter.

von Mises, Ludwig. 2005. *Theorie des Geldes und der Umlaufsmittel*. Berlin: Duncker & Humblot.

von Mises, Ludwig. 2012. *Vom Wert der besseren Ideen*. München: Olzog.

Müller-Armack, Alfred. 1948. *Wirtschaftslenkung und Marktwirtschaft*. Hamburg: Verlag für Wirtschafts- und Sozialpolitik.

Münchau, Wolfgang. 2008. *Kernschmelze im Finanzsystem*. München: Hanser.

Murau, S., J. Rini, und A. Haas. 2020. The Evaluation of the Offshore US-Dollar-System; Past, *Present and Four Possibles Futures. Journal of Institutional Economics* 5.

Nef, Robert, und Robert Schwarz, Hrsg. 2000. *Neidökonomie-Wirtschaftliche Aspekte eines Lasters*. Zürich: NZZ.

Paul, Ron. o. J. *Mises and Austrians economics: A personal view*. Auburn: Ludwig von Mises Institute.

Plickert, Philip. 2012. *Die Liberalen und der Staat*. Frankfurt a. M. : FAZ vom 13.04.2012.

Polleit, Thorsten, und Michael v. Prollius. 2011. *Geldreform – vom schlechten Staatsgeld zum guten Marktgeld*. Düsseldorf: Finanzbuchverlag.

Polleit, Thorsten, Philipp Bagus, und Hans-Hermann Hoppe. 2013. *Ludwig von Mises – Leben und Werk für Einsteiger*. München: Finanzbuchverlag.

Poller, Horst. 2010. *Mehr Freiheit statt mehr Sozialismus*. München: Olzog.

Popp, Andreas. 2008. *Der Währungscountdown*. München: Finanzbuchverlag.

Popper, Karl. 2005. *Logik der Forschung*. Tübingen: Mohr Siebeck.

Prollius, Michael v. 2009. *Die Pervertierung der Marktwirtschaft*. München: Olzog.

Ramb, Bernd Thomas. 2010. *Der Zusammenbruch unserer Währung*. Hamburg: Die Deutschen Konservativen e. V.

Rand, Ayn. 2015. *Die Tugend des Egoismus*. New York: TvR.

Reisman, George. 1996. *Capitalism: A treatise on economics*. Illinois: Jameson Books.

Reschke, Gerd-Lothar. 2011. *Vom Falschgeldsystem zum freien Marktgeld*. Leipzig: Engeldorfer.

Riese, Hajo. 2001. *Grundlegungen eines monetären Keynesianismus*. Marburg: Metropolis.

Rockwell, Llewellyn H. Jr. 2006. *What government is doing to our money*. lewrockwell.comvom 22.09.2006.

Röpke, Wilhelm. 1932. *Krisis und Konjunktur*. Leipzig: Quell und Mayer Verlag.

Röpke, Wilhelm. 1949. *Die Lehre von der Wirtschaft*. Erlenbach-Zürich: E. Rentsch.

Röpke, Wilhelm. 1961. *Jenseits von Angebot und Nachfrage*. Bern: E. Rentsch.

Röpke, Wilhelm. 1979a. *Civitas Humana*. Bern: Haupt.

Röpke, Wilhelm. 1979b. *Maß und Mitte*. Bern: Haupt.

Röpke, Wilhelm. 2009. *Marktwirtschaft ist nicht genug*. Waltrop: Manuscriptum Verlag.

Rosenkranz, Barbara. 2014. *Wie das Projekt EU Europa zerstört*. Graz: Ares.

Rothbard, Murray N. 2005. *Das Schein-Geld-System*. Gräfeling: Resch.

Rothbard, Murray N. 2013. *Die Ethik der Freiheit*. Bonn: academia Richarz.

Saint-Paul, Gilles. 2011. *Tyrann of utility*. Princeton: University Press Group.

Schäffler, Frank. 2014. *Nicht mit unserem Geld*. München: Finanzbuchverlag.

Schmalenbach, Eugen. 1959. *Geld, Kredit und Zins*. Köln: Westdeutscher Verlag.

Schah, David. 2012. *Ayn Rand*. Grevenbroich: Lichtschlag.

Schmitt, Bernard. 1983. *Gelddefinitionen und Geldschöpfung*(übersetzt von Wulf Rohland). Bern: Peter Lang AG Internationaler Verlag der Wissenschaften.

Schmölders, Günter. 1983. *Der Wohlfahrtsstaat am Ende*. München: Wirtschaftsverlag Langen Müller Herbig.

Schmölders, Günter. 1962. *Geldpolitik*. Tübingen: Mohr Siebeck.

Schmölders, Günter. 1962. *Geschichte der Volkswirtschaftslehre*. Reinbek: Rowohlt.

Schmölders, Günter. 1966. *Psychologie des Geldes*. Reinbek: Rowohlt.

Schnabl, Gunther. 2017. *Es wird kaum Wohlstand geschaffen*. Zürich: Weltwoche vom 24.11.2017.

Schulak, Eugen M. , und Herbert Unterköfler. 2009. *Die Wiener Schule der Ökonomie*. Weitra (Österreich): Druckmanuskript.

Schumpeter, Joseph A. 2008. *Das Wesen des Geldes*. Göttingen: Vandenhoeck & Ruprecht.

Senf, Bernd. 2014. *Der Nebel um das Geld*. Marburg: Metropolis.

Sennholz, Robert F. 1985. *Money and freedom*. Spring Mills: Libertarism Press.

Simmel, Georg. 1992. *Soziologie*. Berlin: Suhrkamp.

Sinn, Hans-Werner. 2004. *Ist Deutschland noch zu retten?*Berlin: Ullstein.

Sinn, Hans-Werner. 2012. *Die Target-Falle*. München: Hanser.

Smith, Adam. 2018. *Eine Untersuchung über das Wesen und die Ursachen des Reichtums der Nationen*. München: dtv.

de Soto, Jesús Huerta. 2007. *Die Österreichische Schule – Markt und Kreativität*. Wien: Friedrich A. von Hayek Institut Wien.

de Soto, Jesús Huerta. 2011. *Geld, Bankkredit und Konjunkturzyklen*. Stuttgart: De Gruyter.

de Soto, Jesús Huerta. 2013. *Sozialismus, Wirtschaftsrechnung und unternehmerische Funktion*. Stuttgart: De Gruyter.

Starbatty, Joachim. 1999. *Geldpolitische Hygiene statt keynesianische Hydraulik*. Düsseldorf: Handelsblatt vom 16.03.1999.

Starbatty, Joachim. 2013. *Tatort Euro*. Wien: Europa Verlag.

Steiner, Rudolf. 1979. *Nationalökonomischer Kurs, Vierzehn Vorträge*, gehalten in Dornbach vom 24. Juli bis 6. August 1922 für Studenten der Nationalökonomie, Gesamtausgabe Nr. 340, 5. Aufl. , Dornach (Schweiz) 1979.

Stelter, Daniel. 2014. *Die Krise – was passiert mit unserem Geld?*München: Finanzbuchverlag.

van Suntum, Ulrich. 2013. *Die unsichtbare Hand: Ökonomisches Denken gestern und heute*. Heidelberg: Springer Gabler.

van Suntum, Ulrich. 2014. *Wege aus der Eurofalle*. Frankfurt a. M. : FAZ vom 03.01.2014.

Theurl, Theresia. 1992. *Eine gemeinsame Währung für Europa. 12 Lehren aus der Geschichte*. Wien: Österreichischer Studienverlag.

Tichy, Roland. 2011. *Tichys Totale – Wohin treibt Europa*. Düsseldorf: Quell.

Urbansky, Peter. 2013. *Anmerkungen zu Geld*. Hamburg: tredition.

Walras, Léon. 2010. *Elements of Pure Economics*. London: Routledge.

Weede, Erich. 2012. *Freiheit und Verantwortung, Aufstieg und Niedergang*. Tübingen: Mohr Siebeck.

Wicksell, Knut. 1893. *Geldzins und Güterpreise*. Jena: Augustus Kelley Pubs.

von Wieser, Friedrich. 2006. *Über den Ursprung und die Hauptgesetze des wirtschaftlichen Werthes,* Wien 1884, Nachdruck 2006.

Willgerodt, Hans. 2011. *Beiträge zur Politischen Ökonomie*. Stuttgart: De Gruyter.

Wolff, Ernst. 2014. *Weltmacht IWF*. Marburg: Tectum.

Wondratschek, Wolf. 1973. *Texte*. Stuttgart: Deutscher Bücherbund.

Wagenknecht, Sven. 2020. o. T. *BTC-Echo vom* 20.03.2020.

The manufacturer's authorised representative in the EU is Springer
Nature Customer Service Centre GmbH, Europaplatz 3, 69115 Heidelberg,
Germany. If you have any concerns regarding our products, please
contact ProductSafety@springernature.com

Printed and bound by CPI Group (UK) Ltd, Croydon, CR0 4YY
24/04/2026
02096335-0002